GILLIAN HELFGOTT
ALISSA TANSKAYA

DAVID HELFGOTT

Die Biographie

Aus dem australischen Englisch
von Christa Holtei und Thomas Hag

Deutsche Erstausgabe

WILHELM HEYNE VERLAG
MÜNCHEN

HEYNE ALLGEMEINE REIHE
Nr. 01/11510

Titel der Originalausgabe
LOVE YOU TO BITS AND PIECES

Redaktion: Werner Heilmann
2. Auflage

Copyright © 1996 by Gillian Helfgott and Alissa Tanskaya
Copyright © der deutschen Ausgabe by
Wilhelm Heyne Verlag GmbH & Co. KG, München
Printed in Germany 1997
Umschlagillustration: Bob Weeks / Phototone
Innenillustrationen: Privatbesitz Gillian Helfgott.
Mit freundlicher Genehmigung der Autorin.
Umschlaggestaltung: Atelier Ingrid Schütz, München
Satz: Franzis-Druck GmbH, München
Druck und Bindung: Presse-Druck, Augsburg

ISBN 3-453-12799-4

Meinen Kindern, Sue und Scott,
für ihren klugen Rat
und für ihre Liebe

Inhalt

TEIL EINS

Der Schaden

»O David, wo in aller Welt habe ich dich nur aufgelesen?«

»In einer Schachtel Sweeties, Gillian Darling, in einer Schachtel Sweeties.«

1. Kapitel

Ein Antrag

»Ich möchte dir jemanden vorstellen, den du nicht mehr vergessen wirst«, sagte Dr. Chris Reynolds, als er meine Taschen in sein Haus trug.

Ich war gerade in Perth angekommen, und der lange Flug und die brennende Novemberhitze hatten mich etwas ausgelaugt. Als ich das Wohnzimmer betrat und meine Augen sich langsam an das Licht gewöhnten, stand mir plötzlich ein höchst seltsamer Typ gegenüber. Er war gerade aus dem Pool gestiegen und noch tropfnaß, ergriff sanft meine Hand und wollte sie nicht wieder loslassen. Dabei schaukelte er hin und her, lächelte, drückte immer wieder sein nasses Gesicht an meine Wange und ließ einen Wortschwall auf mich los. »Hallo, Gillian Darling, schön, dich zu sehen, Gillian Darling. Chris hat mir gesagt, daß du kommst, und nun, da bist du ja. Ich das nicht wunderbar? Ha ha! Ho ho! Kommst du heute abend zu Riccardo's, Gillian Darling? Du mußt mich spielen hören … bei Riccardo's. Du kommst doch, nicht wahr … zu Riccardo's, Gillian Darling?«

Diese Worte und Sätze wurden immer wieder höchst aufgeregt wiederholt, während er mich ins Wohnzimmer schob, dorthin, wo ein Yamaha-Flügel stand. Die ganze Zeit umarmte und küßte er mich, bis ich irgendwann Chris' Stimme hörte: »Gillian, das ist David Helfgott.«

Ich war vollkommen verwirrt, was für mich wirklich sehr ungewöhnlich ist. Der Mann schien ein quirliges Bündel aus Geplapper und hektischen Bewegungen. Den Kopf hielt er schief nach vorne gebeugt, seine Arme hingen irgendwie ziellos herab. Abwechselnd streichelte er meinen

Arm und das Piano. Ab und zu sah er mich mit halb geschlossenen Augen an, durch Brillengläser, die so dick waren, daß sie mich an den Boden einer Colaflasche erinnerten. Davids Körper war sonnengebräunt, aber sein Gesicht hatte nichts von diesem gesunden Glanz. Die Zigarette zwischen seinen Lippen verschwand nur, wenn er mir einen Kuß gab.

Noch mehr Streicheln, noch mehr lustige weiche Küsse auf meine Stirn, meine Wangen, mein Ohr. »Gillian Darling, du bist den ganzen Weg von Sydney hierhergekommen, nur wegen mir? Man stelle sich vor! Den ganzen Weg! Nur um mich spielen zu hören, gerne, ihr Sterne, wie auch immer, wie es auch sei. Wie wundervoll! O Wunder, wunderbar, dankbar, ich bin so dankbar. O das ist schön, das ist schön, Darling. Also du kommst heute abend zu Riccardo's, Gillian Darling? Du wirst kommen?« Der Monolog ging weiter und wurde nur kurz zum Atemholen unterbrochen.

Während ich versuchte, mich in diesem Wortschwall zurechtzufinden, spürte ich, wie sehr ich mich von diesem exzentrischen, anstrengenden, aber ungeheuer freundlichen Mann angezogen fühlte. Es war, als sei Peter Pan gekommen und lockte mich in seine Zauberwelt.

Etwas später mußte Chris in seine Klinik zurück, und auf dem Weg dorthin setzte er David vor der Pension ab, wo er wohnte. Jetzt erst, allein in Chris' Haus, konnte ich aufatmen und damit beginnen, mich langsam zurechtzufinden. »Gillian Darling, komm zu Riccardo's«, echote es noch immer in meinem Kopf. Wie hätte ich nein sagen können?

An diesem Abend, als ich mich umzog, spürte ich eine Mischung aus Aufregung und Neugier. Ich wählte meine Garderobe sorgfältig aus, mit dem Gedanken, daß David sich sicherlich über etwas Feminines freuen würde. Also entschied ich mich für Gold und weiße Spitzen. Aber warum dachte ich dabei an ihn? Was hatte dieser seltsame Mensch mit mir gemacht?

Auch als ich dann mit Chris losfuhr, um David abzuholen, fühlte ich mich noch immer leicht verwirrt. Unterwegs erzählte mir Chris, daß David in den Sechzigern als musikalisches Wunderkind gegolten habe und daß die Musikszene Perths für die Zukunft Großes von ihm erwartete. Aber dann hatte David einen Nervenzusammenbruch erlitten und die Konzertbühne über zehn lange Jahre, in denen er völlig abgeschieden gelebt hatte, nicht mehr betreten. Wie die meisten anderen, die David in den Sechzigern gekannt hatten, glaubte auch Chris, daß er sich in Übersee aufhielte, da er zum Studium nach London gegangen war. Doch dann rief ihn eines Tages Davids Bruder an und fragte, ob es einen Job bei Riccardo's gäbe, in der Weinbar, deren Mitbesitzer Chris war.

Ein paar Wochen später fiel der ansonsten in der Bar spielende klassische Pianist unerwartet aus. Nachdem er einige andere Klavierspieler angerufen hatte, die es ablehnten, in einer Weinbar zu spielen, wählte Chris Davids Nummer und erhielt eine enthusiastische Zusage: »Ja, Chris, würde liebend gerne spielen, liebend gerne.« Als Chris über die Bezahlung sprach, unterbrach David ihn sofort. »Ich spiele umsonst, umsonst.« Erst nachdem Chris ihm gut zugeredet hatte, nahm David eine gewisse Summe an.

An jenem Abend sah Chris zunächst mit Entsetzen, wie sich eine nervös kettenrauchende Gestalt ihren Weg durch die Barbesucher zum Piano bahnte, ein paar zerknitterte, fleckige Notenblätter mit Weihnachts- und Mitsingliedern hervorkramte und mit beiden Zeigefingern ein paar Tasten ausprobierte. Aber gerade als die Leute begannen unruhig zu werden und Chris zum Klavier eilen wollte, um die Situation zu retten, schallte eine vollkommen perfekt gespielte Abfolge von Noten durch den Raum. David attackierte die Tasten mit dem *Hummelflug*. Den Leuten verschlug es die Sprache, und seitdem spielte David regelmäßig bei Riccardo's.

Als wir vor seiner Pension hielten, erschien David mit einer Aktenmappe unterm Arm, aus der ziemlich alte und zerknitterte Notenblätter hervorquollen. Seine Hosen machten nicht gerade den saubersten Eindruck und waren etwas zu kurz, aber er trug ein frisches weißes Hemd und eine schwarze Fliege. Sein lockiges blondes Haar, das schon dünner wurde, hatte er mit einem nassen Kamm nach hinten gekämmt, und zwischen seinen Lippen hing die unvermeidliche Zigarette. Er war bereit.

Riccardo's lag keineswegs in einem schicken Teil der Stadt. Über der Weinbar befand sich ein Backpackershotel, und die Bar selbst sah sehr nach den fünfziger Jahren aus, mit düsteren Wänden und Chromstühlen. Es gab keine Fenster, dafür jede Menge Pflanzen. Als wir die Bar betraten, spürte man förmlich die Erwartung der Besucher. David wurde mit vielen »Hi's« und »Wie geht's« begrüßt und grinste erfreut. Die verschiedensten Menschen aller Altersgruppen füllten das Lokal bis auf den letzten Platz und warteten auf das Genie. Viele kamen, wie ich später hörte, zwei- oder dreimal die Woche – eine Art Fanclub. David strahlte, als wolle er sagen, »das ist alles zu schön, um wahr zu sein«.

Das Piano bildete den Mittelpunkt des Raums, es stand etwas erhöht auf einer kleinen Bühne, und wie ein Kind, das zu seiner Mutter läuft, stürmte David sofort darauf zu. Daß er das Instrument liebte, war deutlich zu sehen, bevor er eine Note gespielt hatte. Als er sich setzte, eine Zigarette im Mundwinkel, reichte ihm jemand eine Tasse Kaffee, die er ohne abzusetzen austrank. Die Zuhörer hatten sich niedergelassen und warteten, die Stammgäste ungeduldig, die Neuankömmlinge gespannt.

David berührte sanft mit den Fingern die Tasten, und schon bei den ersten Klängen sah ich, wie sehr sich das Publikum zu ihm hingezogen fühlte. David schien wie verwandelt. Dieser unruhige, unnatürlich laute Mensch, der so unsicher wirkte, wurde zu einem anderen, vollkommen vertieft in seine Kunst und völlig sicher. Ein verschlagenes, wissendes Grinsen zeigte sich auf seinem Gesicht, und man sah ihm die Freude an, die es ihm machte, die großen Werke der klassischen Musik zu spielen, Chopins *Ballade* in g-Moll, Liszts *Ungarische Rhapsodie* Nr. 2 oder Beethovens *Appassionata.*

Während des Konzerts zündeten die Frauen, die am Bühnenrand saßen, Zigaretten an und steckten sie David in den Mund. Er stürzte mehrere Tassen Kaffee hinunter, ohne mit dem Spielen aufzuhören. Die Fans und die Leute an der Bar, die Musikliebhaber und diejenigen, die vielleicht zum ersten Mal klassische Musik ›live‹ hörten, sie alle schienen gleichermaßen von David verzaubert.

Er spielte ohne Unterbrechung. Als jemand eine Pause vorschlug, meinte er nur: »Ach, kann ich nicht einfach weitermachen?« und hämmerte in die Tasten.

Schließlich, als er doch einwilligte, ein paar Minuten zu pausieren, fragte ich ihn nach seinem Lieblingsstück. »Rach drei, Sergejs Rach drei«, antwortete er.

Als er sich wieder an sein Instrument setzte, spielte er sofort Sergej Rachmaninows Klavierkonzert Nr. 3 in seiner gesamten Länge, wobei er die *tutti* für das Orchester einfügte. Dieses monumentale Werk, das viele Konzertpianisten für das schwierigste aller Klavierkonzerte halten, schien förmlich aus ihm herauszuströmen. Er gab sich ganz der Musik hin. Die Tasten schienen eine Erweiterung seines Selbst zu sein. Der Mann, die Musik und das Klavier verschmolzen zu einer Einheit.

Ich war in seinem Bann und konnte die Tränen nicht zurückhalten. Natürlich hatte ich schon viele Konzerte großer Musiker besucht, aber hier fand ich eine Souveränität und Leidenschaft, der ich nie zuvor begegnet war.

Am Ende des Konzerts ging Chris zu David und sagte zu ihm, daß er ihn in den drei Monaten, in denen er in

Riccardo's auftrete, noch nie so habe spielen hören. Freudig wandte sich David mir zu. Aufgeregt aber sehr bestimmt sagte er: »Nur wegen Gillian.«

Nachdem wir David wieder in seiner Pension abgesetzt hatten, sprach mich Chris auf den enormen Eindruck an, den David offensichtlich auf mich gemacht hatte. Er erzählte mir, daß David vor seinem Engagement bei Riccardo's in Guildercliff Lodge gelebt hatte, einer kirchlichen Einrichtung. Die Lodge war eine Mischung aus Wohnheim und Krankenhaus, durchaus kein »Heim weit weg von Zuhause«, und Kommunikation zwischen den Bewohnern so gut wie unmöglich.

Nachdem er David den Job gegeben hatte, kam Chris zu der Ansicht, daß er einen weiteren Schritt in Richtung eines ›normalen‹ Lebens tun könne. Er besorgte David ein Zimmer in einer Pension, wo er Tag und Nacht Klavierspielen konnte, wenn ihm danach war. Chris hoffte, daß David dadurch endlich in die Lage versetzt würde, den Kreislauf psychiatrischer Institutionen zu durchbrechen, der in den vergangenen zwölf Jahren solch traumatische Auswirkungen auf ihn gehabt hatte.

Am nächsten Morgen kam David wieder in Chris' Haus, um im Swimmingpool zu baden. Er war wie immer hyperaktiv, aber unwiderstehlich. Während er vor sich hin murmelnd am Beckenrand stand, sah ich ihn mir genauer an. Sein Kopf saß tief zwischen den Schultern, das Kinn lag auf der Brust, und die Arme baumelten haltlos herab. Es schien fast, als wolle er seinen Kopf verstecken, eine Haltung, die auf tiefe Unsicherheit schließen ließ, auf nervöse Anspannung und einen Mangel an Selbstbewußtsein. Ich wünschte, er würde sich aufrichten, würde seine Schultern durchdrücken und seinen Kopf heben. Aber wie konnte ich das erreichen?

David warf seinen Zigarettenstummel fort und sprang in den Pool. Sobald er schwamm, sah ich, wie sehr er das Wasser liebte. So wie er seine Bahnen zog, bemerkte man, daß ein sanfter Rhythmus von ihm Besitz ergriff und seine Nervosität sich auflöste. Er schwamm ziemlich lange, immer im gleichen Takt. Ich sah ihm gerne zu. Aber kaum war er aus dem Wasser gestiegen, als er zu schrumpfen schien, mit gesenktem Kopf und baumelnden Armen unsicher wirkte. David hatte bereits wieder den Mantel seiner Hemmungen übergestreift.

Wir standen am Pool und unterhielten uns über Musik und Geschichte auf die mir jetzt fast schon vertraute, fragmentarische Weise. David schien aus unermüdlichen Bewegungen und Gesten zu bestehen. Aber plötzlich änderte sich sein Verhalten. Er wurde vollkommen ruhig, legte seine Arme um mich und fragte mich mit ruhiger, leiser Stimme: »Gillian, willst du mich heiraten?«

Meiner Überraschung folgte Freude und ein fast unwiderstehlicher Drang, »JA« zu sagen. Aber mein gesunder Menschenverstand winkte heftig ab. Ich erklärte ihm, daß ich ihn ja eben erst kennengelernt hatte, daß ich jedoch nur allzu gerne mit ihm befreundet wäre. Von jenem Augenblick an bestand zwischen uns eine besondere Beziehung, die nie mehr zerbrechen sollte.

Die Tage vergingen wie im Traum. Dank David verabschiedeten sich meine übliche Konzentration und Effektivität oft genug, und ich geriet völlig durcheinander. Dieses Gefühl kannte ich nicht, und zuerst beunruhigte es mich ziemlich. Ich mußte mich zwingen, daran zu denken, warum ich eigentlich nach Perth gekommen war. Eigentlich sollte ich ein Treffen organisieren, bei dem es um die Gründung einer Filiale der Astrologers' Federation ging. Damit hatte ich auch Erfolg, aber ein großer Teil der Zeit war mit einem seltsamen Glanz überzogen.

Bald wurde es Zeit für mich, wieder nach Sydney zurückzukehren, und ich mußte mich von David verabschieden. Chris gegenüber erwähnte ich, daß ich mit David in Verbindung bleiben wollte. »Das ist gut«, sagte Chris. »David braucht jeden Freund, den er kriegen kann.« So begann unser Briefwechsel. Manchmal rief ich David auch an, und er zeigte sich stets so entzückt über meine Anrufe, daß ich von seiner Freude schnell angesteckt wurde.

Davids Briefe glichen sehr seinem Klavierspiel – sie waren ideenreich, leidenschaftlich und verzückt. Seine Briefe begannen immer auf ähnliche Weise: »Ich habe deinen Brief bekommen, meine Liebe, tausend Dank, Darling!!« oder: »Danke für deinen Brief, Liebling, er hat mich sehr aufgeheitert. Du bist ein Engel, Darling!!«

Immer wieder drückte er seine tiefe Dankbarkeit aus. »Danke für deinen Anruf, Gillian Darling, es hat mich so gefreut … danke, daß du an mich gedacht hast … Danke für die Tschaik-Kassette, Darling Gillian – ich habe sie gestern gehört, und sie hat mich sehr inspiriert, Darling, auch du inspirierst mich, Liebling … Vielen Dank für die Shakespeare-Sonnette, Gillian Darling. Ich lese sie jeden Morgen, sie sind sehr inspirierend. Ich liebe dich, Darling.«

In fast jedem Brief erinnerte mich David an unser erstes Zusammentreffen: »Wie ich damals am Pool gestanden habe und dich küßte und umarmte, Gillian Darling, weißt du noch? Du hast mich sehr glücklich gemacht. Ich war vollkommen entspannt. Ich hätte nicht so gut gespielt, wenn du nicht da gewesen wärst, Gillian; wenn ich jetzt spiele, denke ich an dich und spiele sofort besser!«

Oft fügte er hinzu: »Auch Chris war wie ein Engel für mich, Darling, ich bin sehr froh, ihn gefunden zu haben, und noch froher bin ich, dich gefunden zu haben …! Gillian Darling … hoffentlich sehen wir uns bald wieder. Dann gibt es wieder viele Küsse und Umarmungen etc.! Hurra!«

Ich war in meinen Briefen an David zwar freundlich und auch gefühlvoll, aber vorsichtig. Davids Liebe kam mir wild und grenzenlos vor, und so etwas hatte ich noch nicht erlebt. Außerdem – wie konnte ich an eine Beziehung mit einem Mann denken, den Chris als »akuten Psychoten« beschrieben hatte, der fünfzehn Jahre jünger war als ich, der keinerlei finanziellen Rückhalt besaß und über dessen möglicher beruflicher Karriere ein riesiges Fragezeichen hing? Darüber hinaus war er Jude, ich Christin. Nicht gerade das vollkommene Paar. Trotzdem ging er mir nicht mehr aus dem Sinn.

2. Kapitel

Entdeckungen

David und ich lernten uns 1983 kennen. Damals fühlte ich mich, als hätte ich mein Leben schon hinter mir. Ich hatte mit sechzehn geheiratet und war zweiundzwanzig arbeitsreiche Jahre lang Mutter und Ehefrau gewesen. Als meine Kinder die Schule abgeschlossen hatten, machte ich ganz allein eine Weltreise und sah Länder wie Kaschmir, Frankreich und Portugal. Und ich erfüllte mir einen langgehegten Traum, nämlich Rußland zu besuchen. Mein neuerworbenes Selbstvertrauen bekam mir gut. Ein Jahr später ließ ich mich scheiden.

Mit achtunddreißig überkam mich plötzlich das Gefühl, ich müßte all das nachholen, was ich als Teenager verpaßt hatte. Aber ironischerweise ging ich ziemlich schnell eine Beziehung zu einem älteren Mann ein und lebte die folgenden zehn Jahre in der angenehmen und friedlichen Atmosphäre von Noosa Heads an der Küste von Queensland.

Während dieser Zeit entdeckte ich mein Interesse für die Astrologie. Ich war fasziniert von den wissenschaftlichen Aspekten dieser alten Disziplin, besonders von den Ausführungen Reinhold Ebertins. Unter der Anleitung von Doris Greaves, die viele für die »Mutter der Astrologie« halten, begann ich in Australien zu studieren und erwarb mein Diplom. Dann unterrichtete ich selbst und genoß es, mein Wissen an Studenten weiterzugeben und von ihnen herausgefordert zu werden.

Als meine Beziehung in Noosa zu Ende ging, wurde mir klar, daß ich das erste Mal in meinem Leben völlig unabhängig war. Ich brauchte mich nicht um Geldprobleme, Hypotheken oder andere Zahlungen zu kümmern. Meine Kinder waren erwachsen und führten ihr eigenes Leben in den USA. Nach dreiunddreißig Jahren Familienleben mußte ich keine Zimmer mehr saubermachen, kein Essen mehr kochen oder mich um die Familie kümmern.

Ich genoß meine Freiheit und zog nach Sydney. Dort wurde die Astrologie mein Beruf. Mein Leben war mit Reisen zu Konferenzen und Workshops quer durch Australien und nach Übersee ausgefüllt. Ich hielt Vorträge auf den P&O Pazifik-Kreuzschiffen, und während ich so von Insel zu Insel fuhr, traf ich interessante Leute und führte ein sorgenfreies, fröhliches Leben.

Auf einer dieser Kreuzfahrten lernte ich Chris Reynolds kennen. Chris war praktischer Arzt und interessierte sich für Psychologie. Nach dem Dinner sprachen wir oft über sein Leben in Perth, seine beiden Söhne und seine Arztpraxis. Er war ein Zwilling mit weit gestreuten Interessen und der Neigung, viele Dinge gleichzeitig zu tun. Eins davon war seine Teilhaberschaft am Riccardo's. Am Ende der Kreuzfahrt sagte er: »Wenn Sie jemals nach Perth kommen, können Sie bei mir wohnen.« Ich konnte damals noch nicht wissen, was dieser Vorschlag auslösen würde …, daß David mich bitten würde, ihn zu heiraten und daß ich nicht aufhören konnte, an ihn zu denken. Aber worauf ließ ich mich da ein?

Als ich nach Sydney zurückkam, rief mich Eleanor an, eine Freundin mit großen telepathischen Fähigkeiten, und bat mich um eine astrologische Beratung. Danach bot sie an, mir aus der Hand zu lesen. Sie wußte nichts von David, aber sie beschrieb ihn als »einen außergewöhnlichen Mann mit dem Charakter eines Kindes und sehr besonderen Händen«.

»Weißt du«, sagte sie, »ich glaube, dieser Mann ist sehr

sanft. Aber da ist noch etwas: er hat große Bedürfnisse …
es sind seine Hände! Seine Hände!«, rief sie aus. »Er arbeitet mit seinen Händen und hat diese besondere Fähigkeit.«
Zum Schluß sagte sie, daß ich ihn heiraten würde.

Ich habe schon viele Sitzungen dieser Art mitgemacht,
aber nach meinen jüngsten Erlebnissen überraschten mich
ihre Kommentare doch sehr.

Einige Wochen später saß ich im Wohnzimmer. Der
Fernseher lief im Hintergrund, und ich beachtete ihn
kaum. Plötzlich hörte ich eine bekannte Stimme und mußte
einfach hinsehen. David wurde in einer Sendung porträtiert. Meine Gefühle überwältigten mich, als ich den Mann
sah, der meine Gedanken seit meinem Besuch in Perth so
ausgefüllt hatte. Seine Wärme, sein Charme und seine Eigenart schienen aus dem Bildschirm herauszuspringen
und mich zu umarmen. Ich wußte plötzlich, daß ich ihn
sehr liebte, saß da wie vom Donner gerührt und fragte
mich, was ich um Himmels willen tun könnte. Es war herrlich und seltsam zugleich, diese unglaubliche Hingezogenheit zu einem anderen Menschen zu spüren und eine Liebe,
die größer war als ich selbst.

Ich rief meine Tochter Sue an und erzählte ihr von meinen Gefühlen. »Aber Gills, ich weiß, daß du ihn liebst, seit
du im Dezember aus Perth zurückgekommen bist. Ich bin
froh, daß du es jetzt selbst merkst«, sagte sie. Sie fragte
mich, warum ich ihn liebe, und ich erzählte ihr von Davids
Arglosigkeit und Vertrauen, von seiner Wärme, seiner
Freundlichkeit und seinem Humor. Die Musik war noch
ein zusätzliches Geschenk.

Ich rief auch meinen Sohn Scott an, dessen Reaktion sehr
einfach war: »Wenn du ihn liebst, dann los!« Ich war meinen Kindern überaus dankbar, daß sie meine Gefühle für
einen Menschen so bereitwillig akzeptierten, der von manchen für »geisteskrank« gehalten wurde und offensichtlich
auch viel Verständnis erforderte.

Aber in Perth änderte sich etwas. Mit jedem Anruf

schien David trauriger und einsamer zu werden, sogar unzufrieden mit seinem Klavierspiel. Immerzu fragte er mich: »Kannst du nicht zu mir kommen, Gillian Darling? Kann ich zu dir kommen? Wann können wir uns treffen? Wann sind wir zusammen?«

Auch Davids Handschrift war aus den Fugen geraten und reflektierte seinen Zustand. Er schrieb: »Wie war die Reise, Liebchen? Es ist so schön, daß du wieder auf einer Kreuzfahrt Vorträge halten kannst! Es muß ein wundervolles Leben sein! Hoffentlich kann ich irgendwann mal eine solche Reise mit dir zusammen machen; das wäre großartig …!! Ich wünschte, ich könnte dich wieder mal in den Arm nehmen und küssen, Darling – hoffentlich sehr bald!!«

Einen Monat zuvor war Chris nicht mehr mit Davids Unterkunft zufrieden gewesen und hatte ihn mit zu sich nach Hause genommen. David hatte sich jedoch in der Pension bei den anderen Bewohnern wohlgefühlt, und ich war besorgt über diesen Umzug, weil ich gesehen hatte, wieviel Arbeit David machen konnte. Jeden Tag trank er fünfzehn bis zwanzig Tassen Kaffee mit jeweils fünf Löffeln Zucker, wobei er Kaffee und Zucker überall verschüttete. Er duschte unzählige Male und ließ seine nassen Handtücher überall im Haus herumliegen, rauchte 125 Zigaretten am Tag, war extrem unordentlich mit seiner Kleidung, mit Büchern und Notenblättern, und zudem ließ sein ständiges Reden keinerlei Ruhe aufkommen.

David war sehr verwundbar; unter anderem, weil er allem zustimmte. Als Chris ihm sagte, daß er umziehen solle, widersprach David ihm nicht, obwohl er selbst wußte, daß es schwierig war, mit ihm zusammenzuleben. Ende Januar schrieb mir David: »Ich ziehe dieses Wochenende zu Chris – das ist *wirklich schön*!! – wenn Chris es mit mir irgendwie aushält – ich bin ein bißchen schwierig!!«

Das Tragische an Davids Zustand war, daß er zwar wußte, wie unerträglich sein Verhalten war, jedoch nicht fähig war, es zu kontrollieren. Aber er war Chris sehr dankbar und fest entschlossen, sein Bestes zu tun: »Ich lasse dich und Chris nicht im Stich, Gillian Darling! Ich bekomme sehr gutes Essen, habe ein sehr gutes Zimmer und ein sehr gutes Klavier – also keine Sorge!«

Aber »Sorgen« gab es viele. Sehr bald lernte Chris die Realität des Zusammenlebens mit David kennen, der seinen Kühlschrank plünderte, all seinen Kaffee trank, das gesamte heiße Wasser verbrauchte, Musikbücher und andere Besitztümer im Haus verstreute und es sogar schaffte, ein Loch in den Klavierschemel zu brennen. Bald stand Chris unter enormem Streß, war oft am Ende seiner Kräfte und verlor schließlich die Geduld mit David. Eine Arztpraxis und ein Weinlokal zu führen und sich um David zu kümmern – das überforderte ihn vollkommen.

Auch David war sich über all das absolut im klaren, machte aber gleichzeitig eine eigene Erfahrung. Er war tagsüber, wenn Chris arbeiten mußte, völlig sich selbst überlassen, was für ihn nach jahrelangem Leben in Gemeinschaften eine große Veränderung bedeutete. Er vermißte die Gesellschaft anderer Hausbewohner – und er vermißte mich.

Eines abends klingelte um 11 Uhr das Telefon. Es war Eleanor, meine telepathische Freundin, und ich fragte mich, was wohl so dringend sein könnte, daß sie mich noch so spät anrief. Sie sagte, daß sie gerade das Gefühl gehabt hätte, David würde »große Qualen« erleiden. »O Gillian«, sagte sie, »ich fürchte, daß er sehr bekümmert ist. Außerdem fühle ich – wie soll ich es anders ausdrücken –, daß er sich zurückentwickelt.« Eleanor erzählte mir auch von einer Vision von David, in der er sich wie ein Fötus zusammenrollte. »Ich weiß, daß ich kein Recht dazu habe, dir das zu raten, aber ich glaube, du solltest ihn sofort aufsuchen.« Da David am Telefon immer seltsamer geklungen hatte, verstand ich Eleanors Besorgnis nur zu gut.

Ich rief Sue an und erzählte ihr von Davids Schwierigkeiten und daß ich nach Perth reisen wollte. Sie bot ihre Hilfe an, wann immer ich sie brauchen würde. Da ich mir nicht sicher war, ob Chris mit meinem Kommen einverstanden wäre, zog ich eine Tarot-Karte. Es war die Zehn der Schwerter, eine traurige und schmerzvolle Karte mit einem Mann, der mit dem Gesicht nach unten auf dem Boden liegt und die Finger einer Hand wie zum Segen ausstreckt. Ich deutete dies so, daß Chris von einem Besuch nichts hielte.

Als ich Chris dann anrief, konnte ich deutlich hören, wie gestreßt er war. Und tatsächlich sagte er mir, er sähe keinen Grund, warum ich kommen sollte, weil er sowieso daran dächte, David wieder in eine psychiatrische Klinik zu bringen. Ich versuchte nicht, ihn zu überreden, denn ich sah die Tarot-Karte vor mir. Natürlich wußte ich, daß Chris für David nur das Beste wollte, aber ich konnte den Gedanken nicht ertragen, David wieder in einer Klinik zu wissen.

Davids Leid ging mir jetzt nicht mehr aus dem Sinn, und zwei Tage später zog ich eine andere Karte. Diesmal war es der viel positivere Wagen. Jetzt war ich sicher, daß Chris sich besonnen hatte, und so war es auch. Ich sagte ihm, daß ich für zehn Tage kommen wolle, und fragte, ob er für diese Zeit Urlaub machen könne. Er war einverstanden. Am nächsten Tag hatte ich den Flug gebucht und rief David an, der absolut niedergeschlagen klang. Meine Nachricht, daß ich in drei Tagen bei ihm wäre, kommentierte er matt: »Ich hoffe, ich halte es bis dahin aus.«

Im Flugzeug dachte ich ständig darüber nach, wie David wohl mit seinen Ängsten fertig würde. Ich fragte mich, wie unser Wiedersehen verlaufen würde. Wie es wohl wäre, dem Mann gegenüber zu stehen, der mich in den vergangenen Monaten so tief berührt hatte und den ich jetzt liebte.

Als ich ankam, wurden alle meine Fragen durch Davids Umarmung beantwortet. Chris fuhr in seinen Kurzurlaub, und ich mußte jetzt den Test bestehen.

Wir waren das erste Mal uns selbst überlassen. Davids Aufregung war ansteckend, seine Freude, mich zu sehen, überwältigend. Seine Gesundheit schien sich sofort zu verbessern. Als es jedoch Zeit zum Schlafengehen war, fing David an, nach seinen Medikamenten zu suchen und hatte große Mühe, sie zu finden. »Schnell, schnell, Chris ging viel zu schnell – so eilig, wirklich eilig, eine voreilige Entscheidung«, sagte er immer wieder und lief ängstlich im Haus umher. »Hat meine Tabletten vergessen, hat sie vergessen. Es ist sehr schlimm, wirklich schlimm, Gillian Darling. Wo sind sie? Wo? Warum ...? Keine Tabletten, keine Tabletten, kein Schlaf.«

David hatte viele Jahre lang Psychopharmaka nehmen müssen, aber jetzt brauchte er nur noch vier Schlaftabletten pro Nacht. Er geriet immer mehr in Panik, weil er die Tabletten nicht fand, und nach jahrelangem Tablettenschlucken war seine Furcht durchaus verständlich. Ich setzte mich zu ihm aufs Bett und nahm ihn in die Arme. Wir liebten uns, und schließlich schlief er ein.

Am nächsten Morgen wachte er auf, sah mich an und sagte: »Du bist besser als eine Schlaftablette!« Das war, so komisch es auch klang, das größte Kompliment, das mir je gemacht worden war, und David hat seitdem nie mehr Schlaftabletten genommen.

Diese zehn Tage in Perth veränderten unser beider Leben. Wir gingen zusammen spazieren oder schwammen und genossen unser Zusammensein. In der Öffentlichkeit hatte ich David bisher jedoch nur im Riccardo's erlebt, wo man ihn kannte und wo er wegen seines Talents geschätzt wurde. Deshalb war ich nicht auf ein anderes Erscheinungsbild Davids vorbereitet, das ich bald zu sehen bekommen würde.

Eines Tages schlug ich vor, eine Fahrt mit dem Schiff den Swan River hinunter nach Freemantle zu machen und mit dem Bus wieder zurück zu fahren. David zögerte ein wenig, war dann aber einverstanden. Es war ein sonniger

Tag, die Sicht war wundervoll, und ich hatte alles für ein Picknick eingepackt.

Wir spazierten zum Schiff und fanden zwei Sitzplätze. David klammerte sich an mich. Als das Schiff ablegte und andere Leute in unsere Nähe kamen, konnte ich Davids Unbehagen spüren. Er war umgeben von Fremden, ohne die Sicherheit seines Klaviers, und zeigte nicht seinen üblichen überfreundlichen Enthusiasmus, sondern zog sich zurück. Hier gab es keinen Jubel um ihn, und sein Körper drückte Furcht vor Zurückweisung aus. Er schlang die Arme um sich, drückte sich dicht an mich und brabbelte vor sich hin. Bald konnte ich sehen, wie die Leute vor ihm zurückwichen. Ich hatte den Eindruck, daß sie alle dachten: »Wer zum Teufel ist das? Was hat er? Ist er ansteckend? Ist er gefährlich?«

Ich hielt David fest und litt mit ihm. Er hatte der Welt so viel zu geben, aber noch steckte er in den Fesseln seiner Krankheit und mußte sich die Zuwendung der anderen erst erkämpfen. Ich sah, wie diese überwältigende Furcht vor Zurückweisung, vor dem Ausgeschlossensein ihn niederdrückte und mir wurde klar, wie sehr er gelitten haben mußte. Sein Klavierspiel im Riccardo's half beim Heilungsprozeß, aber er mußte immer noch lernen, sich in einer Welt zurechtzufinden, wo die Leute nichts von seinem außergewöhnlichen Talent wußten und keine besondere Rücksicht auf ihn nahmen.

Nach der Fahrt mit dem Schiff waren mir Davids Bedürfnisse – sein fast zwanghafter Wunsch, von anderen geliebt und akzeptiert zu werden – und die Hindernisse, die er zu bewältigen hatte, bewußter geworden. Meine Gefühle für ihn wurden nur stärker. Er brauchte dringend rund um die Uhr Pflege und ständige Zuwendung.

Abends saßen wir in dem kleinen Anbau hinter Chris' Haus und sprachen über unsere Liebe. David wollte wirklich heiraten und fragte mich noch einmal. Obwohl ich mich immer noch unsicher fühlte, wußte ich innerlich, daß ich eine Verpflichtung eingegangen war.

Nach ein paar Tagen kam Chris wieder und sah uns Arm in Arm die Straße entlanggehen. Er sagte halb im Scherz: »Warum heiratet ihr beide nicht?« Wir antworteten, daß wir das wohl tun würden, und Chris verschlug es die Sprache.

An diesem Nachmittag unterhielt ich mich mit Chris über meine Beziehung zu David und unsere Entscheidung, zusammen leben zu wollen. Er sprach sehr offen über Davids Verfassung und sagte, daß David gerade wegen seiner Furcht vor Zurückweisung und anderer Unsicherheiten jedem erzählen würde, er sei für ihn der beste von allen. Im Hinblick darauf fragte er sich, ob Davids Zuneigung zu mir ernsthaft wäre, und was ich von solch einer Beziehung hätte. Chris sorgte sich um David, war aber vorsichtig, denn er wollte, daß keiner von uns beiden das Falsche tat.

Ich rechnete ihm seine Offenheit hoch an, spürte aber deutlich, daß David wirklich mit mir zusammenleben wollte. Meiner Überzeugung nach waren unsere Geschicke miteinander verwoben und sollte ich Teil seines Lebens werden. Ich war mir zwar nicht sicher, wie nahe ich ihm wirklich kommen könnte, aber zu diesem Zeitpunkt schien es mir nicht wichtig, ob ich Pflegerin, Liebhaberin, Ehefrau, Freundin oder alles zusammen sein würde. Mir war nur klar, daß es von einer einmal eingegangenen Verpflichtung David gegenüber kein Zurück gab und daß diese Beziehung auch keine Versuchsphase vertrug. Später entdeckte ich, daß viele Menschen David Fürsorge entgegengebracht hatten, daß aber niemand eine Verpflichtung eingehen konnte oder wollte. Chris bot mir an, daß ich eine Zeitlang mit David bei ihm wohnen könne, damit wir nicht überstürzt heiraten müßten. Ich war einverstanden.

Viele Leute fragten mich seitdem, warum ich diese Entscheidung so schnell getroffen habe, obwohl wir doch erst zwei Wochen miteinander verbracht hatten. Sicher – wenn ich die Situation analysiert hätte, wäre ich vermutlich sofort weggelaufen, aber so hatte ich nur die Überzeugung und den Glauben, daß es richtig war, so zu handeln. Und ich war verliebt. Ich sagte David, daß ich sobald wie möglich zurückkommen würde, flog nach Sydney und ordnete mein Leben neu.

3. KAPITEL

Überraschungen

Impulsiv? Tollkühn? Vielleicht. Schützen werden für die »blinden Optimisten« unter den Tierkreiszeichen gehalten. Sie verlassen sich oft auf ihre Intuition, reagieren spontan und stürzen sich kopfüber in ein Abenteuer, ohne über die Konsequenzen nachzudenken. Ein gemeinschaftlicher Charakterzug von Schützen ist ihr Optimismus: Ein Glas ist immer halb voll, niemals halb leer. Und schließlich handeln sie lieber, als nur zu reden.

Ich bin Schütze durch und durch, und deshalb kostete es mich nur zehn Tage, meine Zelte in Sydney abzubrechen. Ich sagte meine Astrologiekurse ab, verließ das schöne Haus, das ich bewohnte, und verabschiedete mich von allen meinen Freunden.

Im Flugzeug nach Perth kamen mir Zweifel. Was tat ich da? Konnte ich David wirklich gerecht werden? Dachte ich tatsächlich, ich könnte mit jemandem auskommen, der die Geduld von Chris und von vielen anderen bis aufs äußerste strapaziert hatte? Aber dann erinnerte ich mich an die Worte, die ich einmal von einer klugen Frau namens Grace gehört hatte.

Grace war Pastorin der Unity Church, hatte eine gefährliche Alkoholsucht gemeistert und half anderen dabei, ihre Abhängigkeiten zu überwinden. Sie sagte mir,

daß die überflüssigsten Worte, die man einer Herausforderung gegenüber benutzen könne, »versuchen«,
»sollte« und »unmöglich« wären. »Versuchen« hieße,
Zweifel an dem zu haben, was man noch gar nicht begonnen hätte. »Sollte« bedeute, etwas aus einer Art
Schuldgefühl heraus zu tun und nicht deshalb, weil
man ehrlich davon überzeugt wäre. Und das Wort »unmöglich« war für Grace gleichbedeutend damit, die All-
macht Gottes in Frage zu stellen und sich zu weigern,
an Wunder zu glauben. Seit Jahren schon war ich dem
Leben mit diesen Worten im Hinterkopf begegnet und
entschied mich deshalb, daß gerade jetzt, wo das Flugzeug bald in Perth landen würde, der falsche Zeitpunkt
für eine Änderung dieser Haltung wäre.

David war überglücklich, mich zu sehen, und es war so
wundervoll, wieder mit ihm zusammen zu sein, daß mir
meine neue Behausung gleichgültig war. Der kleine Anbau
hinter Chris' Haus enthielt ein Bett, einen Schrank und
einen Stuhl. Die Wände waren kahl, und David besaß keine persönlichen Dinge, abgesehen von einem alten Kassettenrecorder. Mich störte auch nicht, daß ich außer David
und Chris nur wenige wirkliche Freunde in Perth hatte.
Die ganze Sache entpuppte sich tatsächlich als eine Herausforderung an meine Anpassungsfähigkeit, aber es gab
einen Trost: David! Folglich war ich völlig perplex, als der
Trost am nächsten Tag verkündete, er würde das Wochenende mit einer anderen Frau verbringen.

»Zu Dotty-Scotty gehen, zu Dotty-Scotty, Darling. Ist
schon alles geplant, am Wochenende, am Wochenende«,
sagte David ohne einen Funken Bedauern in seiner Stimme. Ich fühlte mich furchtbar leer und verloren. »Dotty-
Scotty« war Davids Spitzname für Dorothy; sie war einige
Jahre älter als er, lebte getrennt von ihrem Mann und hatte
mehrere Kinder. David hatte mir schon bald nach unserer
ersten Begegnung von ihr erzählt. »Es ist ungefähr so«,
sagte er, »als alles sehr armselig für mich war, als ich nicht

viel Hilfe von der Welt bekam, hatte ich Dotty-Scotty, und sie hielt mich mehr oder weniger am Leben. Dotty-Scotty fütterte mich und fütterte mich und sagte, daß ich sehr nett Klavier spielen könne.«

Dorothy hatte David während der dunkelsten und schwierigsten Phase seines Lebens kennengelernt. Während einer dreimonatigen Pause zwischen zwei Klinikaufenthalten hatte ein Ehepaar, Fred und Evelyn Price, David aus christlicher Nächstenliebe eingeladen, bei ihnen zu wohnen. Eines Tages besuchte er mit den Prices die Kirche. David ging ängstlich zum Klavier und begann, die Notenblätter für die Pianistin umzudrehen. Die Pianistin war Dorothy. Obwohl sie überrascht war, daß diese verwahrloste und schlotternde Gestalt Noten lesen konnte, freute sie sich über seine Hilfe, erkundigte sich nach seinen musikalischen Fähigkeiten und fragte ihn nach seinem Namen. Als er ihr den nannte, war sie geschockt. Wie die meisten Musiker kannte sie David, wußte aber nichts von seiner Phase der geistigen Verwirrung.

Dorothy unterrichtete Musik. Als engagierte Christin wollte sie David sofort helfen und lud ihn zu sich nach Hause ein, damit er dort Klavier spielen könne. Seine Gesundheit verschlechterte sich jedoch, und er wurde in die Grayland-Klinik eingewiesen. Obwohl Dorothy überzeugt war, daß sich Davids Zustand nicht bessern würde, konnte sie ihn nicht bei sich zu Hause pflegen, weil sie sich auch noch um ihre eigene Familie kümmern mußte. Sie erreichte es jedoch, daß er nach Guildercliffe Lodge kam, einer offenen psychiatrischen Klinik.

David besuchte Dorothy weiterhin an den Wochenenden. Sie teilten ihre gemeinsame Liebe zur Musik und gingen zu vielen Konzerten. Einige Jahre lang war sie die einzige menschlich wahre Beziehung, die er hatte. Zu dieser Zeit war Davids Fähigkeit, Klavier zu spielen, von dem Chaos in seinem Kopf beeinträchtigt. Tonbandaufnahmen von damals belegen die Tiefe seiner Verzweiflung. Aber mit Dorothys Hilfe verbesserte sich sein Spiel allmählich während der nächsten fünf Jahre.

Mehrere Monate bevor ich David kennenlernte begannen Dorothy und David jedoch, sich auseinander zu leben. David hatte einige kleinere Konzerte mit dem Karrinyup Orchestra gegeben, was Dorothy nicht sehr zu gefallen schien. »Das war wirklich meine Sache. Ich habe irgendwie für mich selbst was getan.« So erklärte David sich, warum ihre Freundschaft abkühlte.

Bevor ich zum Zusammenpacken nach Sydney geflogen war, hatte ich auf Chris' Rat hin Dorothy angerufen, um mich ihr vorzustellen. Ich ließ sie wissen, daß meine Empfindungen zu David sehr tief gingen und daß ich nach Perth zurückkommen würde, um mit ihm zu leben. Nichts wies darauf hin, daß sie ihn als »ihren« Freund ansah; im Gegenteil, sie sagte, daß sie froh wäre, wenn ich mich um ihn kümmern würde, weil sie das wegen ihrer Familie nicht könnte. Allerdings meinte sie auch, daß es falsch von Chris gewesen wäre, David aus Guildercliffe Lodge herauszunehmen und daß er David im Riccardo's zu hart arbeiten ließe. Chris würde auch versuchen, sie von David fernzuhalten, und deshalb würden sie und David nicht mehr viel voneinander sehen.

Offensichtlich war das am kommenden Wochenende nicht der Fall. Chris bestätigte, daß David schon vor einiger Zeit dieses Wochenende mit Dorothy festgemacht hatte, und ich mußte jetzt mit den wirren Gefühlen und der Einsamkeit, die mich überflutete, fertig werden.

Mir wurde klar, daß David nicht ganz verstanden hatte, daß ich nach Perth gekommen war, um für immer bei ihm zu sein, daß ich dafür alle meine Freunde und meine Arbeit im Stich gelassen hatte und daß ich gerade ein neues Leben anfing. Ich wußte, daß David einerseits in seiner nebulösen Welt des Schmerzes gefangen war und auf jede Freundlichkeit, die ihm gezeigt wurde, überreagierte; andererseits konnte er überhaupt nicht zwischen den Menschen unterscheiden, die nur nett zu ihm waren und denen, die ihn wirklich liebten. Er wollte es jedem, den er traf, recht machen und war unfähig, irgend etwas, das von ihm verlangt wurde, abzulehnen. Ich hatte schon vor meiner Ankunft gewußt, daß dies zum wirklichen Zusammenleben mit David dazugehörte, konnte aber einfach nicht glauben, daß ich so schnell damit konfrontiert würde.

Natürlich hätte ich David bitten können, seine Pläne zu ändern und nicht zu gehen; bestimmt hätte er auf der Stelle zugestimmt, wäre dadurch aber auch in die Art Konflikt gestürzt worden, der ihn normalerweise stark belastete. Außerdem meinte ich, daß es moralisch nicht richtig wäre, ihm vorzuschreiben, was er in dieser Situation zu tun hätte. Er mußte es selbst herausfinden.

In den nächsten vierundzwanzig Stunden kämpfte ich mit meinen Gefühlen und erinnerte mich in der Nacht noch einmal an einen Ratschlag von Grace. Sie hatte mit mir über die Freiheit der Liebe gesprochen und darüber, daß man nicht versuchen solle, einen geliebten Menschen zu besitzen. Sie sagte, daß die Liebe, die wir füreinander empfinden, uns nicht wirklich gehört, sondern Teil einer großen göttlichen Liebe ist, die uns alle umfängt und keine Grenzen kennt. Jeder ist fähig, unermeßliche Liebe zu geben und zu nehmen. Aber wenn wir versuchen, uns auch nur ein winziges Stück dieser Liebe anzueignen und nur auf uns zu beschränken, verhindern wir es gleichzeitig daran, seine ganze Kraft zu entfalten.

Ich betrachtete meine jetzige Situation unter diesem Gesichtspunkt, und es gelang mir bis zum Morgen, meine Enttäuschung und meinen Schmerz zu überwinden. Ich wäre sogar in der Lage gewesen, David ganz ehrlich ein glückliches Wochenende zu wünschen.

Doch dann klingelte das Telefon beim Frühstück. Es war Dorothys Tochter, die David bat, nicht zu kommen. Es war ein ziemlich kurzes Telefongespräch, das sich einige Wochen später vor einem ähnlich vereinbarten Besuch wie-

derholte. Die Tochter sagte, daß Dorothy sich nicht wohl-
fühle. Ich war darüber ein wenig enttäuscht und befürchtete, daß David wegen mir eine Freundin verlöre, und das
war das Letzte, was ich wollte. David brauchte wirklich
dringend Freundinnen und Freunde.

Aber es gab noch mehr Überraschungen, denn David
murmelte am vierten Tag nach meiner Ankunft etwas über
ein Konzert. Chris und ich fanden heraus, daß David tatsächlich ein Konzert geben würde; und nicht einfach nur
ein Konzert, sondern das Comeback-Konzert seiner Karriere. Es war für den 8. Juni 1984 im Octagon Theatre der
University of Western Australia als Teil einer Konzertserie
vorgesehen, die sich »Mike Parry's Classical Concerts«
nannte. Mike, ein Musikmanager, hatte Chris einige Wochen zuvor gefragt, und Chris war einverstanden gewesen.
Mir wurde plötzlich klar, daß es nur noch sieben Wochen
bis zum großen Tag waren, und ich bekam Angst. Tatsächlich war David nicht in der Verfassung, eine Vorstellung
dieser Art erfolgreich zu überstehen.

Als ich David das erste Mal im Riccardo's sah, war ich
zu überwältigt, um seine Darbietung objektiv einzuschätzen
zu können. Ich mußte jetzt mit mir selbst ehrlich sein, sonst
würde David sich tatsächlich selbst schaden und die Chance, seine Karriere als ernsthafter Konzertpianist wieder
aufzubauen, ruinieren.

Das Riccardo's bot David die einmalige Gelegenheit,
drei Abende pro Woche unter ziemlich lockeren Bedingungen vor einem leicht zu begeisternden Publikum aufzutreten, was sein Selbstvertrauen sichtbar stärkte. Chris
wachte mit großer Hingabe über Davids Ruf eines klassischen Musikers und erlaubte ihm nicht, die von Zeit zu
Zeit verlangte Popmusik zu spielen.

Eines Abends wollte ein Stammkunde Tschaikowskys
»Ouverture 1812« hören, aber ich erklärte ihm, daß das
Stück für großes Orchester und Kanonen komponiert sei;
wir könnten zwar die Ofentüren in der Küche zuknallen

und damit die Kanonen simulieren, aber das wäre insgesamt doch nur eine traurige Imitation. Unser Leitsatz war: klassisch und geschrieben fürs Klavier. Gelegentlich glitt David zwar in Beethovens *Fünfte Sinfonie*, aber dann spielte er stets eine Transkription von Liszt.

Im großen und ganzen war Davids Spiel im Riccardo's jedoch wenig standesgemäß. Er spielte stundenlang, von acht Uhr abends bis weit nach Mitternacht – ununterbrochen und ohne Pausen.

Ich mußte auch zugeben, daß er als kettenrauchender Künstler einen seltsamen Eindruck machte. Die Aschenbecher an beiden Enden des Klaviers quollen über, Kippen lagen nebeneinander auf der Kante über der Tastatur, und David war hinter den Qualmwolken kaum zu sehen. »Es ist ein Schild, Qualmschild, ein Brooke-Shield, ein Schirm, ein Rauchschirm«, war eine seiner neuesten Erklärungen. Das Kettenrauchen behinderte auch sein Spiel, denn er mußte dann und wann mit einer Hand die Kippe aus dem Mund nehmen, bevor sie ihm die Lippen verbrannte. Und er brauchte oft die andere Hand für eine der endlosen Tassen Kaffee, die er beim Spielen trank.

David kaute auch Kaugummi, eine notwendige »Requisite«, wenn man ihm glauben durfte. Und um allem die Krone aufzusetzen, schwatzte er ständig mit den Leuten, die ihm am nächsten saßen, und erklärte ihnen die technischen Schwierigkeiten der Passagen, die er gerade spielte, oder er sang die Melodie des Stückes mit, einen Takt schneller als seine Hände sie spielten.

Die Kombination von Nikotin, Koffein und riesigen Mengen Zucker bewirkte Hyperaktivität und Übererregung. Das Spiel wurde abgehackt, Stücke wurden begonnen, abgebrochen, neue angefangen. Davids Fans waren entzückt über den Anblick dieses überlasteten »Genies« und störten sich nicht an seinen Absonderlichkeiten, aber sie waren ja auch in einer Weinbar. Wie könnte ein Künstler in einem angesehenen Konzertsaal ernst genommen werden, wenn er sich so verhielt?

Ich sprach mit David über meine Befürchtungen, und er sah ein, daß etwas getan werden müsse. Unter keinen Umständen wollte er am Klavier würdelos erscheinen. Gerade weil wir nur diese sieben Wochen zur Verfügung hatten, war es besser, daß er es wußte und kooperierte.

Unser vordringlichstes Ziel war, das Rauchen am Klavier zu reduzieren. Das war der schwierigste Teil. David hatte nur dann keine Zigarette im Mund, wenn er schwamm. Sobald er aus dem Wasser stieg, mußte er rauchen. Chris erzählte mir, daß David eines Tages aus dem Wasser kam und merkte, daß er keine Zigaretten mehr hatte; er telefonierte sofort nach einem Taxi. Es fuhr vor, und David sprang in der nassen Badehose hinein, die Brieftasche in der Hand. Er wies den Fahrer an, ihn zum nur einen Kilometer entfernten Einkaufscenter zu fahren und zu warten, während er im Tabakladen war. David kaufte Zigaretten und ließ sich wieder nach Hause bringen, geschützt hinter seinem »Rauchschirm«.

Ununterbrochenes Schwimmen schien in diesem Fall die Lösung zu sein, ließ sich jedoch leider nicht verwirklichen. Dennoch ermutigte ich David, viele Stunden am Tag zu schwimmen. Ich schlug ihm vor, solange zu schwimmen, wie ein bestimmtes Klavierstück dauerte. »Liebling, schwimm die *Appassionata*«, sagte ich zu ihm und empfahl ihm anschließend noch einige Chopin-Préludes. David »spielte« also die Stücke in seinem Kopf, während er schwamm.

Es war jedoch keine leichte Aufgabe, das Rauchen im Riccardo's zu kontrollieren. Der erste Schritt war, Davids Spiel einzuteilen, so daß er Pausen machen mußte, die sich allmählich als die einzigen Gelegenheiten zum Rauchen und Kaffeetrinken entwickeln sollten. Ich sagte zu ihm: »David, laß uns versuchen, ein kurzes Stück ohne Zigarette zu spielen, vielleicht den *Hummelflug*.« David antwortete:

»In Ordnung, Darling.« Er brachte das Stück gut hinter sich, und ich lobte ihn sehr.

Davids Fans fanden meine Einmischung jedoch nicht gut. Die Frauen, die um das Klavier saßen und ihm seine Zigaretten anzündeten, waren davon überzeugt, daß sie ihm halfen. Als ich sie bat, das nicht zu tun, sagten sie: »Lassen Sie ihn doch in Ruhe! Warum wollen Sie verhindern, daß wir ihn glücklich machen?« Ich wußte, daß sie in mir eine Art Drachen sahen. Außerdem war ich neu im Riccardo's, und die Stammgäste waren nicht erfreut darüber, daß ich ihnen klarmachen wollte, wie man mit »ihrem Freund« David umzugehen hatte.

Glücklicherweise zeigte sich David jedoch immer dann einsichtig, wenn er wußte, daß es zu seinem eigenen Besten war. Er kritisierte mich nicht ein einziges Mal, daß ich ihm seine »Requisiten« wegnehme.

Schritt für Schritt gelang es mir, ihn zu festigen. In der ersten Woche bat ich ihn nur darum, ein kurzes Stück ohne Zigarette zu spielen; in der zweiten Woche waren es zwei kurze Stücke. In der dritten erhöhten wir die Anzahl zigarettenfreier Stücke auf drei. Es würde eindeutig ein langer, schwieriger Kampf sein. Alles mußte sich nach der Stimmung richten, in der David sich befand; alles mußte allmählich geschehen. Es wäre ziemlich brutal von mir gewesen, ihm all seine »Requisiten« auf einmal zu verweigern.

Ich hatte jedoch keinen Zweifel daran, daß wir unser Ziel irgendwann erreichen würden. Damals war mir absolut nicht klar, was eine Sucht bedeutet, und außerdem schien David ja selbst zu allem bereit. Hätte ich mehr gewußt, hätte ich es wahrscheinlich nicht versucht. Es war leicht für mich, ihn ständig anzutreiben: »Es ist in Ordnung, Liebling, du kannst es, du kannst es«, weil ich tatsächlich meinte, was ich sagte.

Nach drei Wochen konnte David eine Viertelstunde ohne Zigarette spielen; dann, in der vierten Woche, eine ganze Sonate von fünfundzwanzig Minuten. Nach fünf Wochen waren es schon fünfundvierzig Minuten.

Auch den Kaffee reduzierten wir allmählich. Zuerst durfte er eine Tasse nach drei kurzen Stücken trinken, dann eine nach einer Sonate und nur während einer Pause. Er agierte natürlich noch immer keineswegs wie ein Konzertpianist. Ein Konzertpianist kaut kein Kaugummi, während er spielt, er redet nicht mit dem Publikum, und er singt die Melodien nicht mit. Aber jeder Schritt zählte, egal wie klein er war.

4. Kapitel

Sternbild Stier

Obwohl es sehr großzügig von Chris war, David und mich im Anbau wohnen zu lassen, war es klar, daß wir eine eigene Bleibe brauchten. Ich dachte, das würde Davids Gefühl für unsere Beziehung stärken und seine Selbstachtung heben.

An Wochenenden, wenn Chris' Söhne, seine Freundin und deren kleiner Sohn da waren, gab es für niemanden Ruhe und Frieden. Obwohl alle freundlich zueinander waren und ich es ermutigend fand, daß Chris' Söhne David gern akzeptierten, brach an diesen Wochenenden meistens das Chaos aus. Vielleicht wären die drei Jungen nicht so eine Plage für die Erwachsenen gewesen, aber mit David zusammen, der unaufhörlich vor sich hinbrabbelte, dauernd das Radio laufen ließ und, wenn er die Gelegenheit dazu hatte, hereinplatzte, das Fernsehen anstellte und dann Klavier spielte, wirkte diese Kakophonie nervenzerrüttend.

Ich begriff sehr schnell, daß ich gezwungen war, Davids Krach auszuhalten – um dann allerdings irgendwie abschalten zu müssen, damit ich keinen Nervenzusammenbruch bekam. Dies alles fand dazu normalerweise statt, wenn ich gerade ein Horoskop für einen Kunden zusammenstellte. Eigentlich hätte ich genausogut ein Büro auf der Landebahn des Flughafens von Sydney aufmachen können.

Unser Umzug wurde auch aus finanziellen Gründen notwendig. Ich mußte wieder Astrologie unterrichten, und es war unmöglich, daß meine Schüler in Chris' Haus einfielen. Glücklicherweise fand ich in der ersten Maiwoche ein ordentliches, wenn auch nicht sehr schönes Haus in Lathlain, dem nächsten Vorort. Ein schneller Einkauf in Secondhandläden, neue Vorhänge und jede Menge Zimmerpflanzen verwandelten dieses gemietete Haus in ein Heim, das erste für David seit dreizehn Jahren.

Das nächste Problem war ein eigenes Klavier. Chris löste es, indem er uns die Anzahlung für eines spendierte.

Wie wichtig die eigenen vier Wände für David waren, wurde bald deutlich. Er konnte nackt im Haus herumwandern, was er besonders liebte.»Weniger, weniger, weniger! Man fühlt sich frei!« sagte er dann. Er konnte Klavier spielen, wann immer er Lust dazu hatte, was fast immer, sogar in den frühen Morgenstunden, der Fall war, und er konnte sich eine Katze halten, sein Lieblingstier. Kaum überraschend, daß er sie ›Rachmaninow‹ nannte.

Die Freiheit, spielen zu können, wann er wollte, war entscheidend für David; allerdings achtete ich immer darauf, daß die Fenster fest verschlossen blieben, weil ich nicht wußte, ob die Anwohner über permanentes Klavierspiel sehr erfreut wären. Eines Tages erschien eine Nachbarin an der Tür. Ich ahnte Böses. Sie sagte, daß sie oft Davids Klavierspiel zuhöre, und dann fragte sie:»Könnten Sie vielleicht die Fenster offenlassen, damit ich ihn besser hören kann?«

Mit David in einem Haus zusammenzuleben, ließ mir noch deutlicher bewußt werden, daß er im Zeichen Stier geboren war. Ich hatte die astrologische Auswertung über ihn gelesen, bevor ich mit ihm zusammenzog, und das hatte mir geholfen, seine Motivationen, seine Kreativität und seinen Gefühlshaushalt besser zu verstehen. Aber was ich in den ersten Monaten unseres Zusammenlebens noch lernen mußte, war seine persönliche Ausformung von den Standardeigenschaften eines Stiers.

Die meisten Stiere zeigen große Entschlossenheit, die sehr schnell auch in Sturheit umschlagen kann. Ohne diese Eigenschaft hätte David niemals sein Klavierspiel so perfektionieren können. Im Alltagsleben hatte das allerdings andere Auswirkungen, und Davids anstrengende Seite wurde bald sichtbar. Chris hatte mich davor gewarnt, daß David eine unglaubliche Ausdauer darin habe, solange um etwas zu bitten, bis er es bekäme. Ich merkte bald, daß er in dieser Technik ein Meister war. Wenn er wollte, daß man ihm etwas gab oder etwas für ihn tat und wenn das nicht auf der Stelle geschah, mußte man mit einem ungeheuren Wortgewitter rechnen, ohne Rücksicht auf die Gefühle anderer oder Verständnis dafür, warum man ihm seinen Wunsch jetzt nicht erfüllen konnte. Falls er nach kurzer Zeit immer noch nicht hatte, was er wollte, dann fing er an zu quengeln: ein Dreijähriger im Körper eines Sechsunddreißigjährigen. David konnte mit Veränderungen in seinen Gewohnheiten nicht umgehen, noch hätte er jemals versucht, eine Situation selbst zu ändern. Man mußte es für ihn tun, und zwar schnell, oder seine Unruhe und seine unglaubliche Fähigkeit, anderen damit auf die Nerven zu fallen, verschlimmerte sich so sehr, daß man einfach nachgeben und erledigen mußte, was immer er wollte. Zu solchen Zeiten konnte man sich ihm nicht mehr nahe fühlen, es sei denn, man stellte sich gleichzeitig den anderen sanften, charmanten und liebenswürdigen David vor.

David hatte auch den Appetit eines Stiers, aber bei ihm zeigte er sich dadurch, daß er regelmäßig Kühlschrank und

Vorratskammer ausräumte, Brotlaibe und kiloweise Früchten und rohes Gemüse verschlang. Beim Essen mußte er unbedingt sechs Lammkoteletts haben, fast schwarz gebraten, bedeckt mit scharfer Soße und dazu eine Schüssel Pommes frites – oder das Wortgewitter fing wieder an. Ich konnte ihm nicht beibringen, die Finger vom Kühlschrank oder Vorratskammer zu lassen, aber ich hatte auch keine Lust, alle Türen abzuschließen. Man konnte niemals Gäste einladen und auch sicher sein, daß die Einkäufe oder vorbereiteten Gerichte immer noch da waren, wenn man sie auf den Tisch stellen wollte. Es blieb nichts übrig, als immer wieder einkaufen zu gehen und die Regale neu aufzufüllen.

Es waren jedoch nicht nur die Mengen, die er verputzte, sondern auch, wie er es tat. Als ich damals im März für zehn Tage zu David gekommen war, hatte er immer darum gebeten, alleine essen zu dürfen. Eines Tages brachte ich ihm sein Essen; er nahm es, bedankte sich vielmals und schloß die Tür des Anbaus hinter mir. Aber ich hatte etwas vergessen und ging zurück. David saß auf dem Bett. Der Teller lag auf seinem Schoß, er hielt ein soßenbedecktes Lammkotelett in seinen soßenbedeckten Händen, und auch sein erschrockenes Gesicht war mit Soße verschmiert. Einen Augenblick lang sah er furchtbar verlegen und verwirrt aus. Dann legte er das Kotelett zurück auf den Teller und sagte mit einem tiefen Seufzer des Bedauerns: »Ich habe keine Tischmanieren.« Mir wurde klar, daß er nur deshalb allein essen wollte, weil er sich schämte.

Ich setzte mich aufs Bett, nahm ihn in den Arm und versicherte ihm, daß es mir nichts ausmache und daß wir zusammen daran arbeiten könnten, wenn er lernen wolle, wie man richtig ißt. Damals murmelte er: »Nicht sehr zivilisiert, nicht zivilisiert. Helfgotts sind ein wilder Haufen. Bin Mrs. Luber sehr dankbar; machte mich für London bereit.« Ich fand erst Monate später heraus, was das heißen sollte; damals nahm ich einfach an, daß er in der Klinik einige seiner Tischmanieren verlernt hatte. Danach war David gewillt, es mit Besteck zu versuchen, aber es war nicht einfach. Er bittet sogar heute noch um einen Löffel, wenn alle anderen mit Messer und Gabel essen.

Ein anderer allgemeiner Zug an Stieren ist, daß sie immerzu alles berühren müssen, und bei David war diese Eigenschaft extrem. Er wollte ständig umarmen, anfassen und sich anschmiegen. Nachdem wir ungefähr einen Monat zusammen waren, fühlte er sich auch in der Öffentlichkeit etwas sicherer. Jetzt entwickelte er die Gewohnheit, völlig Fremden die Hände schütteln zu wollen, oder sie zu umarmen und zu küssen, fast wie eine Katze die andere anstubst, um ihr zu zeigen, daß sie ihr freundlich gesonnen ist. Aber Menschen, die nicht an Katzensprache gewöhnt waren, reagierten oft ablehnend. Davids Anblick war für manche sehr bedrohlich, und sie wichen schnell vor ihm zurück: Er hielt sich immer noch gebeugt, plapperte wie eine aufgeregte Elster und sabberte ein wenig – ein Nebeneffekt seiner Medikamente. Anfänglich litt ich sehr darunter, wenn er zurückgewiesen wurde, aber er hatte jahrelang Zurückweisung erfahren und konnte normalerweise damit umgehen.

Eines Abends kam im Riccardo's eine leicht angetrunkene Frau auf mich zu und zeigte auf den sabbernden, plappernden Pianisten, der gerade mal mit einer Hand spielte, während er mit der anderen einen Kaugummi aus seinem Mund nahm und unter dem Klavierschemel festklebte. »Was findet eine Frau wie Sie wohl an dem?« fragte sie. »Ich liebe ihn«, antwortete ich ruhig, ging zu David und legte meinen Arm um ihn.

In den folgenden Jahren erlebte ich oft, daß die Leute vor David zurückschreckten oder ihn beschimpften. Ich mußte das so gut ich konnte verdrängen, oder der Schmerz wäre unerträglich geworden.

Diese Vorfälle ereigneten sich oft, wenn wir die öffentlichen Verkehrsmittel benutzen mußten, weil mein Auto immer noch nicht aus Sydney hertransportiert worden war. David und ich stiegen in den Bus, und sofort konnte ich merken, daß die Leute nicht neben uns sitzen wollten. Der Anblick von zurückweichenden, argwöhnischen Menschen war jedoch schwer zu ertragen, und deshalb kaufte ich schnellstens ein altes gebrauchtes Auto, weil ich glaubte, daß das Leben dann leichter wäre. In vieler Hinsicht war es das auch, aber ich erfuhr auch bald, was David von Autos hielt. Die zehnminütige Fahrt zum Riccardo's war in Ordnung, aber jede längere Reise provozierte Jammern und Nörgeln: »Wann sind wir da? Warum sind wir noch nicht da, Darling?« wiederholte er in ängstlicher Monotonie. Über längere Zeit in einem kleinen Auto festzusitzen, über das er keine Kontrolle hatte – David ist nie selber gefahren –, verursachte große Aufregung und schiere Panik. Ähnliche Angst hatte er in Flugzeugen.

David haßte es auch, mit mir einkaufen zu gehen, weil die Menschenmenge in den Supermärkten bei ihm Panikzustände auslöste. Ich mußte akzeptieren, daß dies eine der Alltagspflichten war, denen ich meistens allein nachzugehen hatte.

Damit ich bei alledem einen klaren Kopf behielt, brauchte ich von Zeit zu Zeit eine Pause und wollte mit anderen Menschen als David zusammen sein. In der ersten Zeit war das Barbara Brackley, eine Astrologiekollegin, die einzige Person aus Perth, die ich neben Chris kannte. Bis vor kurzem war ich ihr nur auf Astrologiekongressen begegnet, aber jetzt festigte sich unsere Freundschaft.

Barbara machte sich ernsthafte Sorgen, als ich ihr erzählte, daß ich mit David zusammenleben wollte. Ich sagte zu ihr: »Du denkst, ich bin verrückt, nicht?« Und obwohl sie seufzte und ihren Kopf mißbilligend schüttelte, bot sie mir ihre bedingungslose Hilfe an.

Nachdem wir in Lathlain in unser Haus eingezogen waren, einigten Barbara und ich uns darauf, in Perth eine Schule für Astrologie zu eröffnen und Kurse für Anfänger und Fortgeschrittene anzubieten. Wir begannen die Kurse mit ungefähr einem Dutzend interessierter Frauen, die an Samstagnachmittagen in meinem Garten saßen. Die Kurse dauerten zehn Wochen und mußten gut vorbereitet werden, aber sie waren ein wohltuender Kontrast und Ausgleich zu meinem Leben mit David.

Auch Peter, Barbaras Mann, wurde ein guter Freund und spielte oft das Hausfaktotum. David ist zu praktischer Arbeit überhaupt nicht zu gebrauchen, weil er nie einen Schraubenschlüssel oder einen Hammer in der Hand gehabt hat. »Muß meine Hände schützen, Darling, meine Hände!« sagte er, und ich mußte zugeben, daß man ihm da nur schwer widersprechen konnte.

Das Leben wurde so normal, wie es Davids Eigenheiten zuließen. Wir hatten keinen Pool in Lathlain, da David aber unbedingt schwimmen *wollte,* brachte ich ihn morgens und abends zum städtischen Schwimmbad. Insgesamt dauerte das vier Stunden täglich, und ich versuchte währenddessen, meine Notizen zu überarbeiten. Obwohl es sehr viel Zeit verschlang, zeigte das Schwimmen zusammen mit dem Joggen bald einen Erfolg, denn Davids Zigarettenkonsum verringerte sich.

Schwimmen und Wasser im allgemeinen hatten noch andere therapeutische Wirkungen auf David: beides ließ ihn zur Ruhe kommen. Sein zwanghaftes Duschen bis zu zehnmal am Tag schien einen reinigenden Effekt auch auf seine Psyche zu haben; die Furcht verschwand zugunsten einer inneren Ausgeglichenheit. Glücklicherweise duschte David nach einigen Wochen seltener, und ich faßte das erleichtert als Zeichen dafür auf, daß er insgesamt ruhiger wurde.

David schlief allmählich auch besser und fester und rannte nicht mehr für eine nächtliche Darbietung zum Klavier. In dem Grad, in dem sein Vertrauen in mich wuchs, verschwand die nervöse Unruhe aus seiner Sprache, und er redete zusammenhängender. Auch die wöchentlichen

Atmungs- und Entspannungsübungen mit einem Yogalehrer taten ihm gut.

Die bessere Gesundheit führte zu längeren Phasen am Klavier, bis David durchschnittlich sechs Stunden hintereinander üben konnte. Gleichzeitig liefen aber auch Radio und Fernsehen auf voller Lautstärke. Ich fragte David, wie er sich bei dem Krach konzentrieren könne, und er antwortete: »Nun, das ist ein Wunder, Darling. Ich scheine trotzdem zuhören zu können, jede Note, jede Note ... Mein Gehirn ist hervorragend, hervorragend!«

Aber er übte nicht nur die ganze Zeit, viele Stunden des Tages verbrachte er auch aus schierer Freude an der Musik am Klavier. Wenn man ihm beim Spielen zuhörte, kannte man nach einer Weile die Stücke auswendig, und schon nach kurzer Zeit konnte ich merken, wenn er Noten ausließ, fürchterliche Oktaven dazuerfand oder Teile wiederholte, obwohl es unnötig war.

Ich hatte Musik immer sehr geliebt, aber niemals selbst ein Instrument gespielt. Mit David zusammen wurde mein Leben zu so etwas wie einem Schnellkurs in Musik, und meine Kenntnisse hinsichtlich des Repertoires der Klaviermusik, speziell der romantischen Periode, wuchsen.

Das Radio spielte ununterbrochen klassische Musik, und ich lernte viele aufregende neue Stücke kennen. Die Kommentare des Radiosprechers wurden häufig von Davids eigener Meinung ergänzt, und so wurde ich rasch zur Expertin.

Dieser Musikschnellkurs ging auch während der Nacht weiter, denn David brauchte das Radio vierundzwanzig Stunden am Tag. Aber dann erwies ich mich als eine ziemlich unaufmerksame Schülerin, weil ich so erschöpft war, daß nichts mich wachhalten konnte.

Aber nicht nur das Radio, auch Davids alter Kassettenradiorecorder lief ununterbrochen. David und sein Recorder waren unzertrennlich. Er verließ das Haus niemals ohne ihn, außer wenn er ins Riccardo's ging. Zusammen mit den Zigaretten und den Kaugummis war der Recorder sein hauptsächliches Schutzschild; er schleppte ihn überallhin mit. Oft sagte ich aus Spaß: »Funktionieren deine Beine nicht, David, wenn du das Ding nicht mit dir herumträgst?« Ich ging fast immer neben ihm her, und deshalb hörte ich auch immer mit zu. Manchmal war auch der Radiorecorder auf den klassischen Sender eingestellt, aber meistens spielte David eine seiner zahlreichen eigenen Kassetten. Sie sahen recht mitgenommen aus: einige hatten zerrissene Aufkleber, einige waren selbst aufgenommen, über andere war Tinte geflossen, und wieder andere sahen aus, als hätten sie im Wasser gelegen. Erstaunlicherweise konnte man die meisten aber noch abspielen.

Eine dieser ramponierten Kassetten bot auch das wichtigste Stück aus Davids Repertoire: Liszts *Sonate in b-Moll*. Als ich dieses Stück zum ersten Mal von Terence Judd gespielt hörte, war es für mich eine dieser seltenen Musikerfahrungen, die an das Übersinnliche heranreichen. Mir war, als ob die Seele in dem Körper, der für sie spielte, ausbrechen, frei sein wollte und auf dieser Erde nicht länger bleiben könne.

Ich informierte mich über Judd und fand heraus, daß er 1978 einen der Tschaikowsky-Klavierwettbewerbe gewonnen hatte. Doch noch vor seinem 21. Geburtstag beging er Selbstmord. Judds Spiel verriet seine Verwundbarkeit; es bewegte sich auf dem Grat zwischen Normalität und Wahnsinn, zwischen Leben und Tod. Ich hatte eine Beziehung dazu; es gab einen Mann bei mir zu Hause, dessen Spiel oft dieselbe Gratwanderung verriet.

5. KAPITEL

Glückliche Zeiten

»Papa ist schuld daran. Nur Papa ist schuld daran.« Ein neuer Refrain war in Davids Gemurmel aufgetaucht, und zwar immer dann, wenn er glaubte, daß er Unrecht hatte oder sich irgendwie unzulänglich fühlte.

»Woran ist Papa schuld?« mußte ich fragen.

»An dem Schaden, dem Schaden«, antwortete er und zeigte auf die äußerste Ecke seines linken Auges, als wäre damit etwas nicht in Ordnung.

Das Vertrauen und der Zusammenhalt in Lathlain öffnete die Türen zu Davids Geistern der Vergangenheit. Zunächst waren die Erinnerungen fragmentarisch und mysteriös. David verkündete etwas wie »*Opipa* hat die Geige zerschlagen« und erwartete, daß ich genau wußte, wovon ich sprach. »Wer ist *Opipa*?« wollte ich wissen, und er seufzte, als könne er meine Unkenntnis über etwas so Offensichtliches nicht begreifen. »Der Großvater! Vaters Vater natürlich. Zerschlug die Geige, einfach so. Der arme Vater hatte gearbeitet und gearbeitet für diese Geige, aber *Opipa* sagte: ›Du wirst Rabbi‹, und zerschlug die Geige in tausend Stücke, in tausend Stücke, genauso.«

David spielte mir den zornigen »Opipa« vor, während er erzählte, aber es dauerte einige Monate, bis die ganze Geschichte herauskam – und viele weitere Jahre, bis ich sie in die Familiengeschichte der Helfgotts einpassen konnte.

Davids Vater, Elias Peter Helfgott, war offensichtlich der Sohn eines Rabbis in der chassidisch-jüdischen Gemeinde von Kamyk bei Tschestochowa in Polen gewesen. Er wurde 1903 geboren und wuchs in einer Region auf, die damals von den Russen besetzt war.

In Peters Kindheit verbreitete sich die sozialistisch-kommunistische Doktrin wie ein Buschfeuer durch Osteuropa und fesselte auch die Phantasie des jüdischen Jungen. Marx und Engels ersetzten bald die heilige Welt der Thora, die von Peters Familie fraglos akzeptiert und streng befolgt wurde. Bald fanden heftige Auseinandersetzungen zwischen dem Rabbi und seinem Sohn statt. David erinnerte sich an eine ihm oft erzählte Geschichte, wie »Vater versuchte, Großvater den Bart abzuschneiden. Er jagte seinen Vater mit der Schere in der Hand immer um den Tisch herum, weil mein Vater keine Angst vor seinem Vater hatte, weißt du. Er stand seinen eigenen Mann in der Welt«. Einem Rabbi den Bart abschneiden zu wollen, schien tatsächlich eine fast unglaubliche Tat, besonders weil Peter zu dieser Zeit erst zwölf oder dreizehn Jahre alt war.

Peters Streitigkeiten mit seinem Vater wurden auch durch seinen Wunsch geschürt, Musiker zu werden. Obwohl für einen chassidischen Juden Gesang, Tanz und Selbstvergessenheit geeigneter Ausdruck religiösen Gefühls waren, gehörte doch die künstlerische Form, die Peter anstrebte, nicht dazu.

Im Dorf gab es einen Laden mit einer Geige im Schaufenster, und damit er sie kaufen konnte, arbeitete Peter und sparte nach und nach genug Geld. Er kaufte die Geige und brachte sie nach Hause, aber als sein Vater sie sah, wurde ihm das kostbare Instrument aus der Hand gerissen und »in tausend Stücke« zerschlagen. Für den Rabbi David Helfgott war es undenkbar, daß sein Sohn sich der Tradition widersetzte, und die Tradition schrieb vor, daß der Sohn eines Rabbis in die Fußstapfen seines Vaters treten mußte. Er hatte Gottes Wort zu lehren und danach zu streben, das religiöse Erbe seines Volkes zu bewahren.

David hat jedoch oft behauptet: »Mein Vater ging niemals auf die jüdische Schule und erhielt nicht die nötige Bildung.« Es hatte tatsächlich wenig Zeit zum Lernen gegeben, weil Peter, wenn man der Familienüberlieferung glauben darf, immer wieder von zu Hause weglief. Er wurde mehrmals arretiert und der Familie wieder zurückge-

bracht, bevor seine Flucht 1917 schließlich Erfolg hatte –
eine stürmische Zeit für einen vierzehnjährigen Jungen,
um in Osteuropa allein herumzuwandern.

Es gibt viele Gerüchte und Legenden über Peter in den
nächsten einundzwanzig Jahren, aber nur drei Geschichten
sind sicher belegt. Die erste besagt, daß er irgendwann auf
seinen Reisen für einen Zirkus arbeitete, was eine Narbe
von einem Löwenbiß an seinem Arm und eine Unzahl
akrobatischer Fähigkeiten eindeutig bewiesen. Außerdem
lebte Peter Helfgott 1926 in Palästina und fand dort einen
Job bei der Handelsmarine. Dadurch kam er 1947 nach
Melbourne in Australien.

Für die emigrierenden Juden dieser Zeit war das wichtigste, aus dem Ghetto herauszukommen. Es gab drei Methoden, mit denen sie es versuchten: als Geschäftsmann
reich zu werden und Erfolg zu haben; sich als gefragter
Arzt oder Anwalt selbständig zu machen; ein musikalisches
Genie zu sein oder Kinder zu haben, die musikalische Genies waren. Und wie alle anderen machte sich Peter daran,
dem Ghetto zu entkommen.

Nach seiner Ankunft beschäftigte er sich mit der eng-
lischen Sprache und lernte sie lesen und schreiben. Er
erwarb sich auch gewisse Kenntnisse auf verschiedenen
Gebieten und erfand sogar ein zeit- und kostensparen-
des Bügeleisen für die textilverarbeitende Industrie, das
er sich patentieren ließ und an australische Fabriken
verkaufte. Außerdem brachte er sich selbst bei, Noten
zu lesen und Klavier und Geige zu spielen. Während
all dieser Zeit bewahrte er seinen Glauben an den Kommunismus.

In Melbourne blieb Peter in engem Kontakt zur jüdischen Gemeinde, sowohl bei seiner Arbeit als auch in seinem gesellschaftlichen Leben. Obwohl er anfänglich das-
selbe verdiente wie alle anderen Emigranten, die gleichzeitig nach Australien gekommen waren, verschlechterte
sich seine Situation bald. Bei gemeinsamen Treffen konn-

ten seine Freunde Anflüge von Bitterkeit und Ablehnung ihnen und ihrer besseren finanziellen Situation gegenüber spüren.

1944 heiratete er die vierundzwanzigjährige Rachel Granek, ein jüdisches Mädchen aus Tschestochowa, das er bei Geschäftsverhandlungen bei ihrem Vater Mordecai und ihrem Bruder Morry kennengelernt hatte.

David war der zweite Sohn von Peters und Rachels fünf Kindern und wurde 1947 geboren. Seine Kindheit und seine Beziehung zu seinem Vater waren prägend für sein ganzes Leben.

Nachdem David die Schleusen seiner Erinnerung für mich geöffnet hatte, schlossen sie sich nie wieder. In den ersten beiden Jahren, die wir zusammen waren, grenzten die Gespräche über Davids Vater und das Unglück, das David in seinem Leben widerfahren war, ans Zwanghafte. Er war überzeugt davon, daß alle Mißgeschicke irgendwie mit seinem Vater zu tun hatten. Neben den Berichten über seine verschiedenen musikalischen Erfahrungen waren die Geschichten über seinen Vater die einzigen Gespräche, die David mit wirklicher Überzeugung und Leidenschaft zusammenhängend führen konnte.

Peter Helfgott war »Papa«, wenn David sich an ein positives Ereignis oder an ein Erlebnis aus seiner Kindheit erinnerte. »Papa« wurde jedoch »der Vater«, wenn er über negative Dinge und Ereignisse berichtete, die ihn gequält hatten.

Das Erzählen dieser Erinnerungen wurde zu einem seltsamen Ritual, bei dem ich nach und nach Davids Vergangenheit kennenlernte.

Wenn wir nachts aus dem Riccardo's nach Hause fuhren, parkten wir meistens in der Einfahrt und unterhielten uns noch einige Stunden im Auto. Irgendwie kam es nie einem von uns in den Sinn, diese Gespräche viel bequemer in unserem Wohnzimmer oder im Bett weiterzuführen. Ich kann dazu nur sagen: »So war es, und ich weiß nicht, warum« – was als Merksatz leicht über Davids ganzem Leben stehen könnte.

Davids frühe Kindheit war relativ glücklich und friedlich, wenn auch nicht gerade luxuriös. Er wuchs auf in einer Wohnung in Elwood, einem hauptsächlich von Juden bewohnten Vorort von Melbourne, und scheint ein Kind wie jedes andere gewesen zu sein. Rachel, die David »Mamina« nannte, war zu Hause und kümmerte sich um ihn, seine ältere Schwester Margaret und seinen kleinen Bruder Les, während Peter in Mordecais und Morrys Bekleidungsgeschäft arbeitete.

»Wir hatten es wirklich meistens gut. Wenn mit Papa alles klappte, war alles gut«, berichtete David oft über seine frühen Kinderjahre. Es gab ein Klavier im Haus, und David erzählte, daß er nach Margaret mit ungefähr vier Jahren zu spielen anfing. »Der Vater dachte, daß man früh mit dem Klavier anfangen muß, weil man einem alten Hund keine neuen Tricks beibringen kann. Es wird schwieriger, wenn man älter und gesetzter wird.« So erklärte David die Philosophie seines Vaters. »Schon beim ersten Mal, als ich am Klavier saß, erklärte mir mein Vater, daß jede Note so ähnlich wie eine Reise wäre, wie eine wunderbare Entdeckung«, erinnerte er sich.

Es war ein leichter und lohnender Anfang, und bald spielte David der Familie die kleinen Liedchen aus seiner Klavierschule vor. »Ich spielte für alle Nachbarn, sehr nett! Die Nachbarn hatten immer Spaß daran und nahmen mich mit in Geschäfte und kauften mir Schokolade und so und sie waren sehr nett.«

Die Belohnungen kamen nicht nur in Form von nachbarlichen Geschenken, sondern auch in Form von besonderer Zuneigung des Vaters. Peter wußte um das große musikalische Talent seines Sohnes, sobald der die Tastatur berührt hatte, und nichts im Leben hätte für diesen Mann befriedigender sein können, dem eine eigene Karriere als Musiker verwehrt geblieben war. Zu seinem musikalischen Talent kam hinzu, daß David der älteste Sohn einer jüdischen Familie war, was ihn zum absoluten Liebling machte. Peter nannte ihn »mein kleiner Prinz«, überschüttete ihn mit Aufmerksamkeit, gab jeden Pfennig, den er erübrigen konnte, für David aus und investierte insgesamt soviel von sich selbst in die Förderung seines Sohnes, wie ein einzelner Mensch es nur tun konnte.

Aber es war nicht leicht für Peter, denn nach einem Streit mit Rachels Familie verschlechterten sich die Finanzen der Helfgotts rapide. Peter versuchte, sich selbständig zu machen und ein Café zu eröffnen, hatte jedoch keinen Erfolg und stand plötzlich unter großem Druck. Hinzu kam, daß Rachel wieder schwanger war. Sie kam zu Hause nicht allein zurecht und brauchte des öfteren Peters Hilfe, wenn er hätte Geld verdienen müssen. Außer ihm konnte sie niemand um einen Gefallen bitten, nicht einmal ihre Mutter, denn Peter hatte nach dem Streit allen Graneks verboten, sein Haus zu betreten.

1953, als David zur Schule ging und seine Schwester Susie geboren wurde, begannen für die Helfgotts noch schwerere Zeiten. Erste Anzeichen für Davids Nervosität zeigten sich darin, daß er in der Schule seinen Stuhlgang nicht halten konnte und in die Hose machte. Aus Panik, Scham und Furcht vor Entdeckung versteckte er sich dann im hohen Gras hinter der Schule, wo Margaret ihn meist fand und mit nach Hause nahm, damit Rachel ihn waschen konnte.

Der Schulbesuch wurde jedoch sehr bald unterbrochen. Peter hatte alle Hoffnung verloren, in Melbourne geschäftlich Fuß zu fassen und beschloß, mit seiner Familie nach Perth zu ziehen.

»Es war sehr schlimm, sehr schlimm, und wir waren alle krank. Die ganze Familie war krank«, beschrieb David die Schiffsreise. »Und ich war die *ängsterlichste* Katze der Welt, und ich aß meine Suppe nicht auf, weil Katzen die *pingegingeligsten* Esser der Welt sind, und der Vater schlug mich mit dem Gürtel windelweich, ja. Er sorgte sich zu Tode, weil er kein Geld, keine Arbeit, keine Zukunft hatte und von all diesen reichen Juden abhängig war.«

Als das Schiff durch unruhige See nach Perth fuhr, bekam Peter wirklich Angst, verließ er doch Melbourne, ohne eine Arbeit in Aussicht oder eine Wohnung für die Familie gesucht zu haben. Die Helfgotts mußten also bei ihrer Ankunft in einem Lagerhaus Unterschlupf finden, wo sie nur eine Matratze zum Schlafen hatten und einen Radiator zum Heizen und Kochen; umgeben waren sie von Wänden aus übereinandergestapelten Kühlschränken. Peter hatte keine andere Wahl, als bei der jüdischen Gemeinde von Perth um Hilfe zu bitten, besonders bei der Familie Breckler, Besitzern einer Kette von Schuhgeschäften. »Wir hatten kein Geld, kein Essen. Ich nehme an, der Vater ging wirklich zu den reichen Juden, er ging wirklich zu Alec Breckler, und er fragte ihn wirklich um Hilfe. Er wollte, daß sie ihm halfen«, sagte David, der sich auch daran erinnerte, wie seine *Mamina* versuchte, auf einem Elektroheizer Toast zu rösten.

Die reichen Mitglieder der jüdischen Gemeinde wollten offensichtlich helfen, aber sie waren nicht darauf vorbereitet, was sie bei ihrem Besuch der Helfgotts im Lagerhaus vorfinden würden. Verrückterweise hatte Peter seine letzten Ersparnisse für eine Anzahlung auf ein Klavier ausgegeben, das sofort ins Lagerhaus transportiert worden war, damit David üben konnte. »Wir waren so arm – ich war nichts Besonderes – und der Vater hatte kein Geld und kaufte mir trotzdem ein Klavier! Vater kaufte mir ein Klavier!« berichtete David in einer Art Mischung aus Ungläubigkeit über die Verrücktheit seines Vaters und dankbarer Anerkennung. Aber es scheint so, als ob die »reichen Juden« nicht sonderlich beeindruckt von Mr. Helfgotts persönlicher Interpretation der Märtyrerrolle waren.

David erinnerte sich lebhaft an den Besuch der wohlmeinenden Juden und spielte die Szene leidenschaftlich gestikulierend nach, während er sie erzählte: »Ja, wir hatten ein Klavier – und die Juden, die reichen Juden, o Gott, sie waren so gegen Vater aufgebracht! Die reichen Juden sagten zu Vater: ›Und warum wenden Sie sich an uns? Sie haben kein Geld, Sie haben keine Arbeit, und Sie kommen nach Perth und meinen, wir kümmern uns um Sie.‹ Und Alec Breckler, der hatte Mitleid mit uns Kindern und sagte: ›Ihr solltet nicht mit eurem Vater zusammen sein. Bleibt nicht bei eurem Vater, weil euer Vater ziemlich gefährlich ist.‹«

Ich kannte Davids Hang zur Übertreibung und wollte die Geschichte genauer wissen: »Er hat doch bestimmt nicht gesagt, euer Vater wäre gefährlich, oder?«

»Nun, der Vater hat bestimmt viel gebrüllt und herumgeschrien«, erklärte David fest. »Der Punkt war, daß Mr. Breckler, der smarte Alec, sagte, daß der Vater kein Geld für Essen habe und daß wir alle sehr arm wären und gehen sollten. Und der arme Vater weinte, er schluchzte und er schrie: ›Sie werden mich nie mehr zum Weinen bringen! Nie mehr werde ich wegen Ihnen weinen!‹ So war's. Und diese reichen Juden haben uns tatsächlich unterstützt. Und der Vater war sehr stolz, Vater war zu stolz und zu arm. Und Vater nahm die Hilfe an, aber er hat dann hinter ihrem Rücken über sie geschimpft, und das war nicht sehr nett. Es ist ein bißchen anrüchig, nicht wahr?«

Ich dachte über diese Geschichte nach und glaubte, Peter Helfgott verstehen zu können. Seine ganze Familie war mit Ausnahme einer Schwester im Holocaust umgekommen, und er konnte ganz einfach Fremde, die daherkamen und seine Familie auseinanderreißen wollten, nicht leiden, egal wie gut sie es meinten. Sein Stolz und das Gefühl des Versagens machten es ihm nicht leichter.

Ich wußte damals jedoch noch nicht, welche Kettenreaktion von Tragödien dieser Vorfall nach sich zog und daß er letzten Endes, so wie David sein Leben verstand, mit zu seinem Zusammenbruch beitrug.

Seine Kritik und Ablehnung der »reichen Juden« hatten Peter Helfgott 1953 immerhin noch nicht davon abgehalten, vernünftigerweise ihre Hilfe anzunehmen, so daß seine Familie bald in ein Haus einziehen konnte, in dem Peter erneut versuchte, ein Café zu eröffnen, wieder ohne Erfolg.

Egal, wie arm die Helfgotts in diesen Jahren waren, »Vater sorgte immer dafür, daß ich ein Klavier zur Verfügung hatte«, sagte David. Und egal, welche Jobs Peter annahm, um Geld zu verdienen, er hörte niemals auf, Davids Klavierlehrer und Erzieher zu sein. Er lehrte seinem Sohn auch Schach, und sobald der »kleine Prinz« lesen konnte, entwickelte sich eine besondere Abendroutine. »Ich las Papa jeden Abend vor«, erinnerte sich David stolz. »Den bittersüßen William, Byron, Shelley. Ja, jede Menge Shakespeare, jede Menge Sonette und jede Menge Gedichte, Dramen, Hamlet, Macbeth und König Lear.«

Peter machte seine Kinder, besonders David, auch mit den Prinzipien der sozialistischen Ideologie bekannt. Später nahm er David mit zu örtlichen Versammlungen der kommunistischen Partei, und David erinnerte sich an diese kleinen Ausflüge als große Abenteuer: »Vater war nie ein Parteimitglied, und wir gingen natürlich nicht zu allen Versammlungen, weil es gefährlich war, weil es die ganze Zeit überwacht wurde. Man brauchte viel Mut. Man wurde jedesmal kontrolliert, wenn man mitten in Perth zu einer Versammlung ging. Da war die ganze Sicherheitspolizei, die jeden kontrollierte, der hereinkam. Es war sehr gefährlich.«

David war auch der einzige der Familie, den Peter zur Synagoge mitnahm. Wenn er darüber sprach, wurde David ein wenig wehmütig. »Vater nahm mich immer mit in die Synagoge. Jeden Freitag und jeden Samstagmorgen. Jeden Kaddisch und jeden Sabbat. Wir gingen immer in die Synagoge. Natürlich waren das glückliche Zeiten. Ich war stolz. Ich ging mit meinem Vater in die Synagoge, ziemlich ›*chutzpah*‹, und wir genossen die wundervolle, herrliche Musik.«

Viele von Peters Gesprächen mit seinem Sohn drehten sich um Politik, aber offenbar wurde niemals über jüdische Religion, Geschichte oder Kultur gesprochen. David berichtete oft mit Verachtung von Peters Haltung diesen Dingen gegenüber: »Es war schlechte Erziehung, schlechte Erziehung. Ich hatte keine jüdische Atmosphäre zu Hause. Wir entzündeten niemals die *candillas*, ich wußte noch nicht einmal, worum es dabei eigentlich ging. Wir besuchten die Synagoge, und ich hatte keine Ahnung, was da los war. Der Vater erzählte mir niemals viel über Juden. Der Vater ist bloß ein Heuchler, er ist Janus, er hat zwei Gesichter. Er mochte nie zur Synagoge gehen, weil er an das ganze Ritual nicht glaubte. Er dachte, es wäre alles bloß Hokuspokus, weil er Kommunist war. Der Vater ging nur zur Synagoge, um den reichen Juden zu gefallen, um dem smarten Alec zu gefallen und Meyer Breckler und solchen Leuten.«

Die jüdischen Gemeindemitglieder kamen oft, um nach den Helfgotts zu sehen. David versuchte angestrengt, die Beziehung zu erklären: »Papa ging niemals zu ihnen. Das tat er in Perth nur am Anfang, aber danach kamen sie zu uns. Sie kamen von weit her, kilometerweit, im teuren Auto, und sie gaben uns immer Geschenke und Geld und so. Also ging Vater in die Synagoge, um ihnen einen Gefallen zu tun.«

»Hat er dir nie erzählt, was es bedeutet, ein Jude zu sein?«

»Niemals, niemals, niemals. Wir haben über Kommunismus geredet. Über russischen und chinesischen Kommunismus, aber nie über Juden, niemals.«

Aber David verbrachte nicht all seine Zeit damit, mit seinem Vater über Musik und Kommunismus zu reden, denn Peter hielt seine Kinder auch zum Sport an. »Vater bestand auf Liegestütz und Klimmzügen. Vater bestand auf allen möglichen Übungen«, erzählte David. »Weil er sagte: ›Ihr müßt fit sein, ihr müßt fit sein.‹ Es macht eure Gedanken ein bißchen positiver, ein bißchen gesünder, ein bißchen freundlicher, ein bißchen konzentrierter. Eure Gedanken sind dann viel besser.«

David prahlte oft damit, daß er auf seinen Händen die ganze Straße entlanglaufen konnte, um seinen Vater auf dem Nachhauseweg abzufangen. »Ich lief immer zu ihm hin. Es war eine gute Übung, die beste. Niemand konnte es so wie ich. Es war ungewöhnlich! Es war besonders! Es war einzigartig …! Jedenfalls dachten wir das.«

Trotz solcher Augenblicke wurde das Bild seines Vaters immer dunkler, je mehr David über seine Kindheit erzählte. In den späten Fünfzigern verlangte das harte Leben, das Peter Helfgott geführt hatte, seinen Preis. Er bekam häufig Herzattacken und war oft vom kleinsten Mißgeschick völlig frustriert. Sogar mit seinem »kleinen Prinzen« am Klavier zu sitzen wurde für ihn zur Qual.

Eines Tages sprachen wir über diese Klavierstunden, und David sagte: »Irgendwie bin ich Vater schon dankbar für den Unterricht, aber er war ein bißchen streng.« Ich bat ihn, mir davon zu erzählen, aber ich war nicht auf das gefaßt, was er berichtete.

»Ich erinnere mich nur daran, daß ich keine Wahl hatte, weil der Vater so streng war und sagte: ›Du tust verdammt noch mal, was du sollst!‹« David schüttelte traurig seinen Kopf. »Der Vater war ein sehr strenger Lehrer, und er erwartete immer den höchsten Einsatz. Ich tat mein Bestes, um ihn zu verstehen, aber der Vater war kein guter Lehrer, weil er sich alles selbst beigebracht hatte, was konnte man also erwarten? Der Vater unterrichtete mich in einer sehr schroffen Art, wie ein Iwan, genauso. Er setzte dich ans Klavier, und wenn du nicht gut spieltest, fing er an zu brüllen und stieß dich wieder weg.«

Mit beiden Händen und mit der oberen Hälfte seines Körpers ahmte David den Neunjährigen nach, der von Peter mit ungeduldiger Gewalt vom Klavierschemel gestoßen wurde: »Genauso. Sehr hart stößt er dich weg, sehr zornig. Stößt dich weg vom Klavier, immer grob, und ich lief zu *Mamina* und weinte, lief immer zu *Mamina* und weinte. Ich weinte dann immer. Genauso wie wenn die Katze ihre Krallen zeigt und der Vater sie deshalb durch das Zimmer wirft, sehr grob und sehr hart. Und so hat der Vater mich unterrichtet, siehst du? Weil Vater sich alles selbst beigebracht und eine harte Schule durchgemacht hatte.« David kicherte über sein eigenes Wortspiel und erzählte weiter: »Er wußte es nicht besser. Es war die einzige Art, die er kannte.« Und nach einem Moment sagte er: »Aber er konnte auch nett sein.«

»Und was hat deine *Mamina* getan, wenn der Vater so war?«

»Die arme kleine *Mamina* hatte im Haus überhaupt nichts zu sagen. Sie war einfach ... einfach ganz niedergedrückt. Ganz niedergedrückt«, antwortete David mit Tränen in den Augen. Aber dann lächelte er, spitzte den Mund und sagte: »*Potchnagoola, potchnagoola*«, und ich küßte ihn und die Tränen verschwanden.

Es schien jedoch, als ob Peters schroffe »Iwan«-Art des Unterrichts sich ausgezahlt hatte. Mit zehn Jahren spielte David Chopins *Polonaise* in As-Dur bei einem Musikwettbewerb. Es war eine seiner ersten öffentlichen Darbietungen, und obwohl das Klavier sich auf seinen Rollen bewegte, während er spielte, hörte er nicht auf. Der kleine Junge war ein geborener Bühnenkünstler mit einer bewundernswerten Fähigkeit zur Konzentration und einem natürlichen Gefühl für Professionalität. Das Klavier rollte langsam fort, und er stand einfach auf, ohne eine Note auszulassen, und folgte dem Instrument über die Bühne.

Peter war wütend. Er dachte, daß David keine Chancen hätte zu gewinnen, obwohl es nicht seine Schuld war. Zu seinem Sohn sagte er, daß er es sehr eilig habe, weil er zu einer Versammlung müsse, und nahm den Jungen mit nach Hause. Glücklicherweise fanden die Veranstalter heraus, wo David wohnte. »Sie kamen und sagten: ›David Helfgott ist ein Wunder.‹ Ich bekam einen besonderen Preis, weil sie erklärten, daß ich wegen meines ungewöhnlichen Talents einen ungerechten Vorteil gegenüber den anderen gehabt hätte.« David lächelte ironisch.

Ein Jahrzehnt nach dieser tapferen kleinen Meisterleistung beschrieb er diese Darbietung der *Polonaise* in einem Aufnahmeantrag an die königliche Londoner Musikhochschule als »ungeschliffen!!« und erklärte, daß er zwar »diesen speziellen Wettbewerb nicht gewonnen, aber einen ›speziellen‹ Preis dafür bekommen habe (wahrscheinlich für Mut!)«. Allerdings erwähnte er nicht, daß das Klavier fortgerollt war.

Peter muß wohl gespürt haben, daß das Spiel seines Sohnes verbesserungswürdig war und suchte einen geeigneten Lehrer für ihn. Er fand ihn in Frank Arndt, der bereit war, nicht nur David, sondern auch seine Schwester Margaret zu unterrichten, und zwar kostenlos. Das war auch gut so, denn Rachel war wieder schwanger, und Peter hätte sich den Unterricht niemals leisten können.

1958 studierte David unter Frank Arndts sorgsamer Anleitung, erweiterte sein Repertoire und verbesserte seine Technik. Im folgenden Jahr war er dann so weit, bei einem vom westaustralischen Sender ABC (Australien Broadcasting Corporation) veranstalteten landesweiten Talentwettbewerb vorzuspielen. David kam mit dem Stück *Malaguena* von Lecuona ins Halbfinale und ging mit Liszts *La Campanelle* in die Endausscheidung.

Danach spielte er beim angesehensten australischen Musikwettbewerb, auch von der ABC veranstaltet, Bachs *Konzert in d-Moll*, kam aber damit nicht bis an die Spitze. Immerhin war die Musikgemeinde auf ihn aufmerksam geworden, weil sein Name und sein Photo schon nach dem Talentwettbewerb in den Zeitungen erschienen waren. Man begann, das außergewöhnliche Talent des kleinen gelockten Brillenträgers zu bemerken. David Helfgotts Reise in die Berühmtheit hatte begonnen.

6. Kapitel

Geburtstagskind

»He, *possum*!« rief ich und winkte David, aus dem Schwimmbecken herauszukommen. Ein sonnenverbrannter Kopf mit lichter werdendem Haar und einer Brille mit sehr starken Gläsern wurde über dem Wasser sichtbar, und der Schwimmer kam auf mich zu.

Ich stand auf der Wiese am Beckenrand und wartete auf David, der gerade durch ein Programm aus Stücken von Mussorgsky und Skriabin geschwommen war. Er stieg aus dem Wasser, lief mit einem strahlenden Lächeln und ausgestreckten Armen auf mich zu und drückte mich fest an sich.

»Wie klappte es mit den Etüden?«

»Ich hätte sie nicht besser spielen können«, erwiderte er mit einem ernsthaften Stirnrunzeln. Ich gab ihm sein Handtuch und seine Kleider, und während er zu den Umkleidekabinen lief, strich er den Kindern, an denen er vorbeikam, über die Köpfe.

David zeigte jeden Tag mehr, welche Freude er daran hatte, mit mir zusammen zu sein. Er sagte mir ungefähr vierzigmal am Tag, daß er mich liebe, und wenn ich ohne ihn irgendwohin ging, war er bei meiner Rückkehr überfroh, daß ich wieder da war. Mit jeder Woche wurde er sicherer, daß ich die Liebe, die er für mich empfand, erwiderte, obwohl ich seine fast täglichen Heiratsanträge immer noch nicht angenommen hatte.

Man hörte von den Kabinen, wie die Kinder vor Vergnügen quietschten und kicherten, unterbrochen von Davids lautem Lachen. David hatte wohl wieder einmal, wie schon so oft, vergessen, warum er dorthin gegangen war. Im Moment war er wahrscheinlich in irgendein Spiel mit den Kindern vertieft.

Ich konnte natürlich nicht in die Herren-Umkleidekabinen gehen. So stand ich am Eingang und rief: »David! Nun mach schon, Darling, wir müssen gehen!« Aber es hatte keinen Zweck. Ein junger Bademeister lächelte mich an und sagte: »Ich hol' ihn schon.« Alle Bademeister kannten David mittlerweile und gingen freundlich mit ihm um.

Ein paar Minuten später kam er mit David wieder heraus. David hatte sich zwar umgezogen, aber das Hemd war nicht zugeknöpft und tropfnaß. Es war sein siebenunddreißigster Geburtstag.

Ich hatte für den Abend eine kleine Geburtstagsparty organisiert. Obwohl die meisten Gäste unsere gemeinsamen Freunde aus dem Riccardo's waren, hatte ich auch einige seiner Freunde eingeladen, die ich nicht kannte. Das war bemerkenswert, hatten Chris und Dorothy mir doch den Eindruck vermittelt, daß David außer ihnen keine Freunde hatte und daß sogar seine Familie, die zum großen Teil noch in Perth lebte, nichts mit ihm zu tun haben wollte. David dachte nicht daran, diese falschen Beobachtungen zu korrigieren, und ich war jedesmal angenehm überrascht, wenn ein »neuer« Freund auftauchte.

Zu diesen Freunden bzw. Freundinnen gehörte Frances Webb. Wie viele in Perth hatte sie David schon gekannt, bevor er nach London gegangen war, hatte ihn dann aber vergessen, weil man in Perth nichts mehr von ihm hörte. Sobald David jedoch im Riccardo's spielte und sein Gesicht in den Zeitungen zu sehen war, meldete sie sich bei Chris und bot ihre Hilfe an. Sie war eine ausgebildete Krankenschwester und hatte entsetzt von seinen langen Klinikaufenthalten gehört. Öfters nahm sie ihn dann auf Ausflüge mit, ins Kino, in Konzerte, auf Spaziergänge, zum Tee. David freute sich jedesmal darauf.

Ich traf Frances bei Chris, als sie David für den Film *La Traviata* abholen wollte. Sie schlug sofort vor, daß ich doch auch mitkommen solle und bot mir an, sich um David zu kümmern, wenn ich einen freien Tag brauchte.

Frances lebte in einem gemütlichen Appartement mit einem Klavier und einem wunderschönen Blick auf Perth und den Swan River. David fühlte sich dort sehr wohl. Wir blieben immer in Kontakt, und noch Jahre später erschien sie David wie ein »barmherziger Engel«, der ihm auf einer heißen, staubigen Straße eine eisgekühlte Flasche Coca-Cola reichte.

Auch im Karrinyup Sinfonieorchester hatte David einige wundervolle Freunde. Das Orchester bestand aus Laien, und der Dirigent war niemand anderer als Frank Arndt. Frank hatte David seit seiner Kindheit nicht mehr gesehen und hatte ihn erst in den Achtzigern ausfindig gemacht, um ihn zu fragen, ob er nicht mit dem Orchester spielen wolle.

Chris war der erste, der mir davon erzählte, aber er bemängelte, daß das Orchester David für seine Tätigkeit nicht bezahlen würde. Ich fragte David, und er sagte, daß er wahnsinnig froh darüber wäre, überhaupt irgendwann mit irgendeinem Orchester spielen zu können. Er sei Frank sehr dankbar dafür: »Frank glaubte an mich, ja, er glaubte an mich. Ich spielte die Noten gut, manchmal sogar brillant, ja, brillant. Es war wahnsinnig gut, wieder zu spielen. Frank war nett, er glaubte immer an mich.«

Zu der Zeit, als Frank sein Angebot machte, hatte David nur bei kleineren Kirchenkonzerten, die Dorothy organisierte, gespielt. Die Anerkennung, die David beim Karrinyup Orchester fand, war mit Geld nicht aufzuwiegen. Bei Proben und Vorstellungen war David von Musikerkollegen umgeben, die ihn meistens noch aus seiner Jugend kannten und ihm enormen Respekt und viel Zuwendung entgegenbrachten.

Die Proben fanden nicht weit von Guildercliffe Lodge

statt, so daß David meistens von den Musikern abgeholt oder sogar zum Essen eingeladen wurde. Zum ersten Mal nach zehn Jahren bekam David von einer Gruppe ein Gefühl der Anerkennung vermittelt.

Ich wußte all dies, als wir von Mrs. Cowan, einer Geigerin aus dem Orchester, zum Essen eingeladen wurden. Sie erzählte mir, daß sie es immer bedauert hätte, David nicht ein Zimmer anbieten zu können, als er in Guildercliffe Lodge untergebracht war, weil sie nierenleidend wäre und elf Kinder hätte!

Die Geburtstagsparty war für David und mich die erste Gelegenheit, all diese freundlichen und liebenswürdigen Leute zusammen einzuladen, obwohl an diesem Abend niemand aus seiner Familie da war. Ich hatte zwar fast alle schon kurz gesehen, dabei aber festgestellt, daß sie mir gegenüber recht zurückhaltend waren. Keinesfalls wollte ich etwas erzwingen, außerdem gab es zu der Zeit auch noch nicht viel Kontakte zwischen David und ihnen.

Während des Passahfestes im April bat David mich, mit ihm zusammen seine *Mamina* zu besuchen. Als ich Rachel von meinen Gefühlen für David erzählte, war es ihr ein Rätsel, warum irgendwer mit ihm zusammensein wollte. Sie liebte ihren Sohn, aber seine Gesundheit machte ihr große Sorgen. Nichts in ihrem Leben hatte diese ruhige und einfache Frau auf einen Sohn mit einem solch außergewöhnlichen Talent und einem solch labilen geistigen Zustand vorbereitet. Sie fühlte sich angesichts dieser gebeugten, sabbernden und brabbelnden Gestalt, die einst so gesund und intelligent gewesen war, hilflos und war meinen Motiven gegenüber eher mißtrauisch. »Ich wußte nicht, was ich mit ihm tun sollte«, gestand sie mir einige Monate später traurig. Ich versicherte ihr, daß nicht nur sie allein so fühlte, aber es dauerte noch einige Zeit, bis sie mich schließlich umarmte und mir sagte, daß ich das Beste wäre, was David hätte passieren können.

Rachel wurde die Annäherung an mich noch dadurch

erschwert, daß Dorothy sie kurz nach unserem Einzug in Lathlain House anrief und sie bat, herauszufinden, ob David und ich auch sexuelle Kontakte hätten. Rachel kam dadurch verständlicherweise in eine sehr unangenehme Situation. Dorothys Bitte übrigens schien mir eine ziemlich seltsame Reaktion auf eine Karte, die wir ihr ein paar Tage früher geschrieben hatten, weil sie sich nicht wohl fühlte. David nahm seinen Mut zusammen und sagte seiner geliebten Mamina geradeheraus, daß es sie nichts anginge.

Ich ignorierte die ganze Angelegenheit und schickte Dorothy eine Einladung zu Davids Party. Wir bekamen zwei getrennte Antworten auf diese Einladung, eine für David und eine für mich. Dorothy lehnte es in beiden ab, zu kommen, und schrieb in ihrem Brief an David, daß sie nicht länger Teil seines Lebens sein könne, weil es sich so drastisch geändert habe. Aber sie versprach, daß sie seine Karriere mit Interesse verfolgen würde und auch zu seinen Konzerten käme.

Bevor wir ihr antworten konnten, kam ein neuer Brief von Dorothy. David öffnete ihn, las ihn kurz durch und fing an zu zittern. Plötzlich herrschte tiefe Stille. David bekam kein Wort heraus. Er gab mir den Brief mit zitternder Hand, und ich las: »David, angesichts Deines veränderten Lebensstils möchte ich Dir mitteilen, daß unsere Freundschaft beendet ist. Ich will nicht, daß Du mir je wieder schreibst oder mich anrufst. Ich werde Dir das Geld, das ich Dir schulde, sobald wie möglich zuschicken. Dorothy.«

Diese kalte Zurückweisung kam nicht von einem Fremden, sondern von einer sehr lieben alten Freundin, und wie zu erwarten regte sich David schrecklich darüber auf. Ich versuchte ihn damit zu beruhigen, daß Dorothy vielleicht etwas verwirrt gewesen wäre oder Schmerzen hätte. Das half ein wenig, aber danach öffnete David ein Jahr lang keine Briefe mehr. »Ich will nicht wieder so einen Schock erleben, niemals wieder, Darling«, sagte er.

Das wollte ich auch nicht, aber das Schicksal meinte es anders. Am nächsten Tag ging ich zu Rachel und brachte ihr ein paar Karten für Davids Comeback-Konzert. Dort lernte ich eine Frau kennen, die ich noch nie zuvor gesehen hatte und die mich beschimpfte. Es war Dorothy.

Rachel war es sehr peinlich, als ein Wortschwall aus geschmacklosen Anschuldigungen in ihrer Küche auf mich niederprasselte. Niemals zuvor war ich dermaßen angegriffen worden, aber was mich am meisten betroffen machte, waren Dorothys Selbstvorwürfe. Sie sagte, daß sie sich jetzt schmutzig fühle, weil sie David berührt habe, war aber völlig verwirrt, denn gleichzeitig schien sie deutlich irgendwelche Besitzansprüche auf David geltend machen zu wollen. Mit den Jahren lernte ich, daß eine paradoxe Haltung David gegenüber ein gemeinsamer Zug bei allen seinen wichtigsten Freundschaften war, egal ob Mann oder Frau.

Damals in Rachels Küche hatte ich jedoch mehr als genug. Nach fünfundzwanzig Minuten wurde klar, daß ein vernünftiges Gespräch unmöglich war. Ich sagte Dorothy, daß sie als praktizierende Christin ihre Worte später wohl bereuen würde und versuchte ihr auch klarzumachen, daß sie David jederzeit besuchen könne und daß wir ihr immer dankbar für ihre Fürsorge sein würden. »Reden Sie nicht so von oben herab mit mir!« lautete ihre Antwort. Rachel wurde die ganze Sache immer peinlicher, und so ging ich wieder.

Einige Tage später schickte mir Dorothy einen Brief, in dem sie sich entschuldigte, mich aber auch bat, ihr nicht zu antworten. Ich freute mich über diese Geste und stellte ihr einen Topf mit weißen Chrysanthemen vor die Haustür. Mir war klar, daß Dorothy sich um David betrogen fühlte, nicht nur im Hinblick auf mich, sondern auch wegen Chris, dem Riccardo's und allen anderen Freunden.

Da ich ehrlich zu David sein wollte, erzählte ich ihm den Vorfall bei Rachel. Er hörte aufmerksam zu, nickte,

nahm mich in den Arm und sagte: »O mein armer Darling
… und, ehem, arme Dotty-Scotty.« Ein paar Tage später
fiel ihm plötzlich auf, was das für mich bedeutet haben
mußte, daß er so kurz nach meiner Ankunft an diesem
Wochenende zu Dorothy hatte fahren wollen. Er zeigte
zum erstenmal Anteilnahme und sagte: »Tut mir leid, Darling, es war mir nicht klar, aber es hätte mir klar sein müssen. Wie konnte ich das tun? Wie? Ich wollte dich nicht
verletzen. Es war mir nicht klar, und ich wollte dich nicht
verletzen. Aber es muß mir klar sein, viel klarer, und ich
werde es nie wieder tun.«

David fing an, die Bedürfnisse und Gefühle anderer
wahrzunehmen und sah folglich klarere Unterschiede zwischen den einzelnen Personen um sich herum und auch
den Unterschied zwischen allen anderen und mir. Für David war das ein kleiner Schritt »aus dem Nebel«.

»Der Nebel« ist einer der vielen Begriffe, mit denen er
seinen Zustand beschreibt, zusammen mit »wund«, »der
Schaden«, »wund les yeux«,[1] »der Haken« und vielen anderen. »Es ist ein nebliger, dunstiger Zustand, Darling«,
sagte er dann, um zu erklären, was eine Heerschar von
Psychiatern mit vielen medizinischen Wörtern zu beschreiben versucht hatte. Im »Nebel« sah alles irgendwie neblig
aus, aber schlimmer noch war, daß alles, oft auch sein Klavierspiel, sich neblig anhörte.

Eine Flut chaotischer Gedanken wirbelte in seinem Gehirn, und seine Seele war voller Schmerz; die Realität der
Außenwelt und alles und jeder in ihr waren hinter einer
dicken, wolligen Nebelwand verborgen: ein unglaublicher
Selbstschutz eines außergewöhnlichen Gehirns.

---

1 SIEHE »DAVIDS WÖRTERBUCH«, S. 297 FF., IN DEM DIESER UND VIELE
ANDERE BEGRIFFE AUS DAVIDS GEDANKENWELT ERLÄUTERT WERDEN.

7. Kapitel

Selten und wunderbar

Davids letztes »nebelfreies« Jahr war 1960.

Im März fing er mit der High School an, und obwohl er dort von seinem besten Freund Boris getrennt war, der auf eine andere Schule ging, und obwohl er sich in der neuen Umgebung ein wenig einsam fühlte, war er nicht unglücklich. Zu viele aufregende Dinge passierten auf anderen Gebieten seines Lebens.

David wurde dreizehn, und Peter schickte ihn trotz seiner Vorurteile gegenüber der Religion zur Bar Mitzvah, der Aufnahmefeier als vollwertiges Mitglied der jüdischen Gemeinschaft. David hat diese Erfahrung gerne gemacht, aber er wußte zugleich auch über den Zweck Bescheid. »Ich ging zur Bar Mitzvah, weil Papa diesen reichen Juden gefallen wollte und auch weil er das Geld brauchte.« Und Peter hatte Erfolg damit.

»Ich bin den Brecklers immer noch dankbar, weil sie mir eine Party gaben mit vielen *gateaux*[2] und vielen *tasses* und allem«, erzählte David mit todernstem Gesicht. »Die Brecklers gaben mir viele Geschenke und viel Geld und es kostete sie viel Geld.«

Obwohl sie Vater Helfgott nicht sonderlich respektierten, unterstützten sie und die anderen begüterten Juden der Gemeinde die Familie wegen der Kinder, besonders wegen David. Das kleine Klavierwunder war ein gepriesener Aktivposten für die ganze Gemeinde, und Peter dachte zweifellos genauso, als er das Wunderkind mit in die Synagoge nahm.

Aber bei der ganzen Sache gab es für David noch etwas Wichtigeres als Geld. Wochen vor dem großen Ereignis bereitete er sich bei einer freundlichen Nachbarin, Mrs. Fin-

---

2 Siehe »Davids Wörterbuch, S. 296

kelstein, darauf vor und schwelgte in alten Melodien. »Diese Musik hat zweitausend Jahre überlebt! Hat das Römische Weltreich und das Britische Weltreich unverändert überlebt!« rief er voller Stolz aus. »Sie ist sehr melodiös und sehr ehrfurchtgebietend und gewaltig! Man muß sie einfach im Kopf behalten. Einfach wahnsinnig, wahnsinnig! Man muß sie einfach singen. Mein Gedächtnis war brillant. Ich lernte die Thora und alles andere und ich konnte alles behalten!«

David hat nie wieder eine Bar Mitzvah besucht, aber er kann sich erstaunlicherweise immer noch an bestimmte Passagen erinnern und singt sie mir manchmal vor. Einmal gab er zu, daß er sich an alle Wörter erinnere, die Melodie dazu aber vergessen habe; die Ironie an der Sache entging ihm nicht. Manchmal mußte er auch über den Rabbi lachen, der zu ihm gesagt hatte: »Nun, David, wir alle wissen, daß du kein Redner bist.«

Diese Erinnerungen waren jedoch immer von dem Bedauern getrübt, daß für David die ganze Sache ohne Sinn blieb: »Ich lernte einfach mechanisch auswendig. Ich sang einfach und hatte keine Ahnung, was ich da wirklich sagte. Ich lernte es irgendwie wie ein Papagei. Ich konnte kein Hebräisch, weil Vater es mich nie gelehrt hat.«

Einige Wochen nach seinem dreizehnten Geburtstag nahm David wieder am Musikwettbewerb der ABC teil und kam bis zur Endausscheidung. Diesmal spielte er zwei Sätze aus Ravels *Konzert in g-Dur*. Er wurde zwar nur zweiter, aber die Presse lobte ihn hoch. Der *West Australian* schrieb, daß er »den wohlwollendsten Applaus für sein geschicktes Spiel des nicht immer sehr einfachen Ravel-Stückes« bekommen habe.

Aber noch wichtiger war, daß Davids Spiel bei der Endausscheidung James Penberthy aufgefallen war, einem Mann, der ein Jahr später Davids Schicksal veränderte. Penberthy schrieb als Musikkritiker für die *Sunday Times*: »In dem dreizehnjährigen Pianisten David Helfgott besitzt

Perth ein seltenes und wunderbares Talent. Die Darbietung des ersten und dritten Satzes von Ravels *Konzert* von einem so jungen Künstler gelang überraschend gut.«

David genoß seinen Erfolg. Die Zeitungsausschnitte häuften sich, und seine Geschwister und er klebten sie sorgfältig in ein Erinnerungsalbum, in dem ich sie dann Jahrzehnte später fand.

Andere Rezensionen von 1960 berichten über noch weitere Konzerte und über Davids größer werdendes Repertoire. Es gibt sogar ein gutes Zeugnis zum Schuljahresende und einen Kommentar des Lehrers, daß »David sehr gut gearbeitet« habe. »Er ist ein guter Schüler mit einem ruhigen und angenehmen Verhalten.«

Abgesehen von dem seltenen und wunderbaren Talent, war David nicht »ruhig«, sondern schrecklich schüchtern. Obwohl er sehr gerne vor einem großen Publikum spielte, immer von der Idee beflügelt, daß man sein Musikverständnis mit ihm teilen solle, und obwohl er sich über das kleinste Zeichen von Anerkennung unheimlich freute, war er zu schüchtern, um seine Gefühle zu zeigen. Seine Schüchternheit hatte aber auch einen Vorteil; zusammen mit seiner großen Bescheidenheit ließ sie ihn niemals vor Auftritten nervös werden, sondern nur froh darüber, daß er spielen durfte.

Mit vierzehn war David der Traum aller Mütter. In einem Alter, wo die Jungen meist mürrisch und widerspenstig werden, zeigten die Photos in den Zeitungen David als charmanten jungen Mann. Er wurde stets mit Jackett und Fliege abgelichtet, seine kurz geschnittenen goldenen Locken und seine Brille gaben seinem kindlichen, offenen Gesicht den Anstrich von Ernsthaftigkeit. Und dann war da ja noch sein wunderbares Talent am Klavier. Ein Artikel in einer Frauenzeitschrift berichtete über David, er sei ein »schrecklich schüchterner« Junge, der »entsetzt darüber sein würde, wenn er wüßte, daß nach seinem Fernsehauftritt viele Hausfrauen das Studio anriefen und Davids Hände als die schönsten, die sie je gesehen hätten, priesen«.

Perth ist geographisch eine vollkommen isolierte Stadt und hatte zu dieser Zeit ein ziemlich ländliches Milieu, in dem sich fest zusammengefügte Gruppen um das kulturelle und soziale Leben kümmerten. Das galt auch für die Musikwelt der Stadt, wo klassische Musik einen besonders privilegierten und populären Status hatte. Davids plötzlicher Ruhm war ein großes Ereignis für Perth, und es ist nur zu verständlich, daß auch die Elite der Stadt an seiner Karriere teilhaben wollte. Die Presse sah das enorme Potential »der menschlichen Seite« in Davids Geschichte und zog daraus den größtmöglichen Nutzen.

Ende Mai 1961 nahm David wieder am ABC-Wettbewerb teil, diesmal mit zwei Sätzen aus Mozarts *Konzert in c-Moll*, und kam erneut in die Endausscheidung. Zufällig hielten sich gerade zwei große amerikanische Musiker im Lande auf, der Pianist Abbey Simon und der Geiger Isaac Stern. Zu dieser Zeit arrangierte es die ABC normalerweise für die jungen Künstler, daß solche Berühmtheiten sie bei einem Konzert hören konnten. David war solch ein junger Künstler, und als Simon und Stern nach Perth kamen, wurde David jeweils eingeladen, für sie im Studio zu spielen. Unter den Anwesenden waren Leute von der Presse, aber auch Frank Callaway, Professor für Musik an der Universität von Westaustralien. Peter war bei beiden Anlässen nicht anwesend. David hatte schon vor vielen Berühmtheiten gespielt, und Peter nahm sich normalerweise für solche Konzerte nicht mehr frei.

»Es gibt keinen Zweifel, daß dieser Junge begabt ist und eine aussichtsreiche Zukunft hat«, verkündete Simon der Presse. Aber das private Konzert für Stern hatte noch mehr Erfolg, und David hat es immer für einen der beiden Höhepunkte seiner Karriere gehalten.

»Das war großartig!« erzählte er von seinem Abend mit Stern. »Die ABC arrangierte es für mich, und ich war sehr dankbar. Stell dir das vor! Mein kleines Ich ohne meinen Vater! Ich spielte einfach Klavier, Wolfgangs Konzert in c-Moll, und Isaac lächelte einfach nur die ganze Zeit. Er dachte, ich wäre großartig.« Und mit absoluter Naivität fügte David hinzu: »Ich war überhaupt nicht nervös! Durch irgendeinen glücklichen Zufall war ich überhaupt nicht nervös. Ich war einfach nur nett und ruhig und entspannt und spielte sehr gut.«

Obwohl bis dahin schon viele wichtige Musiker Davids Talent gelobt hatten, kam Sterns Reaktion doch überraschend für den bescheidenen kleinen Pianisten. Ohne jegliche Eitelkeit erinnerte David sich: »Er sah Anzeichen für ein genialisches Talent und sagte, daß ich alle nur mögliche Hilfe verdienen würde. Er sagte so etwas wie ›Ich werde dein Mentor in Amerika sein‹, also daß er sich um mich kümmern würde und ich mir keine Sorgen machen sollte. Er sagte auch: ›Möchtest du nach Amerika gehen, wo die Musik nur so von den Wänden springt?‹ und ich sagte: ›Squash mag ich schon.‹« David kicherte über seinen jugendlichen Humor und versicherte mir dann, daß das seine Chancen nicht geschmälert hätte. »Isaac verstand es und fand es selber lustig. Er nahm es als meine Zustimmung. Das war die perfekte Antwort. Er fand das sehr charmant und reizend.«

Der Ort, wo »die Musik von den Wänden springt«, war das Curtis Institut für Musik in Pennsylvania, und niemand, der beim privaten Konzert für Stern anwesend war, hätte vermutet, daß Peter Helfgott es sich jemals würde leisten können, David dorthin zu schicken, egal wie sehr sein Talent dieses Angebot auch verdient haben mochte.

David ging nach Hause und erzählte seinem Vater stolz von dem Gespräch mit Stern; Peter reagierte positiv. In den nächsten Tagen fingen die Musikgewaltigen und die jüdischen Gemeindemitglieder von Perth an, von einem Stipendium für David zu reden; eine Idee, über die sich Peter durchaus freute.

Natürlich konnte David nicht sofort gehen, er war viel zu jung. »Worauf wir uns dann einigten, war vernünftig«, berichtete David über sein Gespräch mit Peter. »Vater sagte: ›Wir werden das Geld von dem Stipendium nehmen, und du gehst dann, wenn du so weit bist. Aber zuerst werden wir das mit dem Stipendium regeln. Wir werden dazu nicht nein sagen, denn schließlich ist es ja Geld.‹ Also war alles vernünftig geplant.«

Peter erklärte David, daß er noch mindestens achtzehn Monate warten müsse, bis er nach seinem Schulabschluß nach Amerika fahren könnte. David hätte es nie gewagt, überhaupt von so etwas wie einer Reise nach Amerika zu träumen, aber jetzt beschäftigte er sich in seiner Phantasie um so nachhaltiger damit. In seinem jugendlichen Optimismus konnte er sich nicht vorstellen, daß der Traum nicht wahr werden könne.

In der Zwischenzeit erwarb er noch mehr Auszeichnungen. Am 7. Juni spielte er in der Endausscheidung des ABC Wettbewerbs, gewann erneut und wurde ausgewählt, Ende Juni bei den landesweiten Ausscheidungen in Melbourne zu spielen. Die Presse drehte jetzt völlig durch, und David war wie im Rausch. Er erzählte: »Beim Interview mit Abbey und mit Isaac machten alle Fotos von mir, und ich fühlte mich wie ein Star, genau so, weißt du. Jeder machte Theater um mich. Berühmt war ich!«

Aber Davids »Ruhm« bedeutete nicht nur ihm etwas. Er hatte jetzt eine große Bedeutung für die ganze jüdische Gemeinde. Sie sahen einen jungen Star in ihrer Mitte und waren sehr stolz. David lachte herzlich über die allgemeine Reaktion der Mütter in der Gemeinde: »Nachdem ich den Wettbewerb gewonnen hatte, hörte ich, daß alle jüdischen *Maminas* in Perth ihre *Bublein* ans Klavier setzten, damit sie versuchen könnten, David einzuholen. Sie wollten noch einen ›David‹ haben, wirklich! Genau das passierte! Sie wollten mich mit meinen eigenen Waffen schlagen!«

Ein erstrebenswertes Vorbild, zweifellos. Aber es wurde

auch auf andere Weise versucht, aus Davids Ruhm Kapital zu schlagen, und genau auf diesen Punkt kam James Penberthy zurück.

8. KAPITEL

Druck auf die Tränendrüsen

Ein paar Tage nach den landesweiten Ausscheidungen des Musikwettbewerbs von 1961 besuchte James Penberthy, den David immer liebevoll »Lord Jim« nannte, die Helfgotts in der noblen Absicht, alles für Davids Karriere zu tun.

Penberthy, der selbst ein beachteter Komponist war, glaubte aus tiefstem Herzen an Davids Talent. Jetzt wollte er die Publicity ausnutzen, die David sich mit seinem Erfolg beim Musikwettbewerb und durch die Unterstützung der amerikanischen Berühmtheiten erworben hatte, um damit die Gemeinde zu animieren, Davids Ausbildung finanziell abzusichern. Sein Artikel »Papa wollte das Klavier nicht verkaufen« erschien auf der Titelseite der *Sunday Times* vom 11. Juni.

Ein Foto von David am Klavier nahm ein Viertel der Seite ein, und der Artikel begann mit Davids Teilnahme am ABC-Wettbewerb im Vorjahr. Penberthy beschrieb ihn als »einen kleinen bleichen Jungen mit zu engem Mantel und zu kurzen Hosen«, der »schüchtern auf die Bühne des Capitol Theatres ging« und der »so klein war, daß seine Füße kaum die Pedale des großen Konzertflügels erreichen konnten. Sekunden später war das Publikum überrascht, wie erstaunlich kraftvoll der Dreizehnjährige das schwierige Ravel-Klavierkonzert spielte«.

Ich wollte von David mehr hinsichtlich dieser Beschreibung wissen, aber er schüttelte nur den Kopf und sagte:

»Sehr farbig, sehr farbig, aber nicht wahr. Lord Jim hat nur versucht, auf die Tränendrüsen zu drücken.«

Der Artikel listete anschließend Davids musikalische Erfolge auf und machte deutlich, wie wichtig ein Studium in Amerika für ihn sei. »Aber«, mahnte der wirklich besorgte Penberthy, »diese Woche habe ich entdeckt, daß er niemals irgendwohin gehen kann, wenn er nicht ein ausreichendes Stipendium erhält oder zumindest ein Fond für ihn eingerichtet wird.« Und dann ließ er eine herzerweichende Beschreibung der Armut vom Stapel: »Die Helfgotts sind reich an Stolz, Talent und Glück, aber sie haben kaum genug Geld für die notwendigen Dinge des Lebens. Der stolze Papa, Elektroinstallateur Peter Helfgott, muß eine Frau und fünf kleine Kinder ernähren ... Wie Peter und Rae Helfgott, beide aus Polen gebürtig, es schaffen, ihre liebenswerte Familie zu ernähren, zu kleiden und aufzuziehen, geht über meinen Verstand. Vor nicht allzu langer Zeit wurde Peter Helfgott krank und mußte in dieser Zeit fast alle seine Möbel verkaufen. Er erzählte mir: ›Wir wollten ein wenig Leben im Haus erhalten und schafften es, das Klavier weiter abzuzahlen.‹ Die Helfgotts sind zurecht eine Familie mit Stolz – sie bitten niemanden um Hilfe. Aber nur eine reiche Familie könnte sich eine adäquate Ausbildung für einen Sohn wie David leisten. Ich glaube, daß er eines Tages dieser Stadt Ehre machen wird, also sollte sich die Gemeinde wohlwollend zeigen und etwas für ihn tun. Es gibt sogar schon jetzt etwas, das man für den Jungen in die Wege leiten könnte ... sein Klavier muß so dringend überholt werden, daß es für ihn schon ein Alptraum sein muß, darauf zu üben. Und der Schemel, auf dem er beim Spielen sitzt? Er ist selbstgemacht.«

Auf den Artikel folgten mehrere sehr massive und sehr unterschiedliche Reaktionen, die Penberthy niemals beabsichtigt oder vorhergesehen hatte und über die er auch später nichts herausfand. Soweit es ihn betraf, waren die Reaktionen sehr positiv, denn sein Telefon lief heiß mit

Angeboten für Geld, Klavierschemel und Dienste von Klavierstimmern für das am Hungertuch nagende Wunderkind.

Für die Helfgotts war Sonntag, der 1. Juni, jedoch ein Tag der Tränen. Peter, der zweifellos unwissentlich Penberthy die meisten Fakten zu seinem Artikel geliefert hatte, sah in den Worten auf der Zeitungsseite eine detaillierte Beschreibung seines eigenen Versagens, für eine Familie sorgen zu können, insbesondere für seinen begabten Sohn. Das konnte nur »eine reiche Familie«, und Peters Familie gehörte mit Sicherheit nicht dazu. Der Artikel beschämte Peter; er fühlte sich wertlos und hilflos. Das Klavier, für das er so viel geopfert hatte, als sie noch im Lagerhaus lebten, war also ein »Alptraum« für David? Sogar Peters ehrliche Mühe, seinem »kleinen Prinzen« zu einem Schemel zu verhelfen, war nur zu bedauern und rief Mitleid hervor. Es war der erste schwere Schlag für Peters Stolz, und es kamen noch mehr.

Für David hatte der Artikel andere, aber nicht weniger schmerzliche Konsequenzen. »Der Vater war sehr *artiulata*«, erzählte er. »Vater sagte zu mir: ›David, lies es nicht, weil du weinen wirst.‹ Aber ich gehorchte Papa sowieso nicht und las es sowieso und dann weinte ich tagelang, weinte tagelang. Ich weinte, weil es hieß, ich wäre arm. Ich hatte Angst, daß meine Kumpel – wenn du weißt, was ich meine –, daß die Kumpel in der Schule mich auslachen würden, weil sie lesen konnten, wie arm wir sind.«

Davids einziger Trost waren Penberthys freundliche Worte hinsichtlich seiner Musik. »Aber ich freute mich auch sehr, weil ich mochte, was er über mein Spiel geschrieben hatte. Es war schön, was er über mich schrieb, und hinreißend«, sagte David.

Noch eine andere Gruppe war über den Artikel erbost oder, um genauer zu sein, über einen Satz darin: »Die Helfgotts sind zurecht eine Familie mit Stolz – sie bitten niemanden um Hilfe.« Die Mitglieder der jüdischen Gemeinde schäumten vor Wut. Was war mit ihrer finanziellen Unterstützung? Was war mit Davids Bar Mitzvah? Wie konnte die Presse »ihren« David erwähnen, aber nicht sie? Der Artikel schien sehr bemüht, David von seinem Judentum zu distanzieren und von seiner Familienherkunft, die lediglich als »aus Polen gebürtig« bezeichnet wurde.

Als Peter am nächsten Sabbat in die Synagoge kam, ließen ihn einige Gemeindemitglieder deutlich fühlen, was sie von ihm hielten. David stand dabei und bemerkte, wie Peters Doppelzüngigkeit ihn nun einholte.

Die Erinnerung an diesen Tag ist David immer lebendig geblieben: »Die Brecklers halfen uns für eine lange Zeit und jeder dachte, daß Vater etwas darüber gesagt hätte, als er mit Lord Jim sprach. Jeder sagte, daß er die Hilfe hätte anerkennen und dafür hätte danken müssen. Und all diese reichen Juden waren zornig und sie sagten zu Papa: ›Wir wollen mit dir nichts mehr zu tun haben, weil du nach unserer ganzen Hilfsbereitschaft nur sagst, daß deine stolze Familie von niemandem Hilfe annähme.‹«

Für Peter rieb diese Standpauke besonders in diesem einen Punkt Salz in frische Wunden. Helfgotts Stolz, der im Artikel erwähnt wurde, war das einzige gewesen, wodurch er sich in seinen Augen und vor der Öffentlichkeit noch seine Würde hatte bewahren können. Jetzt sollte er in künftigen Presseberichten darauf hinweisen, daß er durchaus um Hilfe gebeten und sie auch erhalten hatte. Nicht einmal sein Stolz blieb ihm jetzt! Und warum passierte das alles? Wegen David, dem Sohn, für den vor allem er sich in diese erniedrigende Situation gebracht hatte.

Die Brecklers wollten zwar mit dem Vater nichts mehr zu tun haben, aber mit dem Sohn war das eine andere Sache. In der Woche vor diesem Sabbat traf sich Alec Breckler mit Isaac Stern, um Davids Zukunft zu besprechen. Das Treffen fand nach der Zusammenkunft einer Gruppe musikinteressierter Leute aus Perth statt, die überlegten, wie sie David helfen könnten. Sie dachten, daß eine Summe von 5000 Pfund die Kosten für Davids Ausbildung und Unterkunft in Amerika für fünf Jahre abdecken könnte. Diese Gruppe wandte sich dann an den Bürgermeister von Perth, Sir Harry Howard, und bat ihn, die Schirmherrschaft über einen Fond zu übernehmen, mit dem David nach Amerika geschickt werden sollte. Peter Helfgott wurde zu diesen Treffen weder eingeladen, noch befragte man ihn.

David erfuhr nie, was in Peter vorging, als dieser am Sonntag, dem 18. Juni, dem Tag nach der Standpauke der »reichen Juden«, die *Sunday Times* aufschlug und auf Seite drei von diesen Treffen und auch von der Unterstützung und der Hilfe las, die man David anbieten wollte. Der Artikel, der nicht von Penberthy geschrieben war, enthielt einen Satz oder besser einen Namen, der Davids ganzes Leben beeinflussen sollte. Der Satz lautete: »In Sydney fand ein Treffen prominenter Geschäftsleute statt, an dem auch der Pianist Isaac Stern und der Geschäftsmann aus Perth, Mr. Alec Breckler, teilnahmen.«

Bis zum heutigen Tag ruft Davids kristallklare Erinnerung an den Moment, in dem sein Vater den Artikel las, Verwunderung und Schmerz in ihm hervor, wenn er die Geschichte erzählt. Als ich sie das erste Mal hörte, spürte auch ich diese Emotionen sehr tief.

»Wir hatten gesagt, wir würden das Stipendium annehmen und ich würde gehen, wenn ich so weit wäre. Darauf hatten wir uns geeinigt. Und später drehte sich der Vater plötzlich um 180 Grad, und alles war völlig *contraire*. Vater warf mir Knüppel zwischen die Beine«, erläuterte David mit überraschend kalter Stimme. »Der Zeitungsartikel besagte, daß Isaac Stern sich mit dem smarten Alec traf. Und sobald Vater diesen Namen sah, einfach diesen Namen sah: ›der smarte Alec‹, sofort grrr, grrr …« David versuchte Peters Zorn durch ein paar Knurrgeräusche zu imitieren. »Und er sagte alles ab! Stolz und jäh. Er sagte: ›Schluß mit dem Stipendium. Schluß mit dem Geld. Schluß mit Amerika. Schluß mit allem. Und schick das ganze Geld zurück!‹ Er wurde ganz *haßbösig* und gemein. Wegen diesem Namen! Es war nur dieser Name! Dieser Name hat alles kaputt gemacht! Einfach nur der Name! Das war das Ende, das war das Ende von allem.«

»Du meinst, er lehnte das Stipendium ab, einfach weil sich Breckler mit Isaac getroffen hatte?« fragte ich ungläubig.

»Genau. Die Brecklers wollten bei meiner Ausbildung in Amerika die Hände im Spiel haben. Aber dann denke ich wieder, das ist verständlich, sie hatten uns Jahre und Jahre und Jahre geholfen und sie wollten alle, daß ich nach Amerika gehe. Und ich brauchte ihre Hilfe, um nach Amerika zu gehen, weil man diese reichen Juden braucht, weil es furchtbar viel Geld kostet. Aber Papa war so stolz. Papa war so arm und so stolz, zu arm und zu stolz. Vater hätte so ein Problem wie das mit den Brecklers nicht haben dürfen, weil man schließlich solche Hilfe annehmen muß. Einfach die Hilfe annehmen.«

»Aber warum sollte ein Name in einer Zeitung …?«

»Vater so böse treffen?« unterbrach mich David, der sich diese Frage seit Jahrzehnten immer wieder gestellt hatte. Er wurde aufgeregt, versuchte vielleicht zum tausendsten Mal verzweifelt, es zu verstehen. »Nun, ehm … Was war Vaters Problem? Der Vater muß wohl ein wenig wie ein Tyrann gewesen sein … vielleicht … Vielleicht war er ein Tyrann. Papa hat es nie mit mir besprochen. Wir haben es uns irgendwie nie von der Seele geredet. Irgendwie eiterte es nur, wie ein Furunkel oder so. Er war so wütend über die Brecklers, und er hatte einfach einen tiefen Groll, Moll-Groll.«

»Also war der einzige Grund, daß du nicht nach Amerika konntest …«

»Der smarte Alec«, unterbrach mich David wieder. Er schien es kaum erwarten zu können, in diesem Augenblick so viel von der Geschichte zu erzählen, wie er davon verstand, vielleicht um sie endlich zu lösen, ein für allemal. »Papa fühlte tiefen Groll! Die ganzen Jahre fühlte er diesen Groll! Weil der smarte Alec meinte, daß ich von meinem Vater weg müßte. Er sah, daß Vater nicht in der Lage war, Kinder aufzuziehen, weil er dachte, Vater wäre destruktiv oder so. Und wegen Brecklers hatte Vater geweint, als wir im Lagerhaus wohnten. Und seit diesem Tag hatte der Vater den Groll, seit dem Tag vergaß er nie, daß er den Groll hatte, und ich glaube, Juden sollten es besser wissen und keinen Groll hegen. Weil ich glaube, daß Hitler schließlich auch Groll gegen die Juden empfand, weil die reichen Juden ein bißchen gemein zum Führer waren, als er ein armer Maler in Wien war. Es ist verrückt! Es ist verrückt! Man sollte keinen Groll fühlen und nicht so sein, weil das Leben zu kurz ist.«

David war nun traurig, und die Trauer brachte ihn etwas zur Ruhe. Er zuckte mit den Schultern und dachte eine Weile nach: »Also ich glaube, mein Vater war ziemlich dumm, wirklich, einfach sich von diesem Namen so beeinflussen zu lassen und den Lauf der Geschichte und der ganzen Welt zu ändern. Als ich 1962 *La Campanella* für Julius Kettchen spielte, sagte er zu Papa: ›Für jeden, der mit einem Isaac-Stern-Stipendium nach Amerika geht, wird gut gesorgt. Warum haben Sie es nicht angenommen?‹ Und Vater entgegnete: ›Weil sie mir wehgetan haben.‹ Und alle diese großen amerikanischen Konzertpianisten dachten, es wäre Zeitverschwendung, mit Vater zu reden und daß ich hätte gehen sollen. Und das ganze Geld, das sie ausgaben, um den Fehler wieder gut zu machen … Es ist *schandig*, wirklich, denn es war wirklich gedankenlos oder dumm oder so.«

David löste das Rätsel um Peters extreme Reaktion nicht, als er mir die Geschichte zum erstenmal erzählte. Er hat es auch nach dem zehnten oder fünfzigsten Mal nicht gelöst. Dabei übertrieb er nicht, als er sagte, daß es »den Lauf der Geschichte und der ganzen Welt« geändert habe.

Für ihn hatte sich die Welt geändert, und er würde noch viele Jahre und viele solcher Gespräche brauchen, um alle Mosaiksteinchen zusammensetzen zu können.

9. KAPITEL

Geld und Neid

Von dem Moment an, in dem Davids Vater Alec Brecklers Namen in der Zeitung las, kulminierten viele komplexe und frustrierende Erfahrungen, die Peter über die Jahre hin gemacht hatte. Es war der Augenblick, in dem ihm klar wurde, daß er genug von den anderen Leuten hatte, die sich in das Leben seines Sohnes einmischen wollten, obwohl genau das die Basis seines unausgesprochenen Verständnisses mit ihnen war. Immerhin war das Genie David sein Sohn. Und dieses Genie gehörte nicht den Medien, den Juden oder den Brecklers.

Trotzdem war es ihm, dem Vater des Genies, noch nicht einmal gelungen, mit Isaac Stern zu sprechen; dafür aber Breckler. Er ging nicht zu diesen Treffen, um ein Wörtchen über die Zukunft seines eigenen Sohnes mitzureden, weil er kein Geld hatte. Breckler war nicht der Vater des Genies, aber er hatte Geld und deshalb Macht. Er konnte das Leben des Genies kontrollieren, wenn er das aus irgendwelchen persönlichen Gründen wollte, zum Beispiel, weil sein Name dann in der Zeitung stand.

Peters Armut beherrschte die Titelseiten. Man beschrieb ihn als den hilflosen, hoffnungslosen, kränkelnden Vater, der nichts für seinen Sohn tun konnte außer ihm ein wackeliges Klavier und einen selbstgemachten Schemel zu besorgen. Breckler wurde im Gegensatz dazu mit dem Image des erfolgreichen Geschäftsmanns versehen, der mit einer strahlenden Musikberühmtheit aus Amerika konferiert.

Eine Serie von geschäftlichen Mißerfolgen und seine schlechte Gesundheit hatten Peters Gefühl für Würde und Selbstachtung auf einem permanenten Tief gehalten. Für ihn sah es so aus, als ob die Öffentlichkeit ihn für unfähig hielte, das Beste für seinen Sohn zu tun – und daß deshalb Breckler, der Mann, der ihm einst gesagt hatte, daß er nicht in der Lage wäre, seine eigenen Kinder großzuziehen, einspringen mußte, um die Situation zu retten. Darüber hinaus erklärten ihm die »reichen Juden« auch noch, daß er solche Ansichten hätte bestärken sollen, als er mit der Presse sprach.

Das war höchstwahrscheinlich der Moment, in dem Peter entdeckte, daß ein genialer Sohn Macht und Ruhm nicht aufwiegen konnte. Nur Geld konnte das. Und er wußte in diesem Stadium seines Lebens, daß er nie viel Geld haben würde. Wozu war ein genialer Sohn dann gut?

David hat oft gesagt, daß es nur um »Geld und Neid« ging – Peters Neid auf das Geld, das er nicht hatte, und auf die Macht, die diejenigen damit kaufen konnten, die es besaßen. Aber es gab eine Möglichkeit, wie ihnen Peter tatsächlich den sprichwörtlichen Knüppel zwischen die Beine werfen konnte, auch wenn er damit eigene, langersehnte Pläne durchkreuzen mußte und auch die, die gerade in seinem Sohn reiften: Er konnte einfach *nein* sagen.

Zwar ermutigte Peter seinen Sohn weiterhin und unterstützte David auch nach diesem Ereignis, aber dieser Moment gehörte trotzdem zweifellos zu den Faktoren, die die Zuneigung zwischen ihm und David in den folgenden Jahren verringerten.

Im Moment war Peters Wut allerdings nur David bekannt, und zunächst nahm David sie nur als eine von Papas üblichen Temperamentsausbrüchen hin. Er konnte einfach nicht glauben, daß ein so wunderbarer Traum plötzlich und sinnlos zerschlagen werden könnte.

Ungeachtet des häuslichen Dramas hatte David noch einen sehr wichtigen Auftritt hinter sich zu bringen. Am

Sonntag, den 25. Juni, flogen er und Peter nach Melbourne für die Endausscheidungen im ABC-Musikwettbewerb. Peter muß sich wohl ein bißchen verfolgt gefühlt haben, als Breckler ein ermutigendes Telegramm an David sandte, worüber der sich sehr freute, was für Peter noch schlimmer war. »Ich las das Telegramm in Melbourne, und es hat mich sehr beeindruckt. Ich war in Hochstimmung. Ich fühlte mich so privilegiert«, sagte David. Dann, nach einer Pause, fügte er hinzu: »Das war natürlich, als wir noch mit ihnen auskamen.«

Am Abend des 27. Juni spielte David wieder Mozarts *Konzert in c-Moll*, aber diesmal gewann er nicht.

»Konntest du nicht so gut spielen wie sonst, weil du traurig wegen Amerika warst?« fragte ich ihn.

»Nein, ich spielte immer noch ziemlich gut. Viele sagten, es wäre perfekt!« antwortete David ein wenig entrüstet, weil ich hatte glauben können, es hinge mit seinem Spiel zusammen. »Weißt du, ich habe es einfach akzeptiert, und es schien mir auch nicht viel auszumachen. Es brauchte eine lange Zeit, bis ich das mit dem Stipendium kapierte, es war ganz allmählich, es war eine allmähliche Sache.« Tatsächlich dauerte es dann nicht mehr lange, bis David begriff, daß er wirklich und wahrhaftig nicht nach Amerika gehen würde.

Am folgenden Sabbat konfrontierte der ahnungslose Alec Breckler in der Synagoge Peter mit dem erfreulichen Nachrichten, daß Stipendiengelder gesammelt würden und daß er »eine nette jüdische Familie, die sich in Amerika um David kümmern wolle«, gefunden hätte.

»Das«, sagte David mit Nachdruck, »war das letzte, was Vater hören wollte.«

Zunächst einmal war diese amerikanische Familie »nett«. In dem Zustand, in dem Peter war, erschien es ihm, als wollte Breckler wieder einmal andeuten, daß Peter keine »nette« Familie vorzuweisen hatte. Zum zweiten war sie »jüdisch«, und Peter, wie wir wissen, war kein konservativer Jude. Er befürchtete, David könne während seines fünfjährigen Aufenthaltes entdecken, daß »jüdisch« besser war als »kommunistisch«. Wenn das jemals geschah, dann wären all die Stunden, Tage, Wochen der politischen Diskussion umsonst gewesen, und sein Sohn könnte die irreführenden Meinungen seines Rabbi-Großvaters übernehmen.

»Mein Vater bringt mit dem Judentum immer alles durcheinander«, sagte David bei einem Versuch, Peters Reaktion auf die »nette jüdische Familie« zu erklären, aber er brachte selbst alles durcheinander. »Mein Vater war zu stolz dazu, Pole zu sein. Er wollte ein Russe sein, aber er war wirklich ein polnischer Jude. Er war ein stolzer Jude und ein armer jüdischer Kommunist. Es ist alles sehr kompliziert, und natürlich sagte Vater, daß die Amerikaner sowieso alle nur Gangster wären. Vater ist sehr extrem; man sollte in seinen Augen immer völlig anders sein.« Plötzlich unterbrach sich David selbst, um mit einem Geist zu reden: »Sei nicht so fanatisch, Vater! Weil es so *schämig* ist, weißt du.« Dann wisperte er mir zu: »Ich glaube, Papa ist ein bißchen verwirrt und denkt nicht sehr logisch.«

Verwirrt oder nicht, Peter kam mit zwei »offiziellen« Gründen heraus, warum David ein für allemal nicht nach Amerika gehen könne. Während der folgenden Wochen erzählte er den Leuten, die sich um das Stipendium kümmerten, daß David auch in achtzehn Monaten noch zu jung wäre, um in Amerika zu studieren und daß das ganze gesammelte Geld den Spendern zurückgegeben werden sollte, weil man diesen Aufenthalt bis auf unbestimmte Zeit verschieben müsse. Zu Hause erklärte Peter seiner Familie jedoch, daß er gerade gehört habe, es flösse nicht genug Geld in den Fond, und daß man ihn deshalb auflösen wolle.

Das Medieninteresse am Leben der Helfgotts und an Davids musikalischen Abenteuern war ziemlich geschürt worden, deshalb besuchte Fred Dunhill, ein Reporter der *Sunday Times*, die Helfgotts am folgenden Samstag, um genau zu erfahren, warum David nicht nach Amerika gehen könne. Vor seiner Ankunft machte Peter seinem Sohn klar, was er sagen solle. David hat mir immer wieder erzählt: »Ich habe Papa stets gehorcht«, und auch bei dieser Gelegenheit tat er genau das, was ihm befohlen wurde.

»Der Vater legte mir die Worte in den Mund. Der Vater legte mir die Worte in den Mund«, ist ein wiederkehrender Satz in Davids Erzählungen, seit ich ihn getroffen habe. In diesem Fall bezieht er sich auf den Moment, in dem David dem Reporter auf Peters Geheiß hin sagte: »Ich mache bestimmt mit meiner Musik weiter. Aber ich könnte meine Familie nicht verlassen und weggehen. Ich weiß nicht, ob ich in Amerika studieren möchte oder nicht. Ich weiß nur, daß ich jetzt nicht weg will.«

Dieses Zitat erschien am nächsten Tag in der *Sunday Times*, und zwar in Dunhills Artikel »Pianist wird in Westaustralien bleiben«. Im Bericht stand, daß David »von der Publicity zunächst geblendet war« und daß »er dachte, als er von dem Stipendium hörte, er könnte wohl in ein paar Jahren dafür bereit sein«. Im Bericht stand aber auch: »Seit er bei der Endausscheidung in Melbourne gemerkt hat, wieviel seine Familie ihm bedeutet, will er sie jetzt noch nicht verlassen.« Ein bißchen »schämig« das Ganze, so schien es, weil der Artikel nämlich damit begann, daß »große Geldsummen angeboten und auch gespendet worden sind«.

»Und weißt du was?« witzelte David einmal, als er mir von dem Artikel erzählte. »Ich wußte vorher noch nicht einmal, daß meine Familie mir so viel bedeutet.«

Damals fand David den Verlauf der Sache allerdings überhaupt nicht witzig. Sie war ein Teil einer Serie von immer verheerenderen »letzten Tropfen«, die ein Gefäß zum Überlaufen brachten. David sah, daß in dem Artikel die Gedanken seines Vaters ihm übergestülpt worden waren und erkannte endlich die Wirklichkeit. »Ich habe mich hereingelegt und mein Vater hat mich hereingelegt, weil

83

er mir seinen Dolch in den Rücken gestoßen und mich verraten hat«, erzählte David über diesen Vorfall. Für David war es ein Verrat an seinem Vertrauen in die Liebe seines Vaters, ein Verrat an allen Träumen, die er und sein Vater miteinander geteilt hatten, und ein Verrat an allen ehrgeizigen Karriereplänen, die Peter jemals in ihm genährt hatte.

Zorn? Enttäuschung? Trauer? Nein, für David wären diese Gefühle zu überwältigend gewesen. Statt dessen fühlte er sich starr und benommen. »Ich habe es irgendwie akzeptiert«, erzählte er mir seufzend. »Ich hatte keine richtige Wahl. Ich mußte es akzeptieren – was hatte ich denn für eine Wahl? Die Trauer kam erst nach Tagen, später, später.«

David ging nach diesem großen Tag der Erkenntnis in die Schule und merkte, daß mit seiner normalen Umgebung etwas sehr Seltsames vor sich zu gehen schien. »Es war, als ob das Licht auf der Erde ausgegangen wäre«, erzählte mir David und bewegte eine Hand vor dem Gesicht, als wollte er einen Vorhang zuziehen. »Alles sah anders aus. Alles war staubig, alles sah völlig anders aus. Es war eine sehr schlechte Schule. Die Schule hatte nicht einen einzigen *l'arbre* (Baum), es gab keinen einzigen Grashalm. Es war so eine Lagerhaus-Schule, und sie war nicht sehr nett, weil ich in der Klasse isoliert saß, und der Lehrer schrie alle an, aber ich hatte keine Angst, weil Vater lauter als alle anderen schreien konnte. Ich fühlte mich zurückgestoßen. Ich fühlte mich ohne Freunde, allein und verlassen, ich fühlte mich völlig isoliert oder so, es war schrecklich.«

»Was passierte dann, David? Was hat diese Schule ohne Bäume damit zu tun, daß du nicht nach Amerika gehen durftest?« fragte ich ihn, völlig unvorbereitet auf seine unnachahmliche Logik.

»Nun, wenn ich nach Amerika gegangen wäre, dann wäre ich in eine andere Schule gekommen und ich wäre in einer völlig anderen Situation gewesen«, antwortete er, enttäuscht von meiner Unfähigkeit, etwas so Offensichtliches zu sehen. Seine Stimme klang schmerzlich. »Ich wäre anders geworden und die Welt wäre anders geworden! Ich wäre anders geworden, wenn ich gegangen wäre, oder etwa nicht? Natürlich wäre ich das!« David überlegte und sagte dann: »Irgendwie sieht es so aus, als wäre damals das Unglück passiert.«

Mit vierzehn machte die Welt, die David kannte, keinen Sinn mehr für ihn. Die Wirklichkeit war so unergründlich, das sie im wahrsten Sinne des Wortes unerträglich wurde. Es war alles ganz einfach zu viel, und das war der Augenblick, in dem die Welt »neblig« wurde.

Der Vater, der ihm die einmalige Gelegenheit eines Studiums in Amerika verweigert hatte, beeinflußte Davids Leben viele Jahre lang. Irgendwo im Hinterkopf wisperte von da an stets eine kleine Stimme: »Warum bist du nicht gegangen?« Er war überzeugt, daß die Jahre des psychischen Aufruhrs nicht stattgefunden hätten, wenn er damals fortgegangen wäre. Einmal erzählte er mir, daß er sich oft während seines Aufenthalts in der Grayland-Klinik in seinem Zimmer umgeschaut hätte und daß ihm dann Isaac Sterns Worte von der Musik, »die von den Wänden springt«, wie Hohn erschienen wären.

Wir haben Stunden, Tage, Jahre damit verbracht, Davids Schmerz über die Entscheidung seines Vaters zu besprechen und kamen immer zu dem gleichen Ergebnis. Ich sagte ihm, es wäre unmöglich zu wissen, wie Amerika sein Leben verändert hätte. Das wäre eine Frage, die niemals beantwortet werden könnte. Aber David fand wenig Trost darin. Er redete dann nicht weiter darüber und löste das Rätsel nicht, bis er beim nächsten Mal das Gespräch wieder darauf brachte.

10. Kapitel

Einzigartig

Mein »nebliger« Freund lag bäuchlings auf dem Boden der Garderobe. Nur in Unterhosen unternahm David seine Spezialübung, den nicht-anstrengenden Liegestütz, sah dabei seine Notenbücher durch, die auf dem Boden verstreut lagen, und war in ein Gespräch mit sich selbst vertieft.

Er war sehr aufgeregt. Draußen füllte ein erwartungsvolles und neugieriges Publikum den Saal des Octagon Theatre. Davids Comeback-Konzert sollte gleich beginnen. Ich lief im Raum auf und ab und machte mir Sorgen darüber, wie David ohne Zigaretten und Kaffee das Konzert überstehen würde.

Bis jetzt erwies sich Davids »Rehabilitation« als erfolgreich. Im Riccardo's rauchte er nicht mehr und trank auch keinen Kaffee, während er spielte, und sein übermäßiger Zuckerverbrauch hatte sich beträchtlich reduziert.

Allerdings hatte ich bemerkt, daß es David schwerer fiel, morgens wach zu werden. Diese Tatsache, zusammen mit seinem Bedürfnis nach aufputschenden Mitteln, veranlaßte mich darüber nachzudenken, ob die Dosis seiner Medikamente vielleicht höher als nötig wäre. Ich besprach mich mit Chris, und eine lange Zeit der medikamentösen Einstellung begann. Mir fiel in diesem Zusammenhang bald auf, daß David mit einer höheren Dosis ruhiger und kooperativer war, aber dafür schlechter Klavier spielte, was ihn sehr unglücklich machte.

Seitdem ich mich entschieden hatte, mit David zusammenzuleben, haben die genaue Einstellung seiner Medikamente und andere Aspekte seiner »Rehabilitation« meine Gedanken beschäftigt. David ist ein außergewöhnlicher Mensch, und es war nahezu unmöglich, seine Persönlichkeit von seinem Musikerdasein zu trennen. Zwar gab es immer Aspekte seiner Persönlichkeit, an denen wir gemeinsam arbeiten konnten, um sein Leben etwas leichter zu machen, aber ich bin der festen Überzeugung, daß man nie etwas tun darf, was sich negativ auf Davids Einzigartigkeit als Person und als Musiker auswirken könnte. Die Dosis der Medikamente mußte so einreguliert werden, daß er seine Gedanken zwar bis zu einem gewissen Grad entwirren konnte, aber niemals seine Freude am Leben im allgemeinen und an der Musik im besonderen gedämpft wurde.

David ist unglaublich, fast übernatürlich sensibel. Er kann oft vorhersagen, was irgend jemand gleich äußern wird, oder er kann die Gedanken eines anderen lesen. Er kann Klavier spielen, dabei Radio und Fernsehen plärren lassen und trotzdem noch ein Gespräch im Nebenzimmer verfolgen. Und er kennt natürlich die genaue Art, in der eine Taste berührt werden muß, damit sie den Ton hervorbringt, den er will. David ist extrem kurzsichtig und hat nur selten seine Augen ganz geöffnet, aber trotzdem sieht und bemerkt er Dinge, die eigentlich für ihn unsichtbar sein müßten. Man muß sehr aufpassen, daß nichts diese unheimlichen Fähigkeiten behindert.

Man muß auch vorsichtig damit sein, Davids Persönlichkeit dem Alltagsleben anpassen zu wollen. Ich habe einmal gehört, wie ein vierjähriges Mädchen ihre Mutter fragte: »Ist David ein Kind oder ein Erwachsener?« Keine dumme Frage, denn dieser Aspekt von David hat nicht nur Kinder, sondern auch viele Erwachsene immer wieder verwundert. Bosheit, Neid, Grausamkeit und Betrug gehören nicht zu seiner Persönlichkeit; sein Großmut und seine Zuneigung allem gegenüber, was ihn umgibt, ist natürlich und grenzenlos.

David würde sofort an Freunde etwas oder sogar alles, war er besitzt, verschenken, wenn man ihn danach fragte. Ich habe ihn sogar davon abhalten müssen, anderen Leuten unser Auto anzubieten. In der Vergangenheit hat er viele seiner Noten und auch Geld verschenkt. Er versteht den Wert von Geld nicht, was zu kleineren Katastrophen führt, wenn er welches hat. Eines Tages hatte David 50 Pfund in seiner Tasche und wollte mir in Begleitung eines Freundes ein Geburtstagsgeschenk kaufen. Er erinnerte sich daran, daß ich Perlenketten sehr mochte, und als er eine für 5900 Pfund sah, sagte er zu seinem Freund: »Ich will die Kette für Gillian kaufen. Kannst du mir das Geld leihen, bis wir zu Hause sind?« Gottlob ging er nie allein einkaufen und auch nicht mit Kreditkarte!

Davids kindliche Qualitäten zeigten sich auch in seiner Unordnung, seiner Desorganisation und dem Fehlen jeglicher praktischer Fähigkeiten. Einmal sah ich ihn in der Küche heftig eine Dose Bohnen schütteln. Er hatte mit dem Flaschenöffner zwei kleine Löcher in die Dose gemacht und konnte nicht begreifen, warum nichts herauskam.

Bei anderer Gelegenheit sah ich, wie er, den Kassettenrecorder in der einen Hand und ein kurzes Kabel in der anderen, neben seinem Klavier stand und die Steckdose ein Stück weiter an der Wand ansah. Er schaute mich an und fragte mich mit einer bittenden, verdutzten Stimme: »Kannst du mir helfen, Darling? Kannst du mir helfen?« Er wollte beim Spielen eine Sendung hören und gleichzeitig aufnehmen. Ich ging, holte eine Verlängerungsschnur und schloß den Recorder an. Er beobachtete mich ehrfürchtig und sagte: »Darling, du bist phantastisch!« Niemals ist jemand für so wenig so hoch gelobt worden!

Solch einfältiges Verhalten ist natürlich nicht der Ausdruck eines einfältigen Geistes. David ist hochintelligent, hat ein immenses Allgemeinwissen und auch ein photographisches Gedächtnis, wenn er Lust dazu hat, es einzusetzen. Sein Gehirn gleicht einem riesigen Fundus für Fakten und Musik, den er auf Wunsch abfragen kann. Man kann ihn bitten, ein Stück zu spielen, das er seit Jahren nicht gehört oder gespielt hat, und er wird sich sofort hinsetzen und es spielen. Niemand braucht historische, politische oder wissenschaftliche Fakten in einem Lexikon nachzuschlagen, wenn David in der Nähe ist, weil man ihn dann einfach fragen und sofort die Antwort bekommen kann. David ist ein im Grunde unschlagbarer Gegner bei jeder Art von Gesellschaftsspielen, aber er will nicht unbedingt gewinnen, sondern versorgt seine Mitspieler sogar noch vergnügt mit Informationen. Man kann seine Kindlichkeit überhaupt nicht mit seinem ausgeprägten erwachsenen Verstand in Einklang bringen. Um mit Davids oft gebrauchten Worten zu sprechen: »Es ist ein Wunder!«

Auch seine Leidenschaft für Musik ist unerklärlich, weil sie absolut ist. Es ist nicht nur einfach eine Vorliebe, sondern eine Besessenheit. Er spielt nicht einfach nur, weil es seine Berufung ist; er spielt, weil er am Klavier in Ekstase gerät, wobei für andere zu spielen eine große Genugtuung für ihn bedeutet. Wann immer er kann, sitzt er am Klavier, und wenn man es zuläßt, ißt und schläft er am Klavier. Er spielt lieber als irgend etwas anderes zu tun, und das war so, seitdem er als Kind das erste Mal die Tasten berührt hat. Diese Leidenschaft für Musik ist eine Gabe Gottes. »Ich kam auf die Welt, um zu spielen, Darling, zu spielen!« sagt David. Und was für ein Recht habe ich oder irgend jemand anderer, an Davids Leidenschaft herumzupfuschen?

Man könnte ihm sicherlich den Wert des Geldes beibringen und wie man es vernünftig ausgibt. Man könnte ihn zwingen, einer Vielzahl alltäglicher Beschäftigungen nachzugehen, und er würde unweigerlich gehorchen, weil er versucht, wie er es ausdrückt, »freundlich und umgänglich zu jedem« zu sein. Man könnte ihm genug Medikamente geben, so daß Geschäfte, Restaurants und überfüllte Straßen ihm nichts ausmachen würden und er mit Fremden völlig klare Gespräche führen könnte, ohne erst Monate zu brauchen, um ihnen zu vertrauen.

Kurz: man könnte ihn zu einem normalen Mitglied der Gesellschaft machen – aber dann würde seine Zeit damit aufgebraucht, all die kleinen alltäglichen Aufgaben zu erfüllen wie andere Leute auch; und er wäre seiner Leidenschaft beraubt, Klavier spielen zu können, jeden Tag, sein ganzes Leben lang. Es wäre nicht schwierig, David einem willkürlichen Standard an Normalität »anzupassen«, aber dann wäre David nicht mehr David; indem man ihn als Individuum zerstörte, zerstörte man auch seinen Zauber.

Eines Tages kam im Riccardo's eine Frau auf mich zu, nachdem David eine Beethoven-Sonate besonders leidenschaftlich gespielt hatte, und sagte in herablassendem Ton zu mir: »Ich hoffe, Sie behandeln David nicht so, als wäre er normal.« – »Und ich hoffe, daß ich ihn niemals so tief sinken lassen werde«, antwortete ich. Für alle Zeit werde ich um Davids Recht kämpfen, außergewöhnlich zu bleiben; immer werde ich tun, was ich kann, um ihn vor irgendwelchen Zwängen zu schützen.

Am Abend des Comeback-Konzertes in der Garderobe des Octagon Theatre war diese Aufgabe immer noch neu für mich und ich wußte noch nicht, wieviel ich mit den Jahren lernen würde. Es gab keine Handbücher darüber, wie man am besten mit David zusammenlebte. Ich wußte nur, daß ich aus Liebe zu ihm handelte und hoffte, daß meine Handlungen ein positives Resultat zeitigten.

Oft bin ich gefragt worden, ob ich vor diesem ersten professionellen Konzert nervös oder ängstlich war. Ich kann die seltsame Mischung aus Spannung und Aufregung, die ich bis heute vor jedem seiner wichtigeren Auftritte empfinde, einfach nicht beschreiben. Natürlich hatte ich David im Riccardo's beobachtet und war von seiner Kraft und Meisterschaft am Klavier absolut überzeugt, hatte auch die Wirkung seiner Musik und seiner Persönlichkeit auf das Publikum im Riccardo's gesehen und gefühlt – und deshalb hoffte ich eben, daß es im Saal des Octagon Theatre genauso wäre.

David hatte nur ein Wort, um seine Gefühle vor seinem Auftritt an diesem Abend zu beschreiben: »Großartig!«

Ich war Mike Parry sehr dankbar dafür, daß er David

die Möglichkeit gegeben hatte, nach zwölf Jahren auf die Konzertbühne zurückzukommen und hoffte, daß David sein Vertrauen nicht enttäuschen würde.

Es gab noch etwas, für das ich Mike danken konnte, aber das erfuhr ich erst viele Jahre später. Ein paar Stunden vor dem Konzert hatte Chris Reynolds damit gedroht, David nicht auftreten zu lassen, wenn er nicht noch einmal mit Mike über sein Honorar verhandeln könne. Mike weigerte sich, aber das Konzert fand trotzdem statt. Damals wollte Mike weder David noch mir etwas darüber erzählen, so daß uns eine äußerst unangenehme Situation erspart blieb. Es war typisch für Mikes Umgang mit David, ihn wo immer er konnte in Schutz zu nehmen, Presse und Publicity inbegriffen.

Das Konzertprogramm selbst war ein »*compri*«, wie David sagte, ein Kompromiß zwischen Mike, Chris und David. Mike und Chris hatten die mehr »populären« Stücke ausgesucht, angefangen mit Chopins *Polonaise* in As-Dur, *Fantasie-Impromptu* in cis-Moll und *Ballade* in g-Moll. Darauf folgten drei Rachmaninow-Préludes in G-Dur, g-Moll und cis-Moll. Die erste Hälfte des Konzerts wurde von Davids Wahl, Balakirews Klavierfantasie »*Islamay*« abgeschlossen; Mussorgskys *Bilder einer Ausstellung*, wieder Davids Wahl, standen auf dem Programm der zweiten Hälfte.

Das Konzert war sehr schnell ausverkauft gewesen und die Stimmung im Publikum erwartungsvoll und wohlwollend. Bekannte Gesichter aus dem Riccardo's, Davids Familie, seine alten Klavierlehrer und andere Leute, alle wollten, daß David Erfolg hatte. Es war wie in einem Fußballstadion, wo jeder möchte, daß das eigene Team gewinnt.

Als David hinausging und sich an den Bechstein-Flügel setzte, war uns allen angst und bange. Die *Polonaise* von Chopin strömte in rasender Geschwindigkeit aus den Tasten, und das Resultat war eine ungleichmäßige Phrasierung. Das *Fantasie*-Impromptu beinhaltete einige lyrische

Momente. David hatte mir vor dem Konzert über dieses Stück erzählt: »Manche Leute sagen, es soll sich anhören wie Spinnwebfäden, und andere sagen, es ist wie ein Sturm. Ich meine, es ist ein *compri*, ein *compri*, nicht zu schnell und nicht zu langsam, einfach im guten Gleichgewicht.« Jetzt hörte ich ihm zu, wie er versuchte, vor 650 Leuten dieses Gleichgewicht zu finden.

In der Ballade wurde noch mehr Kontrolle spürbar; das Publikum schien David zum besseren Spiel zu inspirieren. Seine geliebten Rachmaninow-Préludes flossen mit mehr Selbstvertrauen und Schönheit aus ihm heraus. Dann kam er zu Balakirew.

Als ich David das erste Mal *Islamay* spielen hörte, vermutete ich, daß dies das anspruchsvollste Stück wäre, das jemals für Klavier geschrieben worden ist. »Es ist das allerschwierigste!« bestätigte David. »Fast jeder Pianist der Welt sagt das. Es ist wirklich sehr schwer zu spielen. Unglaublich *difficile*! Unglaublich *difficile*! Sehr schwierig von der Technik und vom Temperament her. Die meisten Pianisten würden es nicht spielen, es ist zu *difficile*.«

Technisch gesehen ist *Islamay* ein Minenfeld für Pianisten, und je schneller man es spielt, desto gefährlicher wird dieses Minenfeld. David fing mit einer so unglaublichen Geschwindigkeit an, daß Chris und ich uns ansahen und nicht wußten, ob wir Davids Comeback hätten unterstützen sollen. War er zu früh wieder auf der Bühne? Würde er heil aus dem Ganzen herauskommen? Was hatten wir uns nur dabei gedacht?

Es stellte sich jedoch heraus, daß dies meine erste Erfahrung mit dem wahren Mut, der wahren Kraft und Entschlossenheit eines David auf der Bühne sein sollte. Er zog sich rechtzeitig aus dem, was zu einer Katastrophe hätte werden können, zurück und hielt das Stück zusammen. Die Musikkritiker der Presse riß das zu dem Kommentar hin, daß das Stück »ohne augenscheinliche Schwierigkeit leicht gespielt wurde« und daß Davids »sehr individueller

Stil eine große technische Meisterschaft zwischen magnetischer Kraft und lyrischer Heiterkeit verriet«.

In der ersten Pause kam David ziemlich angeschlagen von der Bühne. »Ich glaube, als der Rachmaninow kam, hat sich alles beruhigt«, murmelte er und steckte eine Zigarette an. Es waren nicht die Nerven, die ihn unruhig machten, sondern Überreiztheit. In der Garderobe nahm Chris David beiseite und sagte ihm, er solle dem Publikum in der zweiten Hälfte zeigen, was er nun wirklich am Klavier könne. David inhalierte tief und nickte: »Hast ja recht, Chris, in Ordnung, Chris.«

David kehrte nach der Pause auf die Bühne zurück und tat genau das, was er versprochen hatte. Seine Brillanz als Musiker entfaltete sich voll im Spiel der *Bilder einer Ausstellung*. Er beherrschte das Stück vollkommen, und er wußte es.

Am Ende des Konzerts spendete ein zu Tränen gerührtes Publikum spontanen Applaus, der sich zu stürmischen Ovationen steigerte. David stand in der Mitte der Bühne, verbeugte sich und sog alle Zuneigung und Anerkennung in sich auf. Freude, Stolz und Liebe verbanden sich in mir mit enormer Erleichterung. Von meinem Platz hinter der Bühne konnte ich nicht sehen, ob David Tränen in den Augen hatte; in meinen Augen standen bestimmt welche.

Langsam hob er die Hände vor sein Gesicht, als ob er sich selbst oder auch das Publikum daran erinnern wollte, daß der *dommage*, der Schaden immer noch da war. Oder vielleicht brach auch nur die Freude über dieses Ereignis für einen Augenblick durch den »Nebel«, und er schützte seine Augen vor einer Welt, die zu plötzlich strahlend und schön aussah. Nach ein paar Sekunden nahm er seine Hände herunter, ballte sie zu Fäusten und hob sie in einer rührenden Triumphgeste ein paar Zentimeter in die Höhe. Seine Bescheidenheit und seine Ungläubigkeit über solch einen Erfolg verboten es ihm wohl, die Arme in wahrer Siegerpose emporzustrecken.

11. Kapitel

Eine Maus und ein Löwe

»Ich habe mich selbst an den Haken gehängt, als ich die Luken dicht machte und nicht mehr mit Papa sprach. Wenn ich weitergeredet hätte, wäre das besser gewesen.« Dies war und ist immer noch Davids Erklärung für Ursache und Wirkung seines Zustands. Die Bildlichkeit dieser Beschreibung schien mir zuerst ziemlich abstrakt zu sein, aber nachdem David die Details der Geschichte über Jahre wie Mosaiksteine zusammentrug, begann ich zu verstehen, daß sie ganz logisch, einfach und offensichtlich war. Tatsächlich hätte es kaum eine bessere Beschreibung dessen geben können, was in den Jahren nach Peters Weigerung, seinen Sohn nach Amerika zu schicken, passiert war.

Überraschenderweise kam die erste Reaktion darauf nicht von David, aber sie beeinflußte ihn. Die Mitglieder der jüdischen Gemeinde, die ihr Geld und ihre Zeit so freigebig in Davids Zukunft investiert hatten, waren über Peters Haltung ziemlich erstaunt. Noch schlimmer wurde es dadurch, daß Peter seinem Sohn befohlen hatte, das Stipendium quasi öffentlich abzulehnen. Peter hatte die Verantwortung seiner irrationalen Handlungsweise auf David abgewälzt, was die jüdische Gemeinde noch mehr erzürnte. »Natürlich wußten es diese reichen Juden besser«, sagte David. »Sie wußten, daß es der Vater war und nicht ich, der da sprach, und sie wurden sehr böse. Mr. Troy, einer der Gründungsmitglieder des Fonds, war absolut wütend.«

Niemand wird je wissen, was letzten Endes wirklich zwischen Peter und den »reichen Juden« geschah, aber David erinnert sich daran, daß sein Vater ihn an einem Sabbat 1961 zum ersten Mal nicht mit in die Synagoge nahm. Als Peter wieder nach Hause kam, erzählte er David eine seltsame Geschichte. »Mr. Troy hat Papa vernichtend angesehen, vernichtend, wirklich«, erzählte David. Um seine Geschichte zu beweisen, versuchte er, den zornigen Blick nachzuahmen. »Genau so! Er hat noch nicht einmal etwas gesagt! Er hat es mit dem Blick gesagt: ›Du hättest David gehen lassen sollen.‹ Ich glaube, darüber war er wirklich böse.«

Peter schwor, er würde nie wieder in die Synagoge gehen. »Und Papa ging niemals wieder hin«, erzählte David weiter. »Einfach so! Nach all den Jahren, die er in die Synagoge gegangen war! Ich halte das für ein bißchen dumm, einfach nur, weil er dem vernichtenden Blick begegnet war. Aber ich glaube schon, daß Blicke töten können.« David kicherte, und dann seufzte er. »Es war doch immer ganz nett, in die Synagoge zu gehen. Wir haben uns an der ganzen beruhigenden und zarten und herrlichen Musik erfreut. Es war eine schöne Zeit, wirklich, und es ist schade, daß es enden mußte, aber jetzt ist es auch egal.«

Und so wurde David von der Unterstützung und Fürsorge der Gemeinde abgeschnitten.

Inzwischen verdichtete sich der Nebel, und David schnitt sich selbst nach und nach von seiner ganzen Umgebung ab. »Ich machte Winterschlaf«, beichtete David. »Ich blieb für mich allein, und ich war allein. Ich reagierte nicht, genau wie die Natur. Sie ist wunderbar, aber sie ist unnahbar. Sie sieht schön aus, aber in Wirklichkeit herrscht ein grausamer Überlebenskampf, wie bei den Spinnen und solchen Tieren. Ich sprach also mit niemandem in der Schule und auch nicht mit Vater. Aber alle mochten mich. Ich kannte jeden, aber niemand war wirklich mein Freund.«

David versuchte, so wie seine gesamte Vergangenheit auch dieses Verhalten mit der Frage zu verbinden, warum alles so falsch lief: »Da wurde also der Schaden angerichtet. Ich konnte nichts dafür mit den anderen Kindern, ich war ein Ausgestoßener und Schluß und ich konnte nichts daran ändern. Wenn keiner neben mir sitzen wollte, was konnte ich dagegen tun? Und der Lehrer brüllte und brüllte und brüllte. Es war schädlich, schädlich, weil es sehr wichtig ist, weißt du, daß dich deine Kumpel mögen, deine Geschwister und deine Kumpel. Das kann deine geistige Gesundheit völlig verändern. Und deshalb wurde ich wund.«

Er versuchte jedoch, auch Verantwortung für die Situation zu tragen, indem er sich selbst tadelte: »Ich denke, du hättest ein bißchen anders sein können. Du hättest mehr *chutzpah* haben müssen.« Einen Augenblick lang wurde er sehr ernst und lehnte sich zu mir herüber, als wollte er mir ein großes Geheimnis anvertrauen: »Ich glaube, ich bin einsiedlerisch geworden oder so, und jetzt ist es ein bißchen anstrengend, da wieder herauszukommen.« Er brach in Lachen aus.

Mit diesem neuen, einsiedlerischen David, gleichgültig und geistesabwesend, war nicht leicht umzugehen. Seine Geschwister hielten es für Arroganz, was eine logische Schlußfolgerung für Menschen war, die jahrelang mit einem Genie zusammengelebt hatten, das noch dazu in einer Familie mit fünf Kindern immer bevorzugt wurde. Obwohl zu dem Zeitpunkt alle Geschwister ein Instrument spielten (bis auf die zweijährige Louise), bekam nur David neue Kleider, wenn er wieder in einem Konzert spielte. »Ich bekam immer einen nagelneuen Anzug, und ich fühlte mich darin auch immer nagelneu«, erzählte er mir einmal und lachte. Nur David durfte vor einem Konzert zur Entspannung ein heißes Bad nehmen – ein seltener Luxus in einem Haus ohne warmes Wasser. Es war nur David, der im Haushalt keine Aufgaben übernehmen mußte. Alles, was er zu tun hatte, war »für Vater Klavier spielen«. Die Familiengeschichte will auch wissen, daß David noch nicht einmal seine Schnürsenkel binden, einen Ofen anzünden oder Brot schneiden durfte, und das nur, weil er seine Hände schützen mußte. Und jetzt gab sich der »kleine Prinz« verschlossen, ein Verhalten, das manchmal so schwer von Überheblichkeit zu unterscheiden ist.

Die Veränderung in Davids Verhalten ärgerte auch Pe-

*David und sein Freund
Boris, Ende der 50er Jahre
vor der Highgate State
School in Perth.*

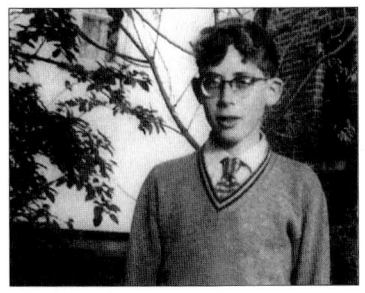

*David um 1960 vor dem Haus
der Familie Helfgott in der
Bulwer Avenue.*

*Peter Helfgott
(Mitte), Les
und Suzie
1961 vor der
Highgate
State School.*

*David, Suzie und Peter Helfgott,
um 1964.*

Im Jahre 1966, vor seinem Aufbruch nach London, gab David – hier zusammen mit dem Radiomoderator Lloyd Lawson – ein Konzert im Channel Nine Studio in Perth.

David in London, um 1967.

1969 überreicht die Königinmutter David am Royal College of Music den »Marmaduke Barton Prize« und die »Hopkinson Silver Medal«. Im Hintergrund Sir Keith Falkner.

Die Familie Helfgott 1967 (von links): Peter, Suzie (kniend), Margaret (am Piano), Louise (sitzend), Rachel und Les.

Gillian und David, 1984 in ihrem Haus in Lathlain, Perth.

David und seine Katze Rakhmaninov 1994 in Lathlain, Perth.

Dr. Chris Reynolds mit Gillian und David während ihrer Hochzeit 1984.

Das glückliche Paar zusammen mit Gillians Kindern Sue und Scott.

David in der »Treasury Lounge« des Intercontinental Hotel in Sydney, 1987.

ter. Nach allem, was er gerade mit dem Stipendium, den Medien und der jüdischen Gemeinde durchgemacht hatte, war Davids Starrsinn das letzte, was er brauchen konnte. Obwohl David nicht völlig aufhörte, mit seinem Vater zu reden, begann er, kleine Gewohnheiten, die die beiden seit Jahren geteilt hatten, zu vernachlässigen. David erinnerte sich, daß Rachel zu ihm sagte: »Hör mal, du liest ja deinem Papa gar nicht mehr vor.« Er empfand das als einen der symbolischsten Augenblicke jener Zeit.

Peter und David waren bei ihren intellektuellen Diskussionen nicht immer einer Meinung gewesen, aber nun schlich sich zusätzlich eine Art Mißtrauen in ihre Gespräche. Peters Sabotage des Stipendiums hatte Davids Respekt vor dem Vater nachhaltig erschüttert. Er schien nicht länger jedes einzelne Wort seines Vaters zu glauben oder ihn völlig respektieren zu können. Dies schockierte und ärgerte wiederum Peter, und nach und nach wurden aus den Gesprächen Streitereien. David zufolge konnten diese Streitereien sich »auf alles Mögliche« beziehen. Politik war Peters liebstes Gesprächsthema und wurde so zum Vehikel angestauter Frustrationen. »Es ging meistens um Kommunismus in Rußland oder China«, erinnerte sich David. »Wir hatten völlig verschiedene Ansichten, und Vater haßte Nikita, als Nikita an die Macht kam. Vater ist kleinlich, kleinlich. Und ich mußte weinen und weinen. Jedesmal, wenn ich für den russischen Kommunismus eintrat, setzte er sich für den chinesischen ein. Aber ich trat nicht immer für Rußland ein. Manchmal wechselte ich die Seiten. Aber für welche Seite ich auch immer war, Vater war für die andere. Reine Boshaftigkeit! Absichtlich.«

Das verstärkte natürlich in keiner Weise Davids Zuneigung zu seinem Vater. Peter merkte, daß er Davids Liebe weder mit Gunstbezeugungen noch mit Gebrüll zurückgewinnen konnte und versuchte andere Mittel, zum Beispiel Eifersucht: »Ich war der bevorzugte Sohn. Aber er spielte uns gegeneinander aus, einen gegen den anderen, wie das Römische Weltreich und das Britische Weltreich. Vater spielte mich gegen Margaret aus, Vater trickste mich aus, und es war sehr grausam von Vater, das zu tun.« Es hatte jedoch keinerlei Wirkung auf David, der einfach nicht eifersüchtig sein konnte. Er merkte nur mit nicht gerade geringer Enttäuschung und Überraschung, daß »Vater feindselig wurde. Einfach so, aus heiterem Himmel«!

Um diese Zeit entwickelte sich eine neue Routine im Hause Helfgott, etwas, dem David den Spitznamen »Haßnächte« gegeben hat. Nachdem er jahrelang versucht hatte, ihre Ursache herauszufinden, wußte er jetzt eine mehr oder weniger plausible Erklärung: »Papa war wohl frustriert, armer Papa, mit Rachel und mit der Arbeit und mit allem. Es war so, als würde er überkochen und müßte einfach explodieren oder so.« Offensichtlich fanden »diese Haßtiraden, diese Horrorsitzungen, diese Haßnächte alle drei Monate« statt. Peter kam von der Arbeit nach Hause und »stand irgendwie unter großem Druck. Der Druck, die Zwänge, die waren einfach unglaublich! Es ging einfach immer weiter. Geschrei wegen aller möglichen Sachen. Und der Vater konnte gut brüllen. Wenn man nicht gut Klavier spielte, brüllte Vater einfach, denn Gott helfe dem, der in einem jüdischen Haushalt eine schlechte Leistung bringt. Die ganze Familie war krank, und es erwischte uns alle. Ich glaube aber, daß es mich mehr erwischte als die anderen«.

Der bevorzugte Sohn wurde mehr und mehr zur bevorzugten Zielscheibe, obwohl niemand Peters schlechter Laune völlig entkam. »Wenn Margaret nicht gut spielte, o Gott! Dann wurde sie streng bestraft«, sagte David. »Der Vater war grausam in Worten und in Taten. Er war gewalttätig! Vater war auch zu Rachel sehr gemein. Vater strich immer umher wie ein wütender Löwe, und Rachel weinte immer.«

Einmal sprachen wir über Davids Eltern, und er erzählte mir noch eine Geschichte: »Stell dir vor, du wachst auf am frühen *matinata* und siehst Rachel schreiend in den Vorgarten hinauslaufen! Vor allen Leuten! Arme Rachel, sie schrie und schrie. O Mann! Und was für eine Laune Vater hatte! Das war nicht sehr nett, weißt du – was für eine Art, aufzuwachen!«

»Warum? Was war passiert?« fragte ich.

David zuckte nur mit den Schultern, und seine Entrüstung verschwand: »Ich weiß nicht. Ich las die Zeitung im Bett. Ich habe nichts gehört, weil Vater mir immer die Zeitung ans Bett brachte, er brachte mir immer die *West Australian* und die *Daily News*. Aber ich glaube, Vater sollte nicht so gemein zu Rachel sein, denn ich meine, man sollte nett zu ihr sein. Die arme alte Rachel ist durch Himmel und Hölle gegangen.«

Ich muß so überrascht ausgesehen haben, wie ich mich fühlte, also erklärte mir David: »Vater war auch ziemlich gut, er konnte sehr nett und liebevoll sein. Vater hat mich sehr geliebt, war aber gleichzeitig sehr streng. Weil Vater diesen Teufel in sich hatte und auch einen Engel, und mein ganzes Leben war das so. Papa hatte immer einen Teufel und einen Engel in sich, sein ganzes Leben lang. Es ist wie eine Dichotomie, eine Spaltung. Und ich hätte mich wehren sollen. Ich hätte sagen sollen: ›Nein, Papa, höchste Zeit, daß du jetzt aufhörst, höchste Zeit, Papa.‹ Oder: ›Hör mit dem Unsinn auf.‹ Aber ich habe es nicht getan, ich habe einfach nur aufgehört zu reden. Ich war wie eine kleine Maus, wie eine Maus.«

David hörte jedoch nicht gänzlich auf zu reden, zu dieser Zeit noch nicht. Er war ohne Freunde in der Schule und fühlte sich zunehmend von den Familienkonflikten verwirrt; so verlor er rasch seine Bezugspunkte zur Umwelt. Aber es gab eine Sache, auf die man sich verlassen konnte, und das würde immer so sein: die Musik. Ironischerweise war es Peter, der David ganz am Anfang des Klavierunterrichts gesagt hatte, daß er sogar ohne Freunde und ohne Geld wegen seiner Musik doch immer reich und niemals einsam wäre. Und so übte David weiter und vergrößerte sein Repertoire.

David spielte bei Konzerten, und die Zeitungen verfolgten weiterhin seine Fortschritte. Im September 1961 flog er nach Sydney, um im Rahmen der ›Bobby Limb Show‹ zu spielen, damals die populärste Fernsehshow des Landes. Mehr Photos von dem Jungen am Klavier, mehr Berichte, mehr Lob.

Im Oktober legte David, ohne vorher den Unterricht besuchen zu müssen, seine erste offizielle Musikprüfung ab, und mit vierzehn stellte er sein Programm für das »Außerordentliche Diplom in Musik« vor, der vorletzte Schritt zu seiner Anerkennung als Berufsmusiker. Mit einer leichten Darbietung von Bach, Mozart, Chopin und Debussy bekam er die besten Noten und gewann einen Preis als »Bester der Außerordentlichen Musikprüfung«.

Die verschiedenen Konzerte und Preise erwiesen sich als lukratives Unterfangen. In diesem Jahr konnte David 100 Pfund sparen, eine große Summe für einen Jungen seines Alters, der nie eigenes Geld besessen hatte. Und genau damit erreichten die fast täglichen Auseinandersetzungen mit Peter ihren Höhepunkt.

Gegen Ende des Jahres zogen die Helfgotts in ein größeres, aber nicht so gemütliches Haus um. Die Kinder wurden erwachsen, und die Familie brauchte mehr Platz. Obwohl Margaret inzwischen die Schule verlassen hatte und auch nicht mehr Klavier spielte, dafür aber arbeitete und die Familie mit unterstützte, war zusätzliches Geld immer willkommen. Aber da wollte David nicht mitmachen:»Ich brauchte das Geld für meine Schule, für meine Ausbildung im nächsten Jahr. Und Papa sagte: ›Ich brauche das Geld für die Familie, für das Haus‹, und das war nicht sehr fair.«

Zunächst war ich erschrocken über diese scheinbare Selbstsucht in Davids Haltung, die aber wohl auch ein Zeichen dafür war, wie weit sich David schon von seinem Vater und der Familie zurückgezogen hatte. Ich versuchte herauszufinden, ob David trotz allem Verständnis für Peters Motive gehabt hatte. »Darling«, sagte ich, »warum, glaubst du, brauchte dein Papa das Geld?«

»Man muß seine Prioritäten kennen, nicht wahr? Vielleicht dachte der Vater, daß es wichtiger wäre, Geld für das Haus zu haben als für *livres*, für Bücher, und er dachte, daß David das irgendwie überleben würde. Also nahm er das Geld weg, er ignorierte mich völlig und nahm es weg. Ich glaube, mein Vater war ein bißchen selbstsüchtig, aber eigentlich kommt keiner von uns gut aus der Sache heraus, keiner von uns.«

David holte tief Atem und beichtete: »Ich dachte, die einzige Art, wie ich mich rächen könnte, wäre ... Ich war dumm, ich war sehr dumm. Das war idiotisch von mir, ich weiß. Ich hätte weiter reden sollen, aber mir war nicht klar, daß ich mich selbst an den Haken hängte, als ich nicht mehr mit Vater redete. So war das.«

Also hatte sich David doch nicht allmählich zurückgezogen. Aber diese besondere Bildlichkeit war mir immer noch ein Rätsel. »Aber Liebling, meinst du ...?« fing ich an, aber wie immer war es etwas, daß David sich schon selbst oft gefragt haben mußte: »Wie man sich an den Haken hängt, wenn man nicht mit dem Vater spricht? Das ist ein ziemliches Rätsel. Vielleicht hat die Bestrafung mich an den Haken gehängt. Die Bestrafung war so streng, so streng.«

Ich schluckte. »Was für eine Bestrafung, Schatz?«

12. KAPITEL

Auf den Punkt gebracht

In den ersten Wochen des Jahres 1962 hörte David wirklich ganz allmählich auf, mit Peter zu sprechen. Abgesehen von den allernotwendigsten Äußerungen schottete David sich vollkommen ab. Die wenigen Gespräche, die sie noch führten, drehten sich hauptsächlich darum, einen neuen Musiklehrer für David zu finden. Frank Arndt konnte seine Arbeit aus persönlichen Gründen nicht länger fortsetzen, und in Davids Leben schien sich alles zu ändern. Er setzte seinen Unterricht mit Stephen Dorman fort, und obwohl er neue Stücke lernte, wie Liszts *Konzert Nr. 1*, sind seine Erinnerungen an diese Stunden eher vage. Der »Nebel« hatte sich zu dieser Zeit bereits erheblich verdichtet, und nur die dramatischsten Ereignisse jener Zeit blieben für immer in seine Erinnerung gemeißelt.

Für David wird sein gesamtes sechzehntes Lebensjahr nur durch ein einziges Ereignis geprägt – die »Bestrafung« durch den Vater – die mit Davids Worten, »den Schaden vergrößerte, denn Vater wußte nicht, daß ich bereits geschädigt war«.

In dem Ablauf seiner mentalen »Veränderung« hat David dieses eine Ereignis bereits als den »Wendepunkt« oder »den Abend der Tragödie« bezeichnet. Bevor er mir diesen Abend eindringlich schilderte, versicherte er mir, daß es nicht nur für ihn unangenehm gewesen sei. »Die ganze Familie war in Aufruhr, sie alle litten. An diesem Abend herrschte im ganzen Haus Chaos. Ich saß in der Badewanne, Dad war noch bei der Arbeit ...« Es war ein für David typischer Beginn, aber ich wußte, daß ich alles verstehen würde – jetzt, in einer Minute, oder vielleicht erst in einem Jahr.

»In Dad hatte es schon die ganze Zeit gebrodelt und gekocht, lange schon, tagelang, weil sein Prinz nicht mehr mit ihm redete. Als ich ihn nach Hause kommen hörte, hörte wie er die Tür zuknallte, da wußte ich, es würde Ärger geben. Unablässig brüllte er.«

Davids Augen, die sonst meistens halb geschlossen waren, standen nun weit offen. Es schien, als lasse er die Ereignisse des Abends wie einen Film vor sich ablaufen. Die Erinnerungen waren so deutlich, daß er schauderte. »Ich hatte eine Todesangst ... aber ich kann mich an diesen Abend nicht richtig erinnern, ich habe zu große Angst, mich daran zu erinnern.«

Er schluckte und fuhr fort: »Er muß ins Badezimmer gekommen sein. Er schrie nur. Er brüllte und brüllte und brüllte! Er warf mit Dingen um sich und schrie, es war das vollkommene Chaos! Ich weiß gar nicht genau, was er brüllte. Irgend so etwas wie ›Du wirst in der Gosse landen‹ oder so. Wir fuchtelten beide mit Stühlen herum.« Während er das sagte, hielt David seine Hände schützend vors Gesicht, als schwebe noch immer ein Stuhl über ihm.

»Aber ich habe ihn nicht angegriffen. Ich wollte nur vermeiden, daß er mich mit dem Stuhl schlägt. Ich wollte mich nur verteidigen. Das Komische daran ist, daß ich mich danach wieder mit ihm unterhalten habe, bei dem Konzertwettbewerb.«

David wandte sich mir zu, als müsse er mir die einfachste Sache der Welt erklären. Seine Stimme wurde für einen Augenblick etwas ruhiger, und er fuhr fort: »Ich mußte an diesem Abend ja noch spielen, den Liszt, verstehst du? An diesem Abend fand ja der Wettbewerb statt, und Margaret sagte, daß sie die Polizei holen würde, weil ...«

Plötzlich schossen David Tränen in die Augen, und er konnte kaum weitersprechen. »Dad schloß die Tür ab, die Haustür. Er sagte: ›Du wirst nicht zu diesem Wettbewerb gehen, und wenn ich alle Türen abschließen muß.‹ Er war außer sich vor Zorn ... Vater war so zornig, er sagte ... sein Prinz ... ach, egal ... es ist eben geschehen ... kommt in den besten Familien vor ...« David erstickte fast an seinen Worten, während ihm die Tränen übers Gesicht liefen.

Ich versuchte, das Positive zu betonen: »Darling, war das nicht toll von Margaret? Sie hat sich für dich eingesetzt!« Das schien ihn etwas zu beruhigen.

»Margaret war großartig, sie war großartig! Margaret

war super! Sie sah mir in *les yeux* und sagte: ›Wenn Dad wirklich die Haustür abschließt, dann hole ich die Polizei ...‹«

»Ich finde es bewundernswert, daß Margaret das getan hat!«

»Es war wunderbar, ich weiß.« David kämpfte erneut mit den Tränen. »Ja, ja, ich bin dankbar, sehr dankbar«, flüsterte er und lächelte plötzlich. »Ich freue mich, bin voller Freude, *joyeux, parce que* Margaret für mich an diesem Abend so wunderbar eingetreten ist. Jedenfalls war das ganze eine einzige *Schande*. So nimmt jemand Schaden. Der Vater war außer sich, und ich war verdammt, ich war verdammt.«

Zu diesem Zeitpunkt war auch ich längst in Tränen aufgelöst, so daß es nun David war, der mich tröstete. »Aber dann beruhigte sich alles. Wir zogen uns beide um und nahmen ein Taxi zum Capitol Theatre.«

»Und du hast trotz allem wunderbar gespielt.« Ich bemühte mich, fröhlich zu klingen.

»Und trotz allem habe ich gewonnen. Nach all dem! Stell dir vor!«

»Du hast gewonnen?« Ungläubig sah ich ihn an, während David in ein tosendes Gelächter ausbrach. »Du bist ein Star!« sagte ich. »Ein unglaublicher Star!« Ich drückte ihn an mich, aber als sein hemmungsloses Lachen verebbte, merkte ich, daß er haltlos schluchzte.

»Ich weiß«, flüsterte er weinend.

David weinte sehr schnell – und hörte genau so schnell wieder damit auf. Kurz darauf lächelte er mich schniefend an. »Egal, ich mag es ... mag es, wenn die hier laufen!« meinte er und deutete auf seine Augen. »Denn ich glaube, dann kann man besser lächeln! Man lächelt besser, wenn die Träne läuft.«

Auf den »Abend der Tragödie« reagierte David jedoch nicht mit Gelächter und Tränen, sondern nur mit Schmerz. Obwohl er das State-Finale gewonnen hatte, wurde er nicht für das nationale Finale ausgewählt, ein weiterer Schlag. Die Anspannung jenes Abends beschädigte Davids bereits äußerst zerbrechlichen mentalen Zustand noch mehr, und ein neues Symptom zeigte sich: »Der Haken.«

»Ich hatte eigentlich gar keine Jugend, ich hab' sie einfach verpaßt. Ich versuche noch immer, sie nachzuholen. Ich habe eine Menge nachzuholen.« Das sagte David des öfteren, wenn er seine pubertären Tendenzen erklären wollte. Dabei lachte er meistens. Aber manchmal sprach er auch sehr ernsthaft über sein emotionales Level. »Ich bin auf dem Niveau eines Fünfzehnjährigen am Haken hängengeblieben. Das brachte den Schaden auf den Punkt, als sich der Haken in mir versenkte.«

»Was ist der ›Haken‹, David?«

»Nun, es ist ein Wundsein, eine Art Wundsein in *le yeux*. Ich konnte es fühlen. Irgendwie schien es, als sei der Schaden in meine *le yeux*, meine Augen, übergegangen«, sagte David und berührte mit der linken Hand sanft die äußere Ecke seines linken Augenlids, eine Geste, die im Laufe der Jahre zu einem ›Markenzeichen‹ geworden ist. Es gibt eine ganze Reihe von Publicity-Photos, die zeigen, wie er sanft über seinen *Schaden* streicht.

»Aber es hat mich eigentlich gar nicht so sehr deprimiert«, fuhr er fort. »Das war das Komische. Als ich es fühlte, war ich sogar ziemlich entspannt. Aber ich konnte das Klavier nicht mehr hören.«

»Wieso konntest du das Klavier nicht mehr hören?«

»Weil mein Auge wund war. Alles konzentrierte sich auf das.« David berührte sein Auge. »Es war eine andere Art Schaden. Ein kleiner Punkt. Er war nicht direkt in *les yeux*, er war in der Ecke, an dieser Stelle hier. Es ist einfach geschehen.«

David wurde ernst. »Es dauert lange, bis so etwas entsteht, und es dauert lange, bis es wieder heilt«, fuhr er mit einem bitteren Lächeln fort. »Es wurde alles schlimmer, die ganze Konstellation. Alles kam zusammen, wie bei einer Konfektmischung. Es hat nicht weh getan, aber es war ein Wundsein im emotionalen Sinn.«

Als bewundere er sein Leiden in gewisser Weise, erklärte er weiter: »Es ist ein Geheimnis. Es ist sehr ungewöhnlich und selten. Natürlich habe ich mein ganzes Leben damit verbracht, es zu ignorieren. Ich habe es niemals akzeptiert, weil ich immer so tat, als sei alles gar nicht so wund. Es war nicht schwer, denn wenn man sich ein bißchen wund fühlt, dann ist man weniger erregt, weniger *agitato*.«

Sehr ungewöhnlich und sehr selten, in der Tat. Mit fünfzehn konnte Davids Herz den Schmerz nicht mehr ertragen, und seine Psyche versetzte seine Furcht in einen kleine, schmerzenden Punkt in der Ecke seines Augenlids. Daß er sich von der Welt abschottete und sich in den »Nebel« hüllte, sich ganz auf das »Wundsein«, auf den Schaden in le yeux konzentrierte, hatte zweierlei Folgen: es schützte ihn vor weiterem emotionalem Schmerz und hinderte ihn gleichzeitig an jeglicher emotionaler Entwicklung. An diesem »Haken« hing er wirklich wie ein Fisch, gefangen im Alter von fünfzehn Jahren.

Der kleine schmerzende Punkt kam und ging. Aber mit achtzehn hatte er sich dauerhaft festgesetzt und machte ihn ständig auf seine Existenz aufmerksam. Indem er ihn »dommage« nannte, was auf französisch »Schaden« bedeutet, benannte und kommentierte David seine eigene Krankheit.

Doch im Grunde tat David mit fünfzehn noch immer so, als sei alles in Ordnung und spielte weiter Klavier. Solange er so großartig spielte, schien alles andere egal. Aber als sich sein Spiel unmittelbar nach dem ABC-Wettbewerb auf geradezu dramatische Weise verschlechterte – selbst ein solch ergebener Fürsprecher wie James Penberthy konnte nicht umhin, in seiner Kritik an Davids Aufführung des Ravel-Konzerts im Juli ʼ62 darauf hinzuweisen – bildete sich die Meinung heraus, daß er einen besseren Lehrer brauchte, der in der Lage wäre, ihn zu führen.

Bei einem Empfang für einen berühmten Musiker in den ABC-Studios wurde David mit Madame Alice Carrard bekannt gemacht, die, mit den Worten Davids, »wie Mae West zu mir sagte: ›Komm doch mal bei mir vorbei‹.« Madame Alice war fünfzig Jahre älter als David, und da er hohen Respekt vor ihrer musikalischen Erfahrung hatte, nahm er das Angebot dankbar an. Peter hatte nichts dagegen. Ohne Zweifel fühlte er sich geschmeichelt.

Madame Alice war gebürtige Ungarin und hatte als Schülerin Bela Bartoks an der Liszt-Musikakademie in Budapest studiert. Sie war eine der großen Gestalten der Musikszene von Perth, und David wollte sich von ihr seinen großen Traum erfüllen lassen und in die Geheimnisse von Rachmaninows drittem Konzert eindringen. Darüber hinaus sollte David mit Madame Alices Hilfe noch andere Werke seinem Repertoire hinzufügen, so Beethovens *Waldstein*-Sonate, Liszts *Sonate in B-Moll* und Mussorgskijs *Bilder einer Ausstellung*. Außerdem bereitete er sich für die letzte offizielle Prüfung vor, den Licentiate of Music. Die Erweiterung seines Repertoires und das Kennenlernen vieler neuer Ideen und Techniken führte dazu, daß David über ein Jahr keine öffentlichen Konzerte mehr gab oder an Wettbewerben teilnahm. Erst im Juni '64 sollte er wieder vor Publikum auftreten.

David führte damals ein recht angenehmes Leben. Von der komplexen Struktur seiner eigenen Gedankenwelt geschützt, fühlte er sich mit der Welt in Frieden, natürlich abgesehen davon, daß er »taub« war. »Es war, als hätte ich singende Sandkuchen im Kopf«, sagte er einmal zu mir und hielt sich dabei die Hände an die Ohren.

Als David wieder ins Licht der Öffentlichkeit trat, tat er es mit einer spektakulären Aufführung des ersten Satzes seines geliebten ›Rach 3‹ beim ABC-Wettbewerb. Dieses monumentale Werk, das für einen Siebzehnjährigen fast nicht zu bewältigen schien, strömte einfach aus ihm heraus. Er spielte, als sei er besessen, und auch wenn er sich selbst als »taub« bezeichnete, so hörte er doch jede einzelne Note ganz genau und fand zu einer Leistung, die ihm bis dahin selbst unbekannt geblieben war. Der erste Platz war ihm sicher, und er wurde dafür ausgewählt, im großen Finale zu spielen. Sally Trethowan, eine Musikkritikerin aus Perth, schrieb: »Unter seinen talentierten Händen explodierte dieses Stück wie ein musikalisches Feuerwerk, das dem zahlreich erschienenen Publikum enthusiastischen und lang anhaltenden Applaus entlockte.« Eines der Jurymitglieder, Frank Hutchinson, sagte: »Eine Aufführung voller Magie, Erregung, Farbe und Beständigkeit.« In Davids Einschätzung war das Ganze ein einziger »Triumph«.

Aber an diesem Abend geschah noch etwas anderes ungewöhnliches und besonderes: »Dad gab mir einen *potchnagoola*«, erinnerte sich David. »An diesem Abend, als ich das Rachmaninow-Stück so gut gespielt habe, hat Vater mir einen Kuß gegeben. Also war es alles gar nicht so tragisch. Ich glaube, es war das einzige Mal, daß er mir überhaupt einen *potchnagoola* gegeben hat. Es war sehr selten, sehr selten. Diese seltenen Momente mußte man hegen.« Es scheint, als seien doch dann und wann Strahlen des Glücks durch den »Nebel« gedrungen.

Drei Wochen später, am 4. Juli, probte David in Melbourne mit dem Victorian Symphony Orchestra. Anschließend meinte der Dirigent, Henry Krips: »Wenn du heute abend genau so spielst, David, wirst du gewinnen.« Aber es sollte nicht so kommen. »Ich war noch nicht bereit«, erinnerte sich David. »Es war ein Desaster. Triumph verwandelte sich in Tragödie. Als ›Wollte-wenn-ich-könnte‹ gewann, sagte ich zu ihm ›es ist eine Hetzjagd‹ … aber es war natürlich keine Schande, gegen die Besten zu verlieren.«

Offiziell sprach allerdings niemand von einem »Desaster«, denn David spielte ausgesprochen gut und verlor nur mit einem halben Punkt gegen Roger Woodward, den

David im Scherz mit dem Beinamen »Wollte-wenn-ich-könnte« versehen hätte. Unter der Überschrift »Fragwürdige Entscheidung« nannte der Melbourner Musikkritiker Adrian Rawlins in *Age* die Plazierungen des Richters Andre Cluytens »zweifelhaft«. Er schrieb, bei seiner Entscheidung, Woodward den ersten Preis zu verleihen, und zwar für eine »ausnehmend technische Interpretation von Prokofieffs Konzert Nr. 3« sei »er schlecht beraten: das Werk wurde effektvoll und angenehm gespielt, aber es ist keineswegs ein Test reifen musikalischen Könnens«.

David dagegen habe »das weitaus komplexere und alles abverlangende Rachmaninow-Konzert in d-Moll« gespielt, »mit großer Sensibilität und einem tiefen Verständnis. Es ist ein schwierigeres Werk, das größere Ansprüche an das musikalische Einfühlungsvermögen stellt, dabei jedoch auch hohes technisches Können verlangt – wenn auch von der weniger auffälligen Weise. Es wäre angemessener gewesen, Helfgott den Preis zu verleihen.« Doch wenn man bedenkt, wie knapp die Entscheidung war, so hatte es sich Cluytens mit seinem Urteilsspruch sicher nicht leicht gemacht. Für Woodward, der ohne Zweifel ein äußerst begabter Pianist ist, begann mit diesem Sieg eine großartige Karriere.

David hatte allerdings noch einen anderen Grund gefunden, warum er seiner Meinung nach nicht gut genug gespielt und folgerichtig verloren hatte. Er war in Melbourne mit Rachel und seiner Mutter einkaufen gegangen, und die beiden Frauen hatten ihn vor einem Geschäft in der Kälte stehen und warten lassen. Im Juli fegt ein eisiger Wind durch die Stadt, der geradewegs aus der Antarktis zu kommen scheint. »Stell dir vor, vor einer Aufführung«, sagte er immer wieder, als habe er die »Nachlässigkeit« seiner Mutter nie vergessen können. Meistens fügte er hinzu: »Vater hätte das niemals zugelassen. Vater hätte darauf geachtet, daß ich mich ausruhe und mein *mangare* habe. Ich hätte meine Lammsteaks bekommen, und man hätte sich um mich gekümmert.« Es dauerte Jahre, bis ich den Mut aufbrachte, ihm zu sagen, daß er sich in dieser Einschätzung möglicherweise irrte.

Davids Onkel Johnny Granek, bei dem sie in Melbourne wohnten, liebte seinen Enkel über alles. David erinnerte sich nach der Niederlage: »Johnno war sehr nett. Er lud mich in eine Milchbar ein, tröstete mich und sagte: ›Du kannst hier bei uns in Melbourne bleiben, und wir kümmern uns um dich. Ich kümmere mich um dich. Mach dir keine Sorgen.‹ Johnny bot David tatsächlich an, bei ihm und seiner Frau zu wohnen. Er sollte auf dem Melbourne Conservatorium of Music studieren, unter dem großen russischen Lehrer Jasha Spivakovsky. Die Graneks wollten ihn unterstützen.

Als David nach Perth zurückkehrte und Peter von Johnnys Angebot erzählte, fiel dessen Reaktion wenig überraschend aus: »›Der hat Nerven! Diese Chuzpe!‹ sagte er. Vater sagte alle möglichen gemeinen Dinge über die Verwandten in Melbourne, weil sie Geld hatten und er keins. Er war eifersüchtig.« Schon wieder »reiche Juden«, die ihm seinen Sohn stehlen wollten. Würde das jemals aufhören? Das hatte Peter wirklich nicht verdient, schließlich hatte er für David getan, was er konnte.

Alle möglichen Kräfte waren gegen ihn, doch schon bald sollte sich David endlich befreien.

13. KAPITEL

Mentoren

Kurz nach der »Tragödie« in Melbourne verließ David die Schule ohne Abschluß. Das geschah angeblich deshalb, weil er sich ganz auf seine Musik konzentrieren wollte, was er auch tat. Oft begann er schon am frühen Morgen mit dem Üben und spielte fast den ganzen Tag lang. Manchmal besuchte er auch Musikvorlesungen an der University of Western Australia, auf besondere Einladung von Professor Frank Callaway und anderen Lehrern, die an sein Talent glaubten.

»Es gab natürlich noch einen anderen Grund, warum ich nicht mehr zu Schule ging«, gab David irgendwann zu, nachdem er sich jahrelang an die Version seiner Familie gehalten hatte, daß es nur um der Musik willen geschehen sei. »Es passierte, weil ich so *wund* war.«

Obwohl er immer weniger mit den Dingen zurechtkam, die nicht direkt mit dem Klavier zu tun hatten, gelang es ihm, den äußeren Schein zu wahren, und so gab er auch weiterhin Konzerte. Er bestand auch sein Licentiate of Music, aber mit für seinen Geschmack viel zu schlechten Noten. Noch ein Jahr später bezeichnete er sie in einem Brief an Professor Callaway als »schändlich«. Allerdings vergaß er zu erwähnen, daß er die beste Note seines Jahrgangs bekommen und erneut einen Preis gewonnen hatte.

Da noch immer im Gespräch war, David Musik studieren zu lassen, riet man ihm, wieder zur Schule zu gehen und seinen Abschluß zu machen. Er folgte diesem Rat und besuchte vom Februar '65 an das Leaderville Technical College. Irgendwie brachte er auch noch den Mut auf, sich im Mai erneut dem ABC-Konzertwettbewerb zu stellen. Als ich bemerkte, daß dies eine sehr tapfere Entscheidung von ihm gewesen sei – angesichts all dessen, was geschehen war –, konnte David meine Reaktion überhaupt nicht nachvollziehen. »Warum nicht? Die Sache war doch die – wenn du gewinnst, darfst du nicht mehr mitmachen. Aber wenn man nur ins große Finale kommt, dann darf man beim nächsten Mal wieder dabeisein. Und der arme ›Wollte-wenn-ich-könnte‹ mußte bis nach Polen, um sein Publikum im Sturm zu erobern, mußte in die Carnegie Hall, um dort die Welt in Flammen zu setzen. Aber ich bin immerhin bis ins große Finale gekommen. Wenn man dann nicht gewinnt, ist es nicht so schlimm. Es ist wie bei den Olympischen Spielen. Es geht um den Versuch und ums Kämpfen.«

Zu dieser Zeit schrieb David in einem Brief an Professor Callaway: »Ein großer Teil meiner musikalischen Entwicklung ist mit dem Konzertwettbewerb verbunden. Durch ihn habe ich eine Reihe von Chancen erhalten, die ich sonst nicht bekommen hätte.«

Die Tatsache, daß *Rach 3* beim letzten Wettbewerb ein zur Tragödie gewordener Triumph gewesen war, konnte David in seinem Enthusiasmus für das Leben – geschädigt oder nicht, »taub« oder nicht »taub« – nicht davon abhalten, den Versuch zu unternehmen, die Tragödie wieder in einen Triumph zurückzuverwandeln. Was er damals nicht wußte: Die Dichotomie zwischen diesen beiden Extremen sollte in den nächsten zwanzig Jahren sein Leben bestimmen, genauso wie die beiden Motive des Kämpfens und des Versuchens. Und dabei sollte er seinen Optimismus in der Tat brauchen.

Für den Augenblick jedoch stand erst einmal der erste Satz von Tschaikowskys großem Konzert Nr. 1 auf der Tagesordnung. David gewann das State-Finale mit Leichtigkeit und wurde für das nationale Finale ausgewählt. Zwei Tage nach diesem Finale, am 30. Mai 1965, schrieb James Penberthy, der sich stets für David einsetzte, einen Artikel in der *Sunday Times*, der einer kaum verhüllten Aufforderung an diejenigen gleichkam, in deren Händen Davids Zukunft lag.

»Es ist an der Zeit«, begann er, »daß die maßgeblichen musikalischen Kreise in Perth endlich damit beginnen, die musikalischen Verdienste des jungen Pianisten David Helfgott anzuerkennen. Seit er 1965 die Bühne betrat, um Ravel zu spielen – bis zum Tschaikowsky-Konzert am Freitagabend anläßlich des Konzert- und Vokalfinales 1965 – habe ich stets an sein seltenes Talent geglaubt. Der junge Helfgott ist, und war es immer, ein großer Pianist.«

Penberthy schrieb über Davids Aufführung des Tschaikowsky-Konzerts » ...der erste Satz erreichte den Standard eines Konzertpianisten. Er machte mehr Fehler als gewöhnlich, aber seine Interpretation, seine Sensibilität und sein Können standen dem manch bekannter Musiker in nichts nach«.

Penberthys Artikel endete mit den Worten: »Wie sieht Helfgotts Zukunft aus? Er scheint in guten Händen zu sein. Sollen seine jetzigen Mentoren die Entscheidungen treffen. Eines ist sicher: Es dürfte nicht allzu schwer werden, Unterstützung zu finden, sollte sie nötig sein. Ein Pianist wird, so scheint's, von allen geliebt, und dieser Pianist hat eine ganz besondere Ausstrahlung.«

Penbethys Botschaft wurde gehört. Die »jetzigen Mentoren«, darunter Frank Callaway, waren der Meinung, daß es tatsächlich an der Zeit wäre, sich zu fragen, wie Davids Zukunft denn aussehen sollte, falls er nicht in Übersee studieren würde. Da David mittlerweile achtzehn war, sollte er bei der Diskussion über seine Karriere auch ein Wort mitreden können. »Etwas mußte getan werden«, sagte David. »Denn sie dachten, ein wirklich guter Pianist, nun, der verdient es, der verdient es wirklich, die beste Ausbildung zu bekommen, von einem wunderbaren Professor, damit er noch besser wird.«

Schließlich beschloß man, beim Music Council of Western Australia ein Stipendium zu beantragen, mit dem Davids Ausgaben für ein Studium in Übersee teilweise gedeckt werden könnten. David erhielt dieses Stipendium fast umgehend, 500 Pfund im Jahr » ...gedacht für die Lebenshaltungskosten und die Studiengebühren für ein Seminar an einer vom Council akzeptierten Universität in Übersee«. Die Bedingungen, die an das Stipendium geknüpft waren, besagten weiterhin, daß es für ein weiteres Jahr oder Jahre verlängert werden konnte, falls das Council in Davids erstem Studienjahr »von der ausländischen Institution zufriedenstellende Berichte erhält«.

Bei dem Vorsitzenden des Music Council handelte es sich um niemand anderen als Professor Callaway, der damals gerade von einem befreundeten Kollegen, Professor Fred Alexander, abgelöst worden war. Bei einem Gespräch mit David – »wir fanden eine Art Kompromiß, beredeten dieses und jenes. Es war einfach ein nettes Gespräch« – beschlossen die Professoren, daß die beste Institution für den Jungen das Royal College of Music in London wäre.

»Es war meine Idee, Vater war dagegen«, erinnerte sich David, aber dann gab er zu: »Frankie-Boy hat geholfen. Eigentlich war es mehr Frankie-Boys Idee als meine, aber natürlich habe ich zugestimmt.« David zweifelte nicht an der Richtigkeit des Plans, und er sollte »Frankie-Boy« sein Leben lang dankbar dafür sein. Wenn er vom ihm spricht, dann nur voller Ehrfurcht und Liebe.

All diese großen Pläne wurden zu dem Zeitpunkt geschmiedet, als das nationale Finale des ABC-Konzertwettbewerbs anstand, an dem David ja auch teilnahm. Er flog nach Adelaide, um den »Tschaik« mit dem South Australian Symphony Orchestra zu proben. John Hopkins, der Dirigent, war auch unter den Preisrichtern, aber obwohl er viel von Davids Talent und Fähigkeiten hielt, gewann David auch dieses Mal nicht.

Diesmal jedoch suchte er die Verantwortung für die Niederlage bei sich selbst. »Ich war zu schnell, also habe ich mich selbst erledigt, indem ich das Tempo verändert habe«, gab er zu. »Ein halsbrecherisches Tempo war das, in Adelaide. Und das sollte man natürlich nicht, weil man mit dem Orchester zusammenspielen muß. Man darf nicht vorpreschen, man muß beim Orchester bleiben.« Aber da er mit den Gedanken schon ganz bei dem bevorstehenden Aufenthalt in London war, schmerzte ihn diese Niederlage nicht allzu sehr. »Als ich die Gelegenheit bekam, nach London zu gehen, fühlte mich sehr privilegiert. Ich habe mich auch gefreut, wegzukommen, denn Vater übte einen unglaublichen Druck auf mich aus.«

David sah sich zu Hause immer größeren Schwierigkeiten ausgesetzt. Peter lehnte es demonstrativ ab, daß David irgendwohin gehen sollte – schon wieder diese einflußreichen Leute, die sich in das Leben seines Sohnes einmischten – und wurde immer gereizter. Selbst Margaret »hatte sich verändert und trat nicht mehr für mich ein« erinnerte sich David. Bis heute kann er nicht verstehen, warum sie ihre Haltung änderte. Daß er die Liebe und den Schutz der älteren Schwester verloren zu haben glaubte, trieb einen weiteren Keil zwischen den sich immer weiter zurückziehenden David und seine Familie.

Es gab jedoch keine Alternative. David mußte sich auf die Hilfe seiner Mentoren verlassen, die ihm nicht nur den Zugang zu einer der renommiertesten Musikschulen der Welt verschafften – und ihn auch noch finanzierten –, sondern auch dafür sorgten, daß er dort bei dem hochgeschätzten Cyril Smith studieren durfte. »Sie dachten, Smith sei der Richtige für mich, sie dachten, er sei ein sehr guter Pianist. Und Frankie-Boy kam extra mit nach London«, erinnerte sich David voller Freude.

Während seines Aufenthalts in London im September 1965 sprach Professor Callaway mit Keith Falkner, dem Direktor des Royal College of Music über die Möglichkeit, David bei Cyril Smith studieren zu lassen und über andere Dinge, die mit seiner Aufnahme zusammenhingen. David selbst mußte kaum Verantwortung in dieser Sache übernehmen, und das war vielleicht auch gut so. Peter hatte seinen Sohn nie ermutigt, Verantwortung zu tragen – eher im Gegenteil – und so war aus David ein junger Mann geworden, der mit Fragen wie der seines zukünftigen Studiums, wie auch mit den meisten anderen, völlig überfordert gewesen wäre.

Doch Davids Mentoren an der Universität waren nicht die einzigen Menschen, auf die er sich verlassen konnte. Damals begann eine Freundschaft mit einer einzigartigen Frau. Als sie einander kennenlernten, war Katharine Susannah Pritchard 81, während David gerade 18 geworden war. Trotzdem erkannte jeder von den beiden in dem anderen etwas Besonderes.

David sah diese Frau, die er stets KSP nannte, zum erstenmal bei »diesem anglo-sowjetischen Treffen. Sie trug dieses lange, wallende Kleid. Das arme Ding, sie war gerade furchtbar krank gewesen.« Da David in der ›kommunistischen‹ Gemeinde Perths aufgewachsen war, hatte er schon auf mehreren Veranstaltungen gespielt. Dieses Mal »wollten sie mich in die Sowjetunion schicken, weil ich dort studieren sollte«. Offenbar muß es mehrere Versuche gegeben haben, diese Reise wirklich in die Wege zu leiten, selbst von jenen, von denen Peter erwartet hätte, daß sie es besser wußten.

KSP erholte sich gerade von einem äußerst schweren Schlaganfall und war aus Greenmount in den Hügeln hinter Perth in die Stadt gekommen. Die berühmte – oder auch berüchtigte, je nachdem mit wem man über sie sprach – Autorin und sozialengagierte Aktivistin liebte die Musik, und sie fühlte sich von Davids künstlerischem Zauber sofort angezogen.

KSP hatte ein aufregendes Leben hinter sich, in dem Kämpfe und Tragödien eine große Rolle gespielt hatten. Durch eine bizarre Laune des Schicksals begingen einige der Männer, die in ihrem Leben für sie wichtig waren, Selbstmord, darunter ihr Vater und ihr Ehemann, Hugo Throssell, ein australischer Soldat, der für seine Tapferkeit im Ersten Weltkrieg mit dem Victoria-Kreuz ausgezeichnet worden war.

Sie interessierte sich besonders für soziale Themen und glaubte fest an die Ideen des Sozialismus. Auch mit der Sache der Aborigines fühlte sie sich solidarisch; außerdem war sie überzeugte Anti-Faschistin und wurde 1943 Mitglied des Kommunistischen Zentralkomitees. Aufgrund ihrer allseits bekannten politischen Überzeugung sah sie sich und ihre Arbeit immer wieder Verleumdungen und

Repressionen ausgesetzt, auch von den Behörden, die sich vor der ›roten Gefahr‹ fürchteten. Dennoch hörte sie nie auf zu schreiben und gegen jede Form der Ungerechtigkeit zu kämpfen, was dazu führte, daß sie das siebte australische Mitglied der Weltfriedenskonferenz wurde. Einen großen Teil ihrer Einkünfte als Autorin spendete sie großzügig für die verschiedensten Zwecke. Sie selbst lebte fast primitiv in einem winzigen, verfallenen Cottage, mitten in der Natur. In diesem Haus lernte David sie kennen und lieben.

David erinnert sich, daß ihre Freundschaft zu Teil auch deshalb zustande kam, weil KSP bei ihrem ersten Treffen mit Peter sehr beeindruckt war. »Wir gingen zu ihr«, sagte David, »und Vater sagte zu ihr: ›Ach, wenn ich seine Möglichkeiten gehabt hätte, wäre ich die Nummer eins geworden, der beste in jenem und der beste in diesem.‹« KSP hörte aufmerksam zu. Später sagte sie zu mir: »Du mußt deinem armen Vater sehr dankbar sein, denn er hat sich für dich aufgeopfert. Er hat dich am Leben erhalten; sei dankbar.« Von diesem Tag an brachte David nie mehr den Mut auf, KSPs Bild von seinem Vater zu korrigieren. In ihren Augen war Peter »der einfache Mann«, der alles getan hatte, um seinen Kindern das Beste zu geben.

Doch abgesehen davon entwickelte sich zwischen David und KSP eine tiefe Freundschaft, die ihm viel bedeutete. Jeden Freitag stieg er in den Zug nach Greenmount und verbrachte den Abend mit ihr. Diese Treffen wurden zu einem Ritual, das David »KSP-Kaddisch« nannte.

»Ich durfte immer gehen«, erinnerte sich David leicht amüsiert. »Komisch eigentlich. Selbst Mrs. Luber spannten sie mir aus, aber zu KSP ließen sie mich immer.«

David zögerte und dachte darüber nach, welcher seltsamer Logik er es zu verdanken hatte, daß ihm nie verboten wurde, KSP zu besuchen, während ihm der Umgang mit Mrs. Luber-Smith, der Präsidentin des Rates jüdischer Frauen von Perth, untersagt wurde. Nach kurzer Zeit erschien ein zynisches Lächeln auf seinem Gesicht, und er meinte: »Weißt du was? All meine mächtigen Freunde ließen mich immer deshalb zu KSP gehen, weil sie sich durch sie nicht bedroht fühlten. Es kümmerte keinen, ob ich KSP besuchte.«

David kam das gerade recht, denn »KSP war wunderbar« wie er immer sagte. »Sie war sehr verständnisvoll, sehr sanft, freundlich und still, ich durfte sogar bei ihr rauchen. Wir lasen zusammen. Wenn die Sonne unterging, führten wir wunderbare Gespräche über französische Autoren wie Gide, während im Kamin ein Feuer brannte. Sie hatte auch eine zahme Elster namens Caruso. Ist das nicht herrlich?« David seufzte wehmütig. »Wir lasen die Cantos aus der Göttlichen Komödie, eine Tragikomödie, und in gewisser Weise war es schon tragisch, denn ich hatte ja diese Wunde.« David deutete auf seine *dommage* und kicherte verschmitzt.

Aber hauptsächlich spielte David für KSP, stundenlang. »Sie liebte Chopin. Ich habe viel Chopin gespielt. Sie hielt mein Spiel für sehr gut. Die *Appassionata* habe ich auch gespielt. Es erinnerte sie an Hugo, den Kriegshelden aus dem Ersten Weltkrieg. Er war wohl wie ein Singvogel … er brachte sich um, als sie in der Sowjetunion war. Sie sagte, sie sei nie darüber hinweggekommen, hätte es nie verstanden, aber sie würde trotzdem weiterschreiben und sei froh, überlebt zu haben.«

Trotzdem verfiel sie immer wieder in große Traurigkeit, und dann war es nicht nur Davids Klavierspiel, sondern auch er selbst, der sie trösten konnte. »KSP sagte: ›Ach, ich schaue gar nicht mehr in den Spiegel. So geht es jedem von uns‹, und dann sagte sie zu sich selber, ›sei doch nicht albern, KSP, sei doch nicht albern‹.

»Manchmal spielte sie mir vor, sie sei ein hübsches junges Ding«, fuhr David nach einer Pause fort und grinste etwas verschämt. »Es gefiel ihr, daß ich freundlich war, nett, hübsch. Ich war hübsch damals. Einmal kam sie und gab mir einen *potchnagoola* auf die Lippen und fing an, von Liebe zu sprechen, aber nur einmal. Sie sagte, daß ich ihr sehr viel bedeutete. Ich glaube, ich hatte es ihr angetan, auf eine nette, liebevolle Weise, und ich bin sehr stolz darauf.« David seufzte nachdenklich. »War das eines der schönsten Dinge, die mir in meinem Leben passiert sind? Jedenfalls war es eine große Ehre, eine große Ehre.«

Manchmal geschah es an diesen Freitagabenden, daß David und KSP sich so in ihre Gespräche vertieften, daß sie darüber die Zeit vergaßen und David den letzten Zug verpaßte. Dennoch verließ er Greenmount stets und lief die ganzen zwanzig Kilometer zu Fuß nach Hause. »Das war doch ein gutes Training, oder?« meinte David dazu.

Als er mir jedoch ein anderes Mal von KSP erzählte, stellte er die Sache etwas anders da. »Na ja, eigentlich hätte ich bleiben sollen, nicht wahr? Aber KSP sagte, daß ich zu Dad nach Hause müßte.« Dann fügte er hinzu, vielleicht weil KSP in seinem letzten Satz nicht allzu gut weggekommen war: »Sie hatte natürlich keine Ahnung, wie es bei uns zu Hause zuging, sie wußte nicht, daß ich *wund* war, daß Dad immer feindseliger wurde. Ich habe ihr nie davon erzählt. In dieser Hinsicht habe ich KSP immer etwas vorgemacht, aber ich hätte reden sollen. KSP hatte gesagt, ›sei deinem Vater dankbar‹, und ich wollte ihr nicht widersprechen. Ich wollte damals gar nicht darüber sprechen, wollte KSP nicht damit belasten. Warum auch? Also, davon erfuhr sie nichts.« David fiel noch etwas anderes im Zusammenhang damit ein, und mit ungläubig geweiteten Augen fügte er hinzu: »Dabei hätte sie nur einmal hören müssen, wie Vater über sie sprach. Er sagte, ›sie lebt in einem Dreckloch‹ und lauter solche Dinge … mein Vater ist komisch. Ich fand das Haus ganz nett.«

Obwohl das Ritual des »KSP-Kaddisch« nur etwa ein Jahr dauerte, boten seine Besuche in Greenmount David eine dringend benötigte Möglichkeit zur Flucht, und darin lag auch einer der Gründe, warum er seine Probleme nicht mit in KSPs Haus brachte. So kehrte er stets mit neuem Mut und neuer Hoffnung von dort zurück.

David benutzte eines seiner ganz besonderen Worte, *potchnagoola*, als er von KSP sprach. Es bedeutet »Kuß« oder »Küß mich« und ist auch aus den Titeln von drei Kurzgeschichtenbänden Prichards zusammengesetzt, die in folgender Reihenfolge erschienen: *Kiss on the Lip and other Stories, Potch and Colour* und N'Goola. »Ich habe daraus eine Art Symphonie gemacht, eine Synthese«, sagte David.

14. Kapitel

Fort!

»Am College wurde ich ohne Vorspielen angenommen. Sonst mußte jeder eine Art von Tonbandaufnahme vorlegen, aber ich mußte nicht, denn ich war privilegiert. Frankie-Boy hat mich reingebracht! Sie nahmen mich, ohne mich gehört zu haben!« Mit diesen Worten erzählte mir David von den unglaublichen Umständen seiner Aufnahme am Royal College of Music. Nach einem kurzen Zögern machte er dann noch einen Scherz über den »Nebel«, der ihn damals umgab. »Ich hatte Glück, denn ich konnte ja kaum was hören«, sagte er und brach in Gelächter aus.

Am 21. Dezember 1965 hatte Professor Callaway die Unterlagen des College erhalten, darunter auch das Anmeldeformular. In dem beiliegenden Brief schrieb der Verwaltungschef, Mr. Stainer: »Aufgrund Ihrer Empfehlung werden wir David Gotthelf gerne aufnehmen. Sobald wir das ausgefüllte Anmeldeformular erhalten haben, werde ich mit ihm in Verbindung treten. Es besteht keine Notwendigkeit, uns eine Tonbandaufnahme zu schicken. Ich denke auch, daß wir ihn Mr. Cyril Smith zuweisen können.«

Es gab jedoch noch zwei größere Hindernisse: das vorgesehene Stipendium reichte nicht aus, um Davids Reise- und Lebenshaltungskosten zu begleichen, und da er noch nicht einundzwanzig war, mußte ein Erziehungsberechtigter das Anmeldeformular mit unterschreiben. Professor Callaway vergeudete keine Zeit und traf sich schon am nächsten Tag mit Peter.

»Die Professoren baten Vater und auch mich in die Universität«, erklärte David. »Und Frankie-Boy übte ziemlichen Druck auf Vater aus. Alle Professoren übten Druck auf Vater aus. Sie sagten: ›Sie müssen akzeptieren. Lassen Sie David gehen, er will gehen. Sie müssen unterschreiben, damit er gehen kann.‹ Dann baten sie ihn zu unterschreiben, das war alles. Und der arme alte Vater sagte überhaupt nichts, er willigte nur ein, wenn auch zähneknirschend. Vater unterschrieb noch während des Treffens.«

Auf dem Heimweg befürchtete David die ganze Zeit, daß Peter, obwohl er unterschrieben hatte, ihn doch nicht gehen lassen würde.

Und seine Befürchtungen sollten sich bewahrheiten.

»Ich versuchte mit Vater zu reden, aber Vater war sehr schweigsam, sehr verschlossen, er sagte kein Wort.«

David bettelte, und Peter sagte nein. Um die Weihnachtszeit herum wurde die Atmosphäre im Haushalt der Helfgotts immer gespannter. Nachdem Peter, aus seiner Sicht, gezwungen worden war, »seinen Sohn durch einen Unterschrieb wegzugeben«, verdüsterte sich seine Stimmung noch mehr, und er benahm sich immer feindseliger.

Die Spannungen wurden durch einen Besuch noch verschlimmert: Rachels Vater, Mordecai, wollte seine Tochter vor seinem Tod noch einmal sehen und kam mit Johnny nach Perth. Die familiären Probleme zwischen Mordecai und Peter, die ebenso alt wie komplex waren, traten unweigerlich in den Vordergrund. Von den Geschichten, an die David sich erinnert, fand er eine besonders amüsant. »Vater sagte, daß Großvater Mordecai sich hundert Pfund von ihm geliehen habe – genauso viel Geld, wie Vater sich von mir genommen hat. Ein komischer Zufall.« David kicherte und fuhr fort: »Dann hat er das Geld tröpfchenweise zurückgezahlt, doch Vater hat ihm das nie verziehen und hat immer darauf herumgeritten, wie edel es von ihm gewesen wäre, ihm die hundert Pfund zu leihen. Gleichzeitig hat er ihm stets übelgenommen, daß er den Betrag so schleppend zurückbezahlt hat.«

Peter war nicht gerade entzückt davon, seinen Schwiegervater als Gast begrüßen zu müssen, aber Mordecai hatte ebenfalls seine Probleme mit der Situation. »Djadja und Johnno tat die arme Rachel leid, weil sie sahen, daß Vater ziemlich gemein war«, sagte David. Mordecai konnte in der Tat kaum glauben, in welcher Armut seine Tochter und seine Enkel lebten, konnte aber auch nichts dagegen tun, da Peter natürlich keine ›Almosen‹ angenommen hätte. Schweren Herzens reiste Mordecai wieder ab und nahm sich vor, wenigstens David zu helfen, wann immer sich ihm die Gelegenheit bot.

Davon abgesehen mußte Peter jedoch noch mehr Einmischungen in die Familienangelegenheiten ertragen. Ende Januar erschien eine Gruppe von jüdischen Frauen, darunter Mrs. Luber-Smith, vor seiner Haustür, um ein Benefizkonzert für David vorzuschlagen, bei der die Summe des Stipendiums aufgestockt werden sollte. Dieser Besuch hatte auf Peter denselben Effekt, den im gleichen Jahr Alec Brecklers Nachricht von einer »netten jüdischen Familie« auf ihn gehabt hatte. So bestand Peters Antwort an Mrs. Luber-Smith nicht nur aus einem klaren »Nein«, er wollte ihr damit außerdem den Mut nehmen, überhaupt wieder mit David in Kontakt zu treten.

David erinnert sich, daß Mrs. Luber in den Tagen nach ihrem ersten Besuch »im Wagen wartete, bis Dad das Haus verließ – sie hatte eine Todesangst vor Vater – und dann hereinkam, sehr verschwörerisch, und mit mir über London sprach. Das war natürlich eine äußerst explosive Situation, denn so ein Rausschmiß kann ja oft tödlich enden. Ich kann von Glück sagen, daß ich noch lebe.«

»Rausschmiß? Wer wurde denn rausgeschmissen?« fragte ich verwirrt.

»Nun, ich natürlich! Dad warf mich raus. Es war eine höllische Nacht, eine Haßnacht. Vater wurde völlig aggressiv und wütend und schrie und schrie ... er schrie und schrie und schrie, und er sagte: ›Du gehst nicht nach London, dort wirst du alles vergessen.‹ Er sagte, er hätte in der ganzen Welt Kontakte, und er würde mich selbst vermitteln. Aber Vater log. Vater hatte nicht einmal einen einzigen Kontakt in Perth.«

»Vater sagte also, ›du gehst nicht!‹, und ich habe nie widersprochen«, fuhr David leise fort. »Ich habe in meinem ganzen Leben nie jemandem widersprochen. Ich hatte zuviel Angst, um mich mit jemandem zu streiten. Ich bin eine Maus. Ich habe nur gelächelt. Ich habe gedacht, der Vater ist so feindselig, was kann ich schon tun? Aber so bald ich konnte, ging ich nach London. Was hatte ich schon zu verlieren?«

Nach dem ›Rausschmiß‹ packte David gehorsam einen kleinen Koffer und verließ das Haus seines Vaters, in das er jahrelang nicht mehr zurückkehren sollte. Begleitet von seinem Bruder Lee, den David »Barmy-on-the-army« nannte und den er immer sehr geschätzt hat, ging David zu einer Telefonzelle und rief die einzige Person an, von der er glaubte, daß sie ihn vielleicht bei sich aufnehmen würde: Mrs. Luber-Smith.

Auch wenn diese Aussicht Mrs. Luber verständlicherweise nicht allzu sehr begeisterte, so gestattete sie David dennoch, bei ihr und ihrem Mann zu wohnen. David erinnerte sich, daß sie dauernd sagte: »Glaubst du nicht, daß dein Vater seine Meinung noch ändert? Bist du sicher, daß du nicht wieder zurück kannst?« Doch er hatte keine andere Wahl.

Mrs. Luber-Smith muß bald erkannt haben, daß sie

mehr für David tun konnte, wenn er in ihrem Haus wohnte. Schon bald begann sie die praktische Seite seiner Reise nach London zu organisieren, und mit Hilfe des Rats der Jüdischen Frauen stellte sie auch das Benefizkonzert für David auf die Beine.

David wandte sich auch an Djadja Mordecai und Onkel Johnny. »Ich schrieb diesen Brief an die Verwandten in Melbourne, nachdem Dad mich rausgeschmissen hatte, und erzählte ihnen alles über Vater und Margaret. Ein sehr, sehr trauriger Brief. Sie haben mich ebenfalls unterstützt, trotz allem. Die Verwandten in Melbourne haben viel Geld gegeben, viel.«

Mrs. Luber-Smith fand heraus, daß man nicht nur Geld für David sammeln sollte, sondern auch sein Benehmen und seine Tischmanieren verfeinern mußte. So stellte sie voller Entsetzen fest, daß er nicht wußte, wie man mit Messer und Gabel umgeht. »Ich mußte lernen, wie man mit Messer und Gabel ißt. Mrs. Luber bestand darauf. Weil es kultivierter war. Sie wollten mich auf London vorbereiten.«

In den nächsten drei Monaten setzte David seine Übungen fort – jetzt nicht nur am Klavier, sondern auch bei Tisch. Er besuchte weiterhin KSP, auch wenn Mrs. Luber-Smith nicht sehr angetan davon war. »Mrs. Luber hielt sie für eine böse, böse Kommunistin«, meinte David. »Damals hielt man den Kommunismus für sehr *unvegetarisch*.«

Alle in seinem Umfeld hielten David für einen enthusiastischen, brillanten, wenn auch etwas exzentrischen jungen Mann, der ein paar Probleme mit seinem allzu strengen Vater hatte. Doch in Wahrheit ging es David überhaupt nicht gut, und er war auch mit seinem Spiel alles andere als zufrieden.

Das Abschiedskonzert war jedoch schon organisiert, ein Artikel über David im jüdischen Magazin *The Maccabean* erschienen. Am 17. Mai spielte David im Government House Ballroom in Anwesenheit seiner Exzellenz des Gouverneurs Sir Douglas Kendrew und Lady Kendrew ein wahres Mammutprogramm: Beethovens *Appassionata*, fünf Etüden von Chopin, Liszts *Dante Sonate* und Mussorgskijs *Bilder einer Ausstellung*. Auch wenn David selbst mit der Qualität seines Spiels haderte, die Kritiker, darunter auch James Penberthy, priesen die Aufführung. Sie beschwerten sich lediglich über die akustischen Verhältnisse im Ballroom, die der einer »Badewanne« glichen.

Das Konzert brachte 400 Pfund ein, und Mrs. Luber-Smith konnte noch zusätzliche Mittel aus dem Phineas Seeligson Trust verbuchen, die Großvater Mordecai anonym für David gespendet hatte, da er nicht wollte, daß Peter erfuhr, auf welche Weise er seinem Enkel geholfen hatte.

Von Davids Familie besuchte niemand das Benefizkonzert, aber KSP hatte sich extra auf einen ihrer seltenen Ausflüge nach Perth gemacht. Sie schenkte David ein Paar »wundervolle Handschuhe«, was David nie vergessen hat. »Sie sagte, es sei sehr kalt in London und daß ich diese herrlichen pelzgefütterten sehr teuren Handschuhe unbedingt bräuchte.«

David war nun bereit, und mit einem Teil des Geldes aus dem Seeligson Trust konnte ihn Mrs. Luber-Smith auch komplett neu einkleiden, so wie es sich für einen Studenten am Royal College gehörte. Die geplante Abreise geriet jedoch durch einen Streik der Seeleute in Gefahr, und kurzzeitig sah es so aus, als müsse er nach London fliegen, um rechtzeitig zum Beginn des Wintersemesters dort einzutreffen.

Der Streik endete jedoch noch rechtzeitig, und am 14. August ging David an Bord der P&O *Himalaya*. David erinnert sich: »Madame Alice kam und schenkte mir ein Metronom, Mrs. Luber kam, und ich sagte ihr mit vielen Küssen und Umarmungen bye-bye.«

Von Davids Familie erschien niemand, um ihm *bon voyage* zu wünschen, wohl auch deshalb, weil er ihnen nicht einmal mitgeteilt hatte, daß er abreisen würde.

15. Kapitel

Enthüllungen

Nachdem das Wiedersehenskonzert zu Ende war, strömten die Menschen im Octagon Theatre zum Umkleideraum und überhäuften einen glücklichen David mit Küssen und Umarmungen. Die winzige Gestalt Madame Alice Gerards, die das Konzert ebenfalls besucht hatte, tauchte in der Menge auf, und David schloß sie in die Arme. In seinen Augen standen Tränen. Auch für mich war der Anblick der großen alten Dame der Musik, die ihren Schüler zu seiner mutigen Rückkehr beglückwünscht, ein sehr bewegender Moment.

Ein paar Minuten später jedoch setzte sich die Lehrerin in Madame Alice durch, und sie sagte zu David, daß seine *Bilder* einfach herrlich gewesen wären. Der Chopin jedoch sei nicht so richtig gelungen. Dann drehte sie sich zu mir um und sagte: »Schicken Sie ihn zu mir. Ich werde ihm helfen.« Trotz ihrer 87 Jahre hatte sie noch jede Menge Energie und nur den einen Wunsch, daß ihr Lieblingsschüler sein Talent auch vollständig ausschöpfen würde.

Etwa einen Monat zuvor hatte David verkündet, daß er »Madame« sehen wolle und daß er sie anrufen werde. Es war das erste Mal, daß ich von Madame Alice hörte, und nachdem David mir erklärt hatte, um wen es sich handelte, fügte er hinzu: »Sie ist immer für mich dagewesen, immer.« An der Art und Weise, wie er mit ihr am Telefon sprach, entspannt und fröhlich, erkannte ich, wie sehr sie einander nahestanden und wie sehr David ihr vertraute. Er fragte sie, ob wir zu ihr kommen könnten, und ein paar Wochen später wurden wir auf eine Soiree in ihre Wohnung eingeladen.

Bei Madame Alice sah alles aus wie in einem etwas antiquierten europäischen Salon: bestickte Vorhänge, ungarische Tischdecken, persische Teppiche. Und überall Bücher und Musik, das ganze Haus schien von Musik durchdrungen. Ein Porträt Bela Bartoks hing über dem Musica-Piano, neben dem ein Steinway stand. Als ich sie nach Bartok fragte, sagte sie, daß sie sich an ihn als ernsten Mann mit traurigen Augen entsinne, der so in seinen Kompositionen aufgegangen sei, daß seine Studenten nur am Rande existiert hätten. Seine Musik, so erzählte sie mir, sei ihr stets im Herzen haften geblieben.

Madame Alice war in den ersten schwierigen Monaten mit David einer der wenigen Menschen, die mich vorbehaltlos akzeptierten. Sie sagte zu mir, daß sie David für einen ganz besonderen Menschen halte, um den sie sich sehr sorge. Jetzt, da sich jemand die ganze Zeit um »ihren« David kümmere, könne alles nur viel besser werden.

Ihre freundlichen Worte nach Davids Comeback-Konzert im Octagon Theatre hatten mir sehr viel Mut gemacht, und ich dankte ihr für ihr freundliches Angebot.

Nachdem wir das Octagon verlassen hatten, gingen wir mit einer Gruppe von Davids Freunden und Bewunderern auf eine Party, um sein Comeback zu feiern. Der Champagner floß in Strömen, und alle waren ziemlich aufgedreht. Irgendwann fragte Chris Mike Parry, ob er daran interessiert sei, Davids Management zu übernehmen, da er selbst weder die Zeit noch die Erfahrung habe, um Davids Karriere zu fördern. Nachdem auch David Gefallen an der Idee gefunden hatte, willigte Mike nur allzu gerne ein.

Von Anfang an war Mike daran gelegen, David als ernsthaften Konzertkünstler zu präsentieren. »David verdient es, respektiert zu werden; er sollte mit der gleichen Hochachtung behandelt werden wie andere Künstler auch«, versicherte er mir. Mike war sich im klaren darüber, daß es ein leichtes gewesen wäre, David mit all seinem exzentrischen Gebaren als »Freak« zu verkaufen. Doch so wurde jedes Konzert, das Mike für David arrangierte, auf einer strengen formalen Ebene veranstaltet, ohne Abweichung von dem, was er für den »normalen Konzertstandard« hielt. In den folgenden Jahren verordnete er auch allen anderen Veranstaltern derartige Auflagen.

Obwohl es schon sehr spät war, als wir nach der Party ins Cottage zurückkehrten, setzte sich David unvermittelt ans Piano. Es gehörte zu seinen Gewohnheiten, sofort nach einem Konzert zu üben, wenn er mit Teilen seiner Aufführung nicht zufrieden war, doch für mich war dies Davids erstes richtiges Konzert gewesen, und sein Eifer verblüffte mich. Ich verstand jedoch, daß er keine Zeit hatte, sich auf seinen Lorbeeren auszuruhen, da ihm nur noch viereinhalb Wochen blieben, um Rachmaninows Konzert Nr. 1 den letzten Schliff für die Aufnahmen mit ABC zu geben, und sechs Wochen, um Rachmaninows Konzert Nr. 2 für eine Aufführung mit dem Nedlands Symphony Orchestra einzuüben.

Die Aufnahme für ABC war von Gerald Krug arrangiert worden, dem musikalischen Leiter des West Australian Opera and Arts Orchestra. Gerald, ein Stammgast bei Riccardo's, bewunderte David schon seit langem und verglich ihn stilistisch mit Swjatoslaw Richter. Einige Monate zuvor hatte er in einem Artikel im *West Australian* geschrieben, daß David »ein geniales musikalisches Talent« sei. »Seine Technik kann sich mit den Großen der Welt messen.« Gleichzeitig wies er darauf hin, es sei »eine Tragödie, daß ein Mann wie David mit seinem Weltklassetalent nicht in der Lage wäre, Konzerte zu geben« und versprach, jedes Orchester zu dirigieren, mit dem David spielen wollte. Gerald ließ seinen Worten Taten folgen und bestand gegenüber ABC darauf, daß David der ideale Solist für ihre Aufnahme von Rachmaninows Konzert Nr. 1 mit dem West Australian Symphony Orchestra sei, das er bei dieser Gelegenheit dirigieren sollte.

Für David kam das Angebot ziemlich kurzfristig. Es war seine erste vollständige Konzertaufführung seit Jahren, und obwohl er Nr. 1 schon sehr lange kannte, hatte er es dennoch nie im Konzert gespielt. Genauso verhielt es sich mit Nr. 2, dessen Aufführung Mike Parry für ihn arrangiert hatte.

In den folgenden Wochen saß David praktisch ständig am Klavier, wenn er nicht bei Riccardo's spielte oder schwimmen ging. Eines Tages hörte ich, wie er eine kurze Passage über eine Stunde lang wiederholte und fragte ihn schließlich, ob ihn das nicht langweile. Er sah mich ob der Naivität meiner Frage erstaunt an und antwortete: »Aber Darling, ich muß es doch richtig machen.« Langsam erkannte ich, daß David, wenn er auch in vielen Dingen auf dem Level eines Fünfzehnjährigen – wie er selbst sagte – stehengeblieben war, die Ernsthaftigkeit und Reife eines professionellen Musikers besaß.

Madame Alices Angebot war gerade rechtzeitig gekommen, und ich ging mit David zu ihr, damit sie mit ihm Rachmaninows Konzert Nr. 2 einüben konnte. Mit dem »Rach« kannten sich beide bestens aus, denn schließlich war es Madame Alice gewesen, die David mit diesem Stück bekanntgemacht hatte. Er besaß noch immer seine alten Notenblätter, und so zerfleddert wie sie aussahen, mußte er Nr. 2 oft gespielt haben. Aber im Grunde sahen alle seine Notenblätter so aus. Madame Alice erwies sich als ebenso kluge wie strenge Lehrerin; sie ließ David keine nachlässigen Noten oder Phrasierungen durchgehen. Gerald Krug hatte mit mir bei Riccardo's darüber gesprochen, daß Davids Phrasierung verbessert werden müsse und daß es auch darum ginge, »die Linie zu halten«. Madame Alice arbeitete energisch an diesen Aspekten.

Während der Übungsstunden saß ich fasziniert dabei und beobachtete sie. Als meine Kinder klein waren, bekamen sie Unterricht in Klavier und Geige, nur damit ihnen eine Vorstellung von Musik vermittelt werden konnte. Jetzt, da ich einer Lehrerin und einem Schüler dieses Formats lauschte, merkte ich, wie wichtig auch die kleinsten Details waren. Mit Davids Interpretation des Stückes war

Madame Alice sehr zufrieden; es war das »Aufräumen«, das die meiste Zeit kostete. Ich erkannte, wie wichtig es für David war, sich einer Disziplin zu unterwerfen, und genau das verlangte Madame Alice.

Seit den letzten Unterrichtsstunden bei Madame Alice waren viele Jahre vergangen, und ich fragte mich, wie David wohl reagieren würde. Sobald ich sie sah, kannte ich die Antwort. Lehrerin und Schüler gingen ganz in der Musik auf, für beide hörte die Außenwelt auf zu existieren, wenn sie am Piano saßen. Ich bekam auch eine Ahnung davon, welch immenser Übungsaufwand es auch für einen leidenschaftlichen Pianisten wie David bedeutete, sich ein Stück völlig anzueignen. In den nächsten sieben Jahren sollte David immer wieder zu Madame Alice zurückkehren, um Unterricht zu nehmen.

Die Aufnahme von ›Rach 1‹ mit Krug und dem W.A. Symphony Orchestra fand am 11. Juli in den ABC Basil Kirke-Studios in Perth statt. Viele der Musiker kannten David, aber am Ende der Aufnahme sagte einer der Bassisten, der aus Übersee kam, daß er solch einen Pianisten schon seit Jahren nicht mehr erlebt habe und warum um alles in der Welt er nicht schon vorher von David gehört habe. Viele Musiker waren zu Tränen gerührt.

Jeder der bei der Aufnahme Beteiligten war zufrieden, und die Presse berichtete darüber, doch die Enttäuschung, die dann folgte, war groß. Unerklärlicherweise beschloß ABC, die Aufführung nicht zu senden, trotz des großen öffentlichen Interesses. So sehr dies David betrübte, es blieb ihm keine Zeit, darüber nachzugrübeln. Ende des Monats stand nicht nur ein weiteres Konzert an, sondern auch ein Fernsehauftritt in der ›The Willesee Show‹, die ein Porträt von ihm bringen wollte.

Durch diese Show trat Kirsty Cockburn in unser Leben, eine hochmotivierte Journalistin, die gut recherchieren konnte und hartnäckig war. Wir unterhielten uns viele Stunden mit ihr über unser Leben und die vielen Veränderungen, die es mit sich brachte. Davids Vorliebe fürs Schwimmen und das Wasser faszinierte sie, und sie schien auch sein künstlerisches Talent zu schätzen. Kirsty und ihr Partner, George Negus, einer der führenden politischen Journalisten Australiens, wurden gute Freunde von uns. Viele Jahre später zeigten sie uns den Ort, den David und ich heute unser Zuhause nennen.

Die Aufnahmen für die Fernsehshow dauerten mehrere Tage, und fasziniert verfolgte ich Davids Liebesaffäre mit der Kamera. Er war ein begabter Selbstdarsteller und genoß jeden Augenblick, in dem sich das Kameraauge auf ihn richtete. Dabei zeigte er weder Schüchternheit noch Scheu, sondern arbeitete bereitwillig mit. Diese Seite von David kannte ich noch nicht und nahm erleichtert zur Kenntnis, daß der Umgang mit den Medien kein Problem für ihn darstellte. Seine Eitelkeit amüsierte mich sogar. Der gleiche Mann, der sich noch vor zwei Monaten – seinen Kopf eingezogen und von Zigarettennebel eingehüllt – versteckt hatte, scherzte und flirtete nun mit einer Kamera.

Die letzten Aufnahmen fanden bei der Aufführung von Rachmaninows Nr. 2 in der Winthrop Hall der University of Western Australia statt.

Ein zahlreiches Publikum war erschienen, um Davids ersten öffentlichen Auftritt seit über zehn Jahren zu erleben. Unter den Zuschauern befanden sich neben den Freunden der klassischen Musik auch viele, die erst über Davids Spiel bei Riccardo's zu dieser Musik gefunden hatten und ihn nun in einem Konzertsaal sehen wollten.

Auch wenn er das Comeback-Konzert gut überstanden hatte, machte ich mir dennoch Gedanken. Für einen Solopianisten ist das Spiel mit einem Orchester immer eine große Herausforderung. Wenn er allein spielte, konnte David es sich erlauben, mit Tempo, Stimmung und Dynamik etwas »kreativer« umzugehen; mit einem Orchester war das durchaus nicht möglich. Aber David freute sich so sehr darauf, wieder mit einem Orchester aufzutreten, daß er keine Zeit für Lampenfieber hatte. Irgend etwas in meinem Gesicht mußte ihm jedoch meine Anspannung verraten haben, denn kurz bevor er auf die Bühne ging, umarmte er mich und sagte: »Mach dir keine Sorgen. Wenn ich auf die Bühne komme und die Leute sehe, dann lebe ich auf. Bleib ganz ruhig.« Er hatte leicht reden.

Dieses Mal hatte ich während der Vorführung meinen Platz im Publikum, und Chris saß neben David und drehte ihm die Notenblätter mit den Eselsohren um, die er jedoch kaum einmal ansah. Chris beschrieb die Erfahrung, während eines solchen Auftritts neben David zu sitzen, als überwältigend, als ein Erlebnis, das er sein ganzes Leben lang nicht vergessen würde. Die Kraft von Davids Leidenschaft schien von seinem Körper auszustrahlen und jeden zu erfassen, der in der Nähe war. Ich selbst habe schon oft während eines Konzerts neben David gesessen und war jedesmal wie elektrisiert.

Rachmaninows Konzert Nr. 2 ist das romantischste und beliebteste aller seiner Konzerte, und die Reaktion des Publikums war enthusiastisch und bemerkenswert. Nachdem sie sich erhoben und applaudiert hatten, setzten sich die Zuschauer plötzlich wieder wie ein Mann hin, und für einige Augenblicke herrschte in der Winthrop Hall vollkommene Stille. Die Musikkritikerin Jan Shepherd interpretierte dieses Verhalten in der darauf erscheinenden Ausgabe von *Music Maker* so, daß die merkwürdige Stille ein Versuch des Publikums gewesen wäre, »seiner Begeisterung auf andere Weise Ausdruck zu verleihen«. David fühlte sich anschließend »großartig!« Er umarmte mich und sagte: »Weißt du, Darling, als ich das Publikum gesehen habe, fühlte ich mich wie ein Löwe auf dem Sprung. Ein Löwe auf dem Sprung!« Ich gebe zu, daß es mir große Freude bereitete zu hören, daß sich Davids Tiermetaphern langsam änderten.

Nach dem Konzert fand eine Party statt. David ging natürlich sofort zum Klavier und spielte einige Duette mit

Bill, einem amerikanischen Freund, den er bei Riccardo's kennengelernt hatte. Eine Menge Leute waren gekommen, darunter viele der Riccardo's-Gäste, und nach dem Essen war David bester Stimmung, lief durch den Raum und plauderte mit allen und jedem.

Ich erinnere mich, daß jemand ein Klavierkonzert von Brahms am Plattenspieler aufgelegt hatte. Während sich einige Leute zusammensetzten, um zuzuhören, machte David seine übliche Runde, umarmte die Gäste und sagte zu jedem, er sei »der Beste«. Wenn Freunde versammelt waren, konnte er es nicht ertragen, jemanden von diesen Gunstbezeugungen auszuschließen. Da er eine Einzelperson, die er mochte, herzen und küssen wollte, mußte es mit einer Gruppe von Freunden auch geschehen.

»Du bist der Beste, du bist die Beste!« sagte David immer wieder, während er von Umarmung zu Umarmung eilte. Aber plötzlich blieb er stehen. Als wäre ihm gerade eine große Erleuchtung gekommen, betrachtete er die Person, die er gerade umarmte. Dann sagte er: »Du bist der Beste, aber Gillian ist was ganz Besonderes.« Danach grinste er mir kurz zu und fuhr mit seiner »du bist der Beste«-Nummer fort.

Ich konnte es kaum glauben: zum ersten Mal hatte David gezeigt, daß er zwischen seinen Gefühlen für mich und den anderen Menschen in diesem Raum unterscheiden konnte. Das war ein großer Durchbruch.

Während der folgenden Monate fragte mich David immer wieder, ob ich ihn heiraten wolle. Auch wenn ich fest daran glaubte, daß David und ich zusammengehörten, schien es mir immer ratsamer, Heiratspläne aufzuschieben. Dennoch war ich der Überzeugung, daß Davids Anträge ernst gemeint waren und daß er sich seiner Gefühle für mich völlig bewußt war.

Nach einiger Zeit begann ich jedoch ernsthaft über eine mögliche Ehe nachzudenken. Meine eigenen Gedanken verblüfften mich, da eine Heirat nicht in meinen Plänen gestanden hatte. In meinem Alter hielt ich es eigentlich nicht mehr für notwendig, diesen Schritt zu tun, und ich fragte mich, warum mir diese Vorstellung plötzlich wieder so wundervoll erschien. Ich hatte nicht den leisesten Zweifel daran, daß meine Liebe zu David unerschütterlich war und daß wir keinen Trauschein brauchten, um uns dessen zu vergewissern – das taten wir auch so täglich. Also – warum zog ich Davids Antrag ernsthaft in Erwägung?

Schließlich wurde mir klar, daß ich wirklich seine Frau werden wollte, daß ich sehr stolz darauf sein würde, »Mrs. David Helfgott« zu sein. Ich weiß, daß das nicht sehr feministisch von mir gedacht war, aber der Welt zu verkünden, daß ich meinen Namen abgelegt hatte, um den Davids anzunehmen, sollte etwas anderes aussagen. Ich war eine reife Frau und folgte nicht einfach der Tradition; ich traf eine bewußte Entscheidung.

Es war offensichtlich, daß nicht jeder David verstehen oder akzeptieren konnte, aber mehr Verständnis und Toleranz sind immer erstrebenswerte Dinge. Indem ich David heiratete, bestätigte ich nicht nur, daß sein Vertrauen in mich gerechtfertigt war. Es sollte auch nicht nur ein Beweis dafür sein, daß es zumindest einen Menschen auf dem Planeten gab, der ihn als Individuum völlig akzeptierte und liebte. Darüber hinaus wollte ich dokumentieren, daß ich David für so wichtig und so besonders hielt, daß ich gerne bereit war, meinen Namen für ihn aufzugeben.

Ich bin noch immer nicht sicher, was genau es über unsere Gesellschaft aussagt, daß sich meine Intuition als richtig erwies. Denn nach unserer Hochzeit veränderte sich die Art und Weise, wie die Menschen auf David reagierten, auffällig ins Positive.

16. Kapitel

Eine höllische Ehe

David war völlig *joyeux* darüber, daß ich ihn heiraten wollte. In den letzten Monaten hatte er das Thema fast jeden Tag erwähnt, und nun sollte sein Wunsch wahr werden. Wahrscheinlich haben wir es Kristy nach den Dreharbeiten gesagt, denn als der Bericht über David Ende Juli in der ›Willesee Show‹ gesendet wurde, verkündete der Moderator Mike Willesee vor dem Fernsehpublikum, daß er von unseren Heiratsplänen erfahren habe. Er fügte hinzu, daß David alle Stammgäste vom Riccardo's zur Hochzeitsfeier einladen wolle.

Ich hatte mit Chris über meine Entscheidung gesprochen, und auch er hatte den Eindruck, daß David es ernst mit seiner Liebe meinte.

Als ich meiner Freundin Barbara Brackley davon erzählte, sagte sie sofort: »Dann macht es doch bei uns zu Hause.« David und ich nahmen ihr Angebot dankbar an.

Aber zunächst mußte das beste Datum gefunden werden, und ich befragte meine astrologischen Tabellen, um die günstigsten Aspekte zu finden, nicht nur für den Tag, sondern auch für die genaue Uhrzeit der Hochzeitszeremonie: Schließlich kam ich auf den 26. August, 11 Uhr 57.

Als wir uns überlegten, wen wir einladen sollten, erwähnte David Namen, die in seinen Geschichten von früher bislang nicht aufgetaucht waren. Meistens begann er so: »O Darling, natürlich ist da noch …« und dann folgte ein Spitzname, irgendeine merkwürdige Bezeichnung, die Davids privatem Universum entstammte und die aus Anspielungen oder Wortverdrehungen bestand. Mittels der Fragen, die ich daraufhin stellte, tauchte dann eine völlig unbekannte Gestalt auf, und mit ihr verschiedene andere. Manche der Geschichten schockierten mich, andere stimmten mich traurig. Aber ich freute mich, daß David in den dunklen zehn Jahren seines Lebens mehr hilfreiche Freunde gehabt hatte, als ich ahnte.

Das Ensemble bestand zu einem großen Teil aus Mitwirkenden der W.A. Opera Company, für die David Anfang der Siebziger als Repetitor gearbeitet hatte. Darunter waren die Sopranistin Elaine Flint und »George«, der sich als George Tintner entpuppte, der ehemalige musikalische Leiter der Oper.

Auch wenn ich George damals nicht persönlich kennenlernte – er war nach Queensland gezogen, da er dort als Leiter des Queensland Theatre Orchestra arbeitete –, so beteiligte ich mich doch an der ausgiebigen Korrespondenz zwischen ihm und David und machte seine Bekanntschaft auf diese Weise. David sprach von George stets mit Wärme und Dankbarkeit, aber wie echt die Zuneigung Georges war und wie sehr er sich um David gekümmert hatte, merkte ich nicht nur an den Briefen, die er mir schickte, sondern vor allem daran, daß er David während dessen wechselnden Krankenhausaufenthalten immer wieder aus Queensland geschrieben hatte. George bedauerte stets, daß sein Umzug nach Queensland es ihm nicht mehr erlaubte, sich ausreichend um David zu kümmern.

Alle Briefe begannen mit den Worten »mein lieber Freund David«. Danach folgte meistens eine herzliche Entschuldigung dafür, sich nicht früher oder nicht öfter gemeldet zu haben, was ich besonders anrührend fand, da es nur zwei oder drei andere Menschen gab, mit denen David überhaupt korrespondierte und George der einzige war, der wirklich regelmäßig schrieb. Auch wenn ihn seine Arbeit davon abhielt, David öfter zu sehen, so fühlte er sich doch die ganze Zeit mit David verbunden und ließ ihn das auch wissen. In all seinen Briefen fragte er, ob David auch genug übe, als befinde er sich nicht in einer Klinik, sondern in einem schönen Heim mit einem großen Klavier. Aber es gab auch andere Sätze: »Ich glaube, die Welt vermißt dich schrecklich, während du fort (in der

Klinik) bist. Du mußt dich bemühen, wieder gesund zu werden, denn du hast so viel zu geben …! Hoffen wir, daß du bald wieder raus darfst.«

Eines Tages erreichte uns ein weiterer Brief von George. David las ihn und kam eine Stunde später mit dem Brief in der Hand zu mir in die Küche. »Sie haßte ihn abgrundtief, weißt du«, murmelte er.

»Wovon redest du, *possum*?«

»Sie war eifersüchtig auf George. Weißt du was, das war Claras Trick. Ich sollte einen Bart tragen, sie dachte, wenn ich zwanzig Jahre älter aussehe, würde George mich nicht mehr mögen. Das war ein gemeiner Trick, aber Clara war nun mal eine Hexe, die böseste Hexe der Welt.«

Ich wußte bereits, daß Clara die erste Frau Davids gewesen war, denn schon am zweiten Tag nach unserem Kennenlernen, wenige Minuten nach seinem ersten Antrag, hatte David es für nötig gehalten, mir zu ›gestehen‹, daß er schon einmal verheiratet gewesen sei. Doch dann versicherte er mir, daß er dafür nicht ›verantwortlich‹ zu machen wäre und sagte: »Ich habe sie nicht gefragt. Sie hat mich abgeschleppt, um geheiratet zu werden.«

Damals fand ich das alles etwas beängstigend, vor allem angesichts der Tatsache, daß gerade ein Mann um meine Hand angehalten hatte, den ich erst wenige Stunden kannte. Später, als wir begannen, miteinander zu leben, wurde mir klar, daß David immer nur über das sprach, worüber er sprechen wollte. Es gab viele Dinge in seinem Leben – die meisten davon während der dunklen Zeiten der Siebziger – über die er überhaupt nicht reden wollte. Ich achtete darauf, ihn nicht durch unbedachte Fragen aufzuregen, sondern wartete, bis er bereit war, sich mir auszuvertrauen, aus freien Stücken. Und nun war die Zeit gekommen, von Clara zu sprechen und von denen, die mit dieser Phase zu tun hatten. Es bedurfte allerdings vieler Monate und vieler Gespräche – auch mit anderen – bevor sich ein deutliches Bild ergab.

Alles fing 1971 an. David war nach seinem ersten viermonatigen Aufenthalt im Charles Gairdner Hospital in Perth entlassen worden. Er erfreute sich relativ guter Gesundheit und fühlte sich recht stark und unabhängig. Mrs. Luber-Smith nahm ihn großzügigerweise wieder bei sich auf, aber nach einigen Wochen zog David zur Familie Harris, guten Freunden von Madame Alice.

Cliff Harris war damals Präsident des Music Council of Western Australia, und er und seine Frau Rae kümmerten sich um David. Er durfte bei ihnen wohnen, bis er genug Selbstvertrauen entwickelt hatte, um allein leben zu können, dann mieteten sie ihm eine Wohnung in der Nähe ihres Hauses. David kam weiterhin jeden Tag bei ihnen vorbei, um auf dem Flügel zu üben und die Mahlzeiten mit ihnen einzunehmen.

Cliff bemühte sich auch, einen Fond für David einzurichten, damit er sein musikalisches Studium wiederaufnehmen konnte. Der stets hilfreiche James Penberthy schrieb in der *Sunday Times* einen Artikel über David und den Fond, und bald trafen die ersten Gelder ein. Die Familie Harris organisierte daraufhin kleinere musikalische Empfänge, bei denen auch David auftrat. Bei einem dieser Empfänge lernte er Clara kennen.

Clara, eine reife, geschiedene Frau mit vier Kindern – einige davon fast in Davids Alter – war eine imposante Erscheinung und in der jüdischen Gemeinde nicht unbekannt; darüber hinaus war sie mit Madame Alice befreundet. Sie stammte aus einer reichen ungarischen Familie, die im Ersten Weltkrieg alles verloren hatte. Als junge Frau kam sie in ein Konzentrationslager, aus dem sie von der russischen Armee befreit wurde. Schließlich landete sie in Australien.

Clara zeigte großes Interesse an David, und da er sich immer mehr zu einer ›Maus‹ entwickelt hatte, konnte sie ihn leicht beeinflussen. David fühlte sich geschmeichelt und ließ sich schon bald von ihr führen. Die Familie Harris und die Luber-Smiths betrachteten diese neue Freundschaft mit Sorge, aber sie konnten nichts dagegen tun.

Einige Monate später nahm David erneut am ABC-Wettbewerb teil. Er spielte ein Brahms-Konzert und gewann auch dieses Mal das Finale. Etwa um diese Zeit fragte Clara ihn, ob er sie heiraten wolle.

»Ich fühlte mich gezwungen«, beichtete David. »Mehr oder weniger bin ich in die Falle gelockt, sanft gezwungen und freundlich überredet worden. Ich hatte keine andere Wahl, denn auch Madame Alice riet mir zu dieser Heirat. Natürlich wurde Madame Alice hereingelegt, denn Clara hatte zwei Gesichter. Sie täuschte Madame Alice, und ich fügte mich Madame Alices Befehl.«

Madame Alice glaubte, daß es richtig wäre, wenn David eine Beziehung einginge, aber andere hielten das für keine gute Idee. »Mrs. Luber und ihr Mann versuchten es mir auszureden. Mrs. Luber sagte immer: ›Ich kenne Clara.‹ Familie Harris sagte das gleiche. Sie alle meinten, es sei der größte Fehler, den ich machen könne.« Da David damals keinerlei Kontakt zu seiner eigenen Familie hatte, teilte er ihnen seine Pläne nicht einmal mit.

Aber schon wenige Tage nach der Heirat im Juli 1971 erkannte David, daß er in der Tat »den größten Fehler« gemacht hatte. »Aber was konnte ich tun? Ich hatte diesen Fehler nun einmal gemacht.«

Nachdem ich von der Familie Harris und deren Großzügigkeit gehört hatte, nahm ich Verbindung mit ihnen auf und bat um ein Treffen. Bei diesem Treffen enthüllten sie einige weitere Details von Claras Hochzeit mit David. Sie hatten sich tief getroffen gefühlt, weil David sofort aus der Wohnung ausgezogen war, die sie ihm zur Verfügung gestellt hatten, und weil er sie von diesem Tag an mehr oder weniger ignorierte.

Als David endlich wieder bei ihnen auftauchte, geschah dies in Begleitung Claras, die verlangte, daß man ihr das Geld aus dem für David angelegten Fond übergeben sollte. Die Summe war immerhin so hoch, daß David einige Jahre davon leben und sich in Ruhe seiner Musik widmen konnte. Mr. und Mrs. Harris weigerten sich mit dem Hinweis, daß dieses Geld ausschließlich für David bestimmt sei.

Selbst David wandte sich mit ungewohntem Mut an Clara und sagte: »Es gehört dir nicht. Du kannst es nicht haben.«

Für David war dies nicht der erste Hinweis auf den wahren Charakter seiner Frau. Einige Wochen vor dem Eklat im Haus der Familie Harris hatte Clara herausgefunden, daß David nicht für das nationale Finale des ABC-Wettbewerbs ausgewählt worden war und geriet außer sich vor Wut. David, der zu dieser Zeit nicht gerade vor Selbstvertrauen strotzte, mußte sich als Versager fühlen, da er sie und ihre Kinder nicht mit dem Preisgeld unterstützen konnte.

Nachdem er sich von der Familie Harris entfremdet hatte, sah sich David einem neuen Problem gegenüber: er hatte kein Piano, auf dem er üben konnte. Richard Cleaver, Parlamentsmitglied und Gründer des Altersheims Swan Cottage, hatte von Davids Problemen gehört und sammelte unter den Bewohnern von Swan Cottage, um Geld für ein Klavier aufzutreiben. Kurze Zeit später wurde das Instrument geliefert, und David konnte wieder üben. Allerdings nur kurze Zeit. Als er einige Tage später nach Hause kam, war das Klavier verschwunden.

»Sie hat es einfach verkauft! Sie hat mich nicht einmal gefragt! Stell dir das mal vor! Und wessen Klavier war es eigentlich?« David hat Claras Handlung nie begreifen können; wenn er davon erzählt, spiegeln sich noch heute Schmerz und Trauer in seinem Gesicht wider.

Ich war vollkommen entsetzt, als ich diese Geschichte hörte. Richard Cleaver schrieb uns dann 1985 und bat David, in Swan Cottage zu spielen. Wir nahmen erfreut an und David bestand darauf, ohne Gage zu spielen. Er hat seitdem des öfteren dort gespielt, und wir beide sind der Meinung, daß es das mindeste war, was man tun konnte.

In dem Maße, in dem sich Davids Beziehung zu seiner Ehefrau verschlechterte, verschlechterte sich auch seine finanzielle Situation. Obwohl er einige Auftritte hatte, mußte er sich bald einen regelmäßigen Job suchen. Als Georg davon hörte – er bewunderte David bzw. dessen Talent sehr – bot er ihm an, für die Oper zu arbeiten.

Elaine Flint hatte David und Clara bei einer Produktion von Verdis *Maskenball* kennengelernt, und als ich schließlich in Kontakt mit ihr trat, erzählte sie mir, daß David ihr zu dieser Zeit sehr leid getan habe. Clara habe ihn vor allen Leuten lächerlich gemacht und herumkommandiert und habe ihm die Freundschaft mit Mitgliedern des Opernhauses mißgönnt.

Besondere Probleme hatte Clara mit Davids Freundschaft zu George, und in der Tat zwang sie David damals, sich einen Bart wachsen zu lassen. Dadurch sollte, wie David sich ausdrückte, seine Freundschaft zu George »sabotiert« werden, ein Gedanke, den David auch schon damals als ausgesprochen bizarr empfand.

Claras Schwierigkeiten mit Davids Freunden zeigte sich auch auf andere Weise. Wenn David eine Opernaufführung besuchen wollte, mußte er sich praktisch aus dem Haus und auch wieder zurück schleichen. Leider war er nicht schlau genug, die Eintrittskarten wegzuwerfen. Wenn Clara seine Taschen durchsuchte und eine dieser Karten fand, »ging sie in die Luft!« erzählte mir David. »Diese Ungarinnen haben ein Temperament wie Paprika! Oh, wie wurde ich bestraft, o Gott, ich bin hart bestraft worden. Die Worte, die Worte, die sie benutzte! Ich mag sie gar nicht aussprechen, du mußt es dir selbst ausmalen …« Die Erinnerung daran ließ ihn schaudern.

Eines Tages sprachen mich einige Leute bei Riccardo's an, die David aus den Siebzigern kannten, als sie Nachbarn von David und Clara gewesen waren. Sie erzählten mir, daß sie des öfteren gesehen hätten, wie David auf Händen und Knien durch den Garten gekrochen sei. Sein Leidensweg schien ohne Ende. 1972 war seine Karriere fast zu einem Stillstand gekommen, und seine Gesundheit verschlechterte sich zusehends. 1973 war er immer häufiger ans Bett gefesselt und fühlte sich immer tiefer hinabgezogen.

Anfang 1974 mußte sich Clara einer Operation unterziehen, und da sie Angst hatte, David unbeaufsichtigt zu Hause zu lassen, ließ sie ihn für zwei Wochen ins Grayland Hospital einweisen. Als sie David dort abholen wollte, zog er es vor, in der psychiatrischen Anstalt zu bleiben und wollte nicht mit ihr nach Hause zurückkehren.

Bei einem der seltenen Besuche Peters in der Graylands-Klinik teilte David ihm mit, daß er sich von Clara scheiden lassen wolle und bat ihn, die Notenblätter und bei Wettbewerben gewonnenen Medaillen abzuholen, die noch immer bei Clara waren. Als Peter zu ihr ging und sie um die Herausgabe bat, leugnete sie glattweg, etwas dergleichen zu besitzen.

»Es war eine Ehe, die in der Hölle geschlossen wurde und die der Teufel gemacht hatte«, lautete Davids endgültiges Urteil über diese Beziehung.

Obwohl ich erkannte, daß David damals kaum in der Lage war, die Gefühle anderer wahrzunehmen, spürte ich das Bedürfnis, etwas von dem Schmerz, den er Mr. und Mrs. Harris zugefügt hatte, wiedergutzumachen. Ich fand heraus, daß Cliff als Hochzeitszelebrant arbeitete, also bat ich ihn, den Traugottesdienst abzuhalten.

17. KAPITEL

Kleine Wunder

Strahlende Wintersonne schien durch die Bäume. Der Brunnen in Brackleys Garten war mit rosa Kamelien gefüllt, und Barbara und Peter hatten auch das Haus mit Blumen dekoriert, falls es regnen sollte; aber so konnte die Zeremonie im Garten stattfinden, wie David es sich gewünscht hatte. Es schien, als seien meine astrologischen Berechnungen korrekt gewesen.

Meine Kinder, Scott und Sue, waren von der Interstate gekommen, ebenso Doris Greaves, meine Astrologie-Mentorin. Rachel und Davids Geschwister waren ebenfalls da, mit Ausnahme von Margaret, die sich in Israel aufhielt. Madame Alice war erschienen, zusammen mit zahlreichen Freunden aus dem Riccardo's. Ich denke, daß sich viele der Gäste fragten, wie David sich wohl benehmen würde, und ich gebe zu, daß ich mir die gleiche Frage stellte. Würde er bei diesem besonderen Ereignis stillhalten? Konnte er während der Zeremonie ruhig bleiben? Oder würde er herumlaufen und alle umarmen und küssen?

Ein Freund aus Riccardo's fuhr uns in seinem mit Schleifen geschmückten Oldtimer zur Hochzeit. David trug einen neuen beigefarbenen Anzug und betrat den Garten stolz und aufrecht – ein vollkommener Gegensatz zu der gebeugten Gestalt, die ich vor neun Monaten kennengelernt hatte. An seinem Revers steckte eine rote Nelke, und er lächelte unablässig. Ich trug ein pfauenblaues Kleid mit einem passenden Hut und fühlte mich selbst recht *joyeux*.

Cliff Harris begann um genau 11 Uhr 57 mit der Zeremonie, und alles schien abzulaufen wie geplant. Es dauerte jedoch nicht lange, bevor aus seiner Rede eine Art Kanon wurde, da David jedes Wort, das er hörte, leise wiederholte. Ich hatte mich bei David untergehakt und hielt ihn ziemlich fest an meiner Seite, damit er zumindest so lange stillhielt – ohne jemanden zu küssen oder zu umarmen –, bis es an der Zeit war, die Braut zu küssen.

Als Hochzeitsmarsch hatten wir uns den ›Choral‹-Abschnitt von Liszts Sonate in B-Moll ausgesucht. In diesem Werk fängt Liszt etwas von der Majestät und dem Triumph des Lebens und der Liebe ein, so daß es ein überwältigendes Gefühl war, auf dem Höhepunkt der Zeremonie zu diesen bewegenden Klängen durch den Garten zu schreiten. Als alles vorbei war, durfte David endlich losstürmen und die Gäste umarmen und küssen, bis es Zeit für den Empfang wurde. Freundlicherweise hatte uns Chris dafür das Riccardo's zur Verfügung gestellt.

Chris hatte auch für den Wein gesorgt, während Freunde aus dem Riccardo's das Essen bereitstellten. Meine Kinder und einige Astrologiestudenten kümmerten sich um die Bar und bedienten die Gäste. Ein langer, mit Blumen geschmückter Tisch war aufgestellt worden, und Frances Hebb brachte den Hochzeitskuchen, der in Form einer Viertelnote daherkam.

Kaum hatten wir Riccardo's betreten, da setzte sich David schon ans Piano. In den nächsten Stunden sorgte der Bräutigam für die musikalische Unterhaltung und erhob sich nur, um den Kuchen anzuschneiden oder jemanden zu umarmen. Dann wurde es Zeit, sich von den Gästen zu verabschieden und die 75 Kilometer nach Mandurah, südlich von Perth, zu fahren, wo wir unsere zweitägigen ›Flitterwochen‹ im Atrium-Hotel verbringen wollten.

Ich machte mir ein wenig Sorgen, wie David wohl die für ihn recht lange Fahrt in beengten Verhältnissen überstehen würde. Aber vielleicht könnte die Aufregung um die Hochzeitsfeier ihn ablenken? Meine Hoffnung erfüllte sich, denn David war viel zu aufgedreht, um die Dauer der Fahrt überhaupt zu bemerken. Nach dieser Strecke verbesserte sich sein Verhalten auf Reisen ganz allgemein.

Als wir vor dem Hotel eintrafen, zeigte sich David von dem Luxus dort entzückt und murmelte immer wieder:

»Das ist alles für mich? Ganz besonders für mich? Ich habe solches Glück! Welche Ehre!«

Von unserem Zimmer hatten wir einen schönen Ausblick aufs Meer, und am nächsten Morgen gingen wir am Strand spazieren. Doch da es im Hotel auch einen Swimmingpool gab, verbrachte David den größten Teil der Zeit dort. Er machte sich schon bald mit einem Mitglied des Staatsparlaments, Pam Beggs, und ihren beiden kleinen Töchtern bekannt, die mit ihm im Wasser herumtollten. Ich saß am Beckenrand und dachte über die Leichtigkeit nach, mit der David Kontakt zu gerade diesen Menschen fand. Er unterhielt sich ganz normal mit ihnen, ohne allzu große Aufregung. Wasser machte ihn nicht nur ruhiger, es schien auch seine sozialen Fähigkeiten zu verbessern. Offensichtlich wäre das Leben für meinen Mann leichter gewesen, wenn es ausschließlich im Wasser stattgefunden hätte.

Am Abend wollte ich mit David ins Hotelrestaurant, aber natürlich fragte ich mich, wie er darauf reagieren würde. Ich wußte, daß ihm so etwas nicht leicht fiel. Wir hatten noch nie in einem Restaurant zusammen gegessen, da seine Furcht davor, zu lange an einen Tisch gefesselt zu sein, ihn bisher abgeschreckt hatte. Und obwohl wir den Gebrauch von Besteck zu Hause geübt hatten, gab es keine Garantie dafür, daß der Streß, in der Öffentlichkeit damit umzugehen, nicht einen sehr negativen Einfluß auf seine neuerworbenen Umgangsformen haben könnte.

Zu meiner Verblüffung stimmte David zu, mit mir essen zu gehen, betrat dann allerdings mit besorgtem Blick nur vorsichtig das Restaurant. Ich war fast sicher, daß ihn der Mut verlassen würde, aber er hielt durch und setzte sich nervös an unseren Tisch. Als die Kellnerin erschien, verblüffte David mich erneut; er sprang nicht auf, um sie zu umarmen und zu küssen. Auch wenn er ziemlich hektisch auf sie einredete – er blieb sitzen, und langsam verschwand auch die Furcht aus seinen Augen.

Sein Steak wurde gebracht, und David aß es mit großem Vergnügen, wobei er sein Besteck recht ordentlich, wenn auch, wie ich zugeben muß, nicht gerade brillant benutzte. Aber ich hatte gelernt, auch für die kleinsten Fortschritte dankbar zu sein, was David betraf.

Nach den ›Flitterwochen‹ ging es wieder zurück zu Riccardo's und zurück zu unserem vollgestopften, chaotischen Leben. David wollte noch immer mindestens zweimal am Tag schwimmen gehen, und obwohl ich über einiges an Energie verfüge, fühlte ich mich doch oft genug vollkommen ausgelaugt. Häufig genug kam es vor, daß ich abends auf dem Boden saß und mich zu müde fühlte aufzustehen, um ins Bett zu gehen. Immerhin reagierte David mittlerweile viel sensibler auf solche Dinge. Er umarmte mich dann und sagte: »Darling, du bist Musik für meine Sinne.« Diese Worte gaben mir immer wieder Kraft, auch den kommenden Tag zu meistern.

Zum Glück schien David immer besser mit sich zurechtzukommen. Ende September verkündete er, daß einmal Schwimmen am Tag auch reiche. Zum ersten Mal tauchte die Hoffnung auf etwas Freizeit auf. Bevor ich David kennengelernt hatte, wußte ich nicht, wie dankbar ich einmal für zwei freie Stunden am Tag sein würde.

Einige Tage später sah ich verwundert, wie David in die Küche ging, heißes Wasser in die Spüle laufen ließ, Spülmittel dazugab und begann, das Geschirr abzuwaschen. Die Aufgabe schien ihm sogar Spaß zu machen, auch wenn er das Geschirr auf etwas eigenwillige Weise stapelte und sein großzügiger Umgang mit Spülmittel das ganze wie ein außer Kontrolle geratenes Schaumbad aussehen ließ. Dennoch war es ein rührender Anblick. Kaum hatte David seine Hände in das seifige Wasser gesteckt, wurde offensichtlich, daß die Berührung mit dem nassen Element fast eine Dusche oder einer Runde Schwimmen gleichkam. Von diesem Tag an entwickelte er sich zu einem geradezu begeisterten Geschirrspüler. Manchmal wurde er gegen Ende eines Essen so ungeduldig, daß er unseren verblüfften Gästen die noch nicht einmal ganz leeren Teller unter der Nase wegschnappte und »Darf ich? Darf ich?« murmelnd damit in die Küche lief, bevor jemand Einwände erheben konnte.

Zwei Tage nach seinem ersten Spülversuch verkündete David, daß er zum Kiosk gehen und eine Zeitung kaufen wolle – »Nein danke, Darling«, ich bräuchte nicht mitzukommen. Er nahm etwas Geld und ging zur Tür hinaus. Ich stand am Fenster und sah ihm hinterher. Irgend etwas schien zu fehlen. Dann ging es mir auf – zum erstenmal seit ich ihn kannte, hatte er das Haus ohne sein Kofferradio verlassen!

Als David mit der Zeitung und ohne einen Pfennig nach Hause kam – er hatte natürlich alles für Süßigkeiten und Soft Drinks ausgegeben –, hätte ich Lust gehabt, mit ihm zu feiern! Aber da ich ihn gar nicht darauf aufmerksam machen wollte, daß er seine ›Geräuschkulisse‹ zu Hause gelassen hatte, gab ich ihm statt dessen einen dicken *potchnagoola*.

In dem Maße, wie es David gelang, im täglichen Leben kleine Siege zu erringen, ging es dank Mike Parry auch mit seiner Konzertkarriere voran. Mikes Plan bestand darin, zunächst einmal Davids Ruf in Westaustralien zu festigen. Pfeiler dieses Rufes sollten zwei große, jährliche Konzerte im Octagon sein. Das bedeutete nicht zuletzt ein substantielles Einkommen – keine Kleinigkeit, denn als Mike den Job als Manager annahm, lebte David trotz seines Jobs bei Riccardo's hauptsächlich von der Fürsorge.

Abgesehen von den Konzerten im Octagon trat David bei einigen Wohltätigkeitsveranstaltungen auf, gab Konzerte mit örtlichen Orchestern und machte kleinere Tourneen durch die Provinz. Auf diese Weise erzielte er weitere Einnahmen und vergrößerte seinen Zuhörerkreis, ohne daß sein Name allzu präsent war.

Mike hatte seine Erfahrungen mit der Industrie gemacht und achtete deshalb um so mehr darauf, daß David nicht ›verheizt‹ wurde. So verlangte er zum Beispiel von den Veranstaltern in Perth, daß für die Konzerte nicht öffentlich geworben werden durfte. Er wollte nicht, daß Davids Name in den Medien breitgetreten wurde. Dutzende von Konzerten fanden praktisch heimlich statt. Davon profitierten viele wohltätige Organisationen, und die Konzerte im Octagon verloren nichts von ihrem Reiz. In den nächsten Jahren spielte David dreizehnmal vor ausverkauftem Haus.

Nachdem in Westaustralien eine treue Hörergemeinde geschaffen war, wollte Mike den Erfolg auch auf den Rest Australiens ausdehnen, indem er David in den großen Städten etablieren und dann auch die regionalen Zentren erreichen würde. Dazu war es unbedingt notwendig, Davids Konzerterfahrung zu verbessern, denn es ging darum, den Veranstaltern – die in David zum größten Teil nur den Exzentriker sahen – zu beweisen, daß er nicht nur den Streß regelmäßiger Auftritte verkraften konnte, sondern auch ein verläßlicher und beständiger Konzertpianist war. Trotz Davids Talent verlief dieser Prozeß weder schnell noch reibungslos. Erst im Dezember 1984 trat David erstmals weiter als 300 Kilometer von Perth entfernt auf, in Geraldton.

Mein musikalisches Wissen war mittlerweile sehr gereift, und ich erkannte, daß David einen Konzertflügel brauchte, um sich ganz entfalten zu können. Zu deutlich erkannte ich den Unterschied zwischen Davids Spiel auf Chris' Flügel und unserem Yamaha U3-Klavier zu Hause. Auch wenn sich David nie beklagte – das Yamaha war ein Spitzenmodell und das erste neue Klavier, das David jemals gehabt hatte –, so wußte ich doch, daß es ihm beim Üben nicht mehr gerecht wurde. Doch bei unseren beschränkten finanziellen Mitteln würde mein Traum von einem Flügel wohl genau das bleiben – ein Traum.

Trotzdem sagte ich mir, daß David eines Tages sicherlich einen Flügel haben würde; wobei mir klar war, daß solch ein Instrument für unser kleines Cottage viel zu groß wäre. Mit dem Optimismus des Schützen – welchen Sinn hat es, um Regen zu beten und dann den Schirm zu Hause zu lassen – machte ich mich also auf die Suche nach einem Haus, in das man einen Konzertflügel stellen konnte. Natürlich hielt mich jeder, mit dem ich über diese Idee sprach, für völlig übergeschnappt.

Häuser zur Miete waren damals in Perth sehr rar, aber während ich die Anzeigen in den Zeitungen studierte, redete ich mir ein: wenn eines Tages der Flügel auftauchen sollte, warum dann nicht auch das Haus. Das Wort ›unmöglich‹ gehörte damals einfach nicht zu meinem Vokabular.

Anfang 1985 sah ich eine Anzeige für ein Haus in Süd-Perth, das direkt am Fluß lag. Das wäre für David das Paradies, dachte ich. Dann könnte er im Swan River schwimmen, und wir müßten nicht ständig in ein Schwimmbad gehen.

Das Haus erwies sich als ideal. Es hatte ein großes Wohnzimmer, und David und ich entdeckten sofort den perfekten Platz für den Konzertflügel; rechts neben der Glastür, die in einen herrlichen Garten führte. Außer uns sahen sich noch sieben andere Paare das Haus an, und alle hätten es genommen. Die Maklerin wußte jedoch von David und seinen Schwierigkeiten, auch hatte ich ihr erzählt, daß wir ein Haus suchten, in dem man einen Flügel aufstellen konnte. Schließlich rief sie uns alle unter den Weinranken auf der Terrasse zusammen und teilte uns mit, daß sie das Haus an uns vermieten würde, da David es für sein Piano bräuchte. Die anderen waren natürlich enttäuscht, aber nachdem sie David kennengelernt hatten, konnten sie die Entscheidung der Maklerin zumindest verstehen.

Nun wurde es mir doch etwas mulmig, und ich gestand der Maklerin, daß wir den Flügel noch gar nicht hätten, ihn aber bestimmt sehr bald bekommen würden. Sie versicherte mir jedoch, daß das kein Problem sei, und Ende Januar zogen wir in das neue Haus ein.

Ein paar Wochen später unterhielt ich mich bei einem Glas Sauterness mit zwei Stammgästen im Riccardo's, mit Malcolm und Dee Jones. Während wir den köstlichen Wein tranken, kam das Gespräch auch auf Klaviere, und Malcolm meinte: »David hat doch sicherlich einen Konzertflügel?« Ich mußte zugeben, daß dem nicht so war, worauf Malcom einfach sagte: »Nun, dann kaufen wir ihm einen.«

In Riccardo's liefen alle möglichen Leute herum, und ich hatte schon viele Angebote gehört, aus denen nie etwas geworden war. Deshalb hatte ich meine Zweifel. Aber die Jones-Brüder schienen es ernst zu meinen, und das taten sie auch. Bereits am 18. März stand ein bezahlter Yamaha CZ zur Lieferung bereit.

Elaine Flint hatte David aus dem Haus gelockt, damit wir das Piano aufstellen konnten. Die beiden Jones kamen mit ihren Kindern und brachten mir einen Korb mit weißen Rosen mit, in dessen Mitte eine Flasche Chateau d'Yquem lag. Als David nach Hause kam, war er fassungslos. Die Verblüffung und die Freude darüber, daß dieses herrliche Instrument in seinem Wohnzimmer stand, hatte ihm regelrecht die Sprache verschlagen. Natürlich lief er sofort zum Flügel und begann zu spielen. In den folgenden Tagen rief er immer wieder: »Es ist ein Wunder! Ich bin der glücklichste Mensch auf der Welt! Ich bin dankbar! Dankbar! Dankbar!« Davids Dankbarkeit war ernst gemeint, und sie kam aus dem Herzen; das war das wichtigste. Er konnte jemanden dankbar sein, der für ihn da war, denn das bedeutete ihm am meisten.

Die Jones-Brüder hatten ein Anwesen auf dem Land, wo sie das bekannte Brookland Valley-Weingut betrieben. Auf dem Grundstück befand sich auch ein historisches Viehtreiberhaus am Rande der Straße, von Weinstöcken umgeben. Eine Woche nach der Lieferung des Flügels luden uns die beiden zu einem Frühstück in ihr Weingut ein, um zu feiern.

Als wir eintrafen, sahen wir, daß ein Konzertflügel von Perth herangeschafft und auf der Veranda des kleinen Hauses aufgestellt worden war. Es war ein höchst ungewöhnlicher Anblick: das edle Instrument auf der alten hölzernen Veranda, umgeben von großen farbigen Sonnenschirmen und fröhlich essenden Gästen, die David mit *Gnomenreigen* und anderen Liszt-Stücken unterhielt. Auf der Straße hielten die Fahrer ihre Autos an, um sich an dem Schauspiel zu ergötzen. Malcolm sagte später, daß die Chardonnay-Trauben, die um das Haus herum wuchsen, in den Jahren darauf die meisten Erträge gebracht hätten.

Ein paar Tage nach unserem Ausflug aufs Land saßen David und ich auf unserer Terrasse und genossen einen ungewöhnlich friedvollen Nachmittag. Die Sonne brach durch unsere Weinranken, und in dem leuchtenden Schein sahen die reifen Früchte besonders verlockend aus. David war recht nachdenklich, was äußerst ungewöhnlich für ihn war; und einfach nur so dazusitzen und nichts zu tun, war ebenfalls sehr ungewöhnlich. Irgendwann erwähnte ich, daß wir uns bald auf den Weg zu Riccardo's machen müßten. Zunächst sagte David gar nichts. Dann sah ich, wie sich so etwas wie ein Lichtschein auf seinem Gesicht ausbreitete. »Darling«, sagte er. »Ich glaube, der Nebel lichtet sich. Ja, Ja! Der Nebel verschwindet, er verschwindet.«

18. Kapitel

Kategorie ›B‹

Davids Karriere machte Fortschritte, und Anfang 1985 wurde er eingeladen, beim Open-air-Konzert auf dem Leeuwin Estate aufzutreten. Auf Leeuwin, einem Weingut am Margaret River im Südwesten Westaustraliens, werden einige der besten Weine des Landes produziert. Irgendwann kamen die Besitzer Denis und Trish Hogan auf den Gedanken, ihr Weingut zur Kulisse eines internationalen musikalischen Ereignisses zu machen. Eine Bühne mit einer muschelförmigen Überdachung wurde konstruiert, und vor dem Hintergrund alter Gummibäume, die abends im Licht der Scheinwerfer leuchteten, entstand eine zauberhafte Atmosphäre.

Die Hauptattraktion des Eröffnungskonzerts war das London Philharmonic Orchestra, das auch auf dem Perth-Festival spielte. David sollte davor ein dreiviertelstündiges Konzert geben. Sein Klavier stand in einer großen Senke im Garten bei den Rebstöcken.

Etwa 7000 Zuhörer kamen mit Decken und Picknickkörben. Das Interesse der Medien war enorm, und während Davids Darbietung flog ein Hubschrauber über ihm, der Filmaufnahmen machte. Ich wurde durch den Fluglärm und den Wind ganz nervös, aber David spielte ungerührt weiter. Seine Angewohnheit, bei laut plärrendem Kofferradio oder Fernsehen zu üben – und natürlich seine Auftritte bei Riccardo's, wo es vor und neben dem Piano nicht immer leise zuging, schienen ihn gegen Ablenkungen immunisiert zu haben.

Bei Sonnenuntergang, unmittelbar bevor die London Philharmonics zu spielen begannen, erfüllten plötzlich die in der Nähe lebenden Rieseneisvögel – auch als ›Lachender Hans‹ bekannt –, die offenbar nicht hintanstehen wollten, die Luft mit ihrem rauhen Gackern. Sie müssen es wohl als Erfolg gesehen habe, denn seitdem tauchten sie jedes Jahr bei den Konzerten auf und spendierten eine Zugabe.

Auch David kehrte in den folgenden neun Jahren immer wieder auf das Weingut Leeuwin zurück und spielte vor und neben vielen berühmten Künstlern, darunter Dionne Warwick, Tom Jones, James Galway und Dame Kiri Te Kanawa, die sich als absoluter Profi auch durch strömenden Regen nicht vom Singen abhalten ließ. Aber das Konzert, das bei mir den nachhaltigsten Eindruck hinterließ, war das mit Diana Ross.

David spielte gerade *Rhapsody in Blue*, als der Veranstalter des Konzerts zu mir kam und sagte: »Sie müssen David zum Aufhören bringen. Mrs. Ross möchte sofort eine wichtige Durchsage machen lassen, und wenn er nicht aufhört, stellt sie ihren Auftritt infrage.«

Ich war außer mir. »Das wäre unfair – gegenüber David, Gershwin und dem Publikum«, antwortete ich. Der Veranstalter flehte mich an, ihm zu helfen und schien in der Tat völlig verzweifelt, da ihn Mrs. Ross' Launen schon an den Rand des Wahnsinns getrieben hatten. Sehr unwillig bat ich David schließlich aufzuhören, was er auch tat. Dann kam die so eminent wichtige Durchsage über die Lautsprecher: »Machen Sie während des Auftritts bitte keine Photos von Mrs. Ross.«

Abgesehen von Mrs. Ross waren die Konzerte auf Leeuwin's Estate für David sehr erfolgreich, und nach seinem Debüt entschloß sich Mike, auch Auftritte in anderen Bundesstaaten zu organisieren. Das einzige Problem bestand in Davids Flugangst. Die Tausende von Kilometer von Perth zu Konzerten in anderen großen Städten mit dem Auto zurückzulegen, wäre zu anstrengend und zeitaufwendig gewesen. Was also war zu tun? Da Davids Furcht vor dem Autofahren durch die Aussicht auf die Flitterwochen besiegt worden war, dachte ich mir für seine Angst vor dem Fliegen eine ähnliche Strategie aus. Ich überraschte David damit, daß wir uns ein zweitesmal Flitterwochen gönnen würden, da unsere ersten viel zu kurz gewesen seien. »Und dieses Mal möchte ich nach Bali«, schlug ich ihm vor. Solch einer aufregenden Sache konnte er einfach nicht widerstehen.

Wir trafen am Flughafen ein, und David geriet natürlich in Panik. Doch die Reise war gebucht und bezahlt, und als der Aufruf ertönte, war es zu spät, um umzukehren. Nachdem ich ihn mehrere Male umarmt hatte und ihn immer wieder an das tropische Paradies erinnerte, das uns erwartete, erklärte er sich schließlich bereit, ins Flugzeug einzusteigen.

Als der Jet die Startbahn entlangrollte, nahm Davids Anspannung zu. Er preßte seine Hände so hart gegen die Armlehnen, daß seine Knöchel weiß wurden. Der gehetzte ängstliche Ausdruck in seinen Augen ließ mich daran zweifeln, ob ich die richtige Entscheidung getroffen hatte. Schnell setzte ich ihm die Kopfhörer auf und wählte den Klassiksender. Dann löste ich seine Hände von der Armlehne, nahm sie in meine und hielt sie während des Starts fest.

Nachdem wir endlich in der Luft waren, löste sich Davids Panik langsam, und für den Rest des Fluges beruhigte ihn die klassische Musik. Die Landung in Denpassar bemerkte er kaum, da er zu sehr damit beschäftigt war, mir einen Abriß der indonesischen Geschichte der letzten zwanzig Jahre zu liefern.

Als wir nach fünf Tagen Sonnenschein, köstlichem Essen und Spaziergängen am Strand nach Perth zurückkehrten, wollte jeder bei Riccardo's alles über unsere zweiten Flitterwochen wissen. Einer der Gäste fragte, was David an der Reise am besten gefallen habe, und er antwortete fröhlich: »Die Flüge! Die Flüge!« Helfgott, das ewige Rätsel! Seitdem hat er nicht mehr das kleinste Anzeichen von Flugangst gezeigt.

Und das war auch gut so, denn einige Monate später arrangierte Kirsty Cockburn einen Auftritt für David in Ray Martins »Midday Show«, und dafür mußte er nach Sydney fliegen.

David sollte an zwei aufeinanderfolgenden Tagen auftreten und am zweiten von Ray interviewt werden. Eine aufregende Sache für David, der das letzte Mal als Teenager im Fernsehen aufgetreten war.

Ray Martin führte ein glänzendes Interview, und David

plauderte auf seine exzentrische Weise mit ihm, als seien sie alte Kumpel. Mitten im Gespräch fragte David plötzlich: »Ray, kommt das im Fernsehen?« – »Ja«, antwortete Ray. – »O je, dann sollte ich mich wohl etwas benehmen«, entgegnete David. Ray lachte, und das Publikum war begeistert.

Die Fernsehauftritte setzten sich fort. SBS kam nach Perth, um Mitte des Jahres eine zwanzigminütige Dokumentation über David zu drehen. David war entzückt, wieder einmal der »Star der Show« zu sein, aber für mich war es wichtiger, daß der Film zeigte, wie vergleichsweise klar seine Gedankengänge geworden waren und wie zusammenhängend er sich ausdrücken konnte.

Kurze Zeit später lud Gerald Krug David ein, Tschaikowskys Konzert Nr. 1 mit dem W.A. Arts Orchestra in der Perth Concert Hall aufzuführen, und nach der erfolgreichen Aufführung gab er David die Rolle des Gastkünstlers in *Die Fledermaus.*

Die Operette wurde insgesamt dreizehnmal aufgeführt, und in der Szene, in der ein Gastkünstler auftritt, spielte David die *Ungarische Rhapsodie* Nr. 15 von Liszt. Das ganze wurde zu einem kleinen Drahtseilakt, weil David ja immer noch jeden Abend bei Riccardo's am Klavier saß. Chris zeigte sich jedoch äußerst hilfsbereit, und wir legten die Pause im Riccardo's so, daß genug Zeit blieb, David zu Her Majesty's Theatre zu fahren, wo er das Liszt-Stück spielte und rechtzeitig zur zweiten Hälfte seines Sets wieder bei Riccardo's eintreffen konnte. Die wenigsten Gäste bemerkten seinen Zaubertrick überhaupt.

Seit er nur für sich selbst auf einem alten Piano in der Guildercliffe Lodge gespielt hatte, waren enorme Fortschritte Davids zu verzeichnen gewesen, aber noch lag ein weiter Weg vor ihm. Auch wenn wir beide den Aufstieg auf der Karriereleiter zu würdigen wußten, so war längst nicht alles so perfekt, wie es schien.

Es gab zwei große Probleme. Zum einen weigerte sich

der konservative Teil des Musikestablishments in Australien, und besonders in Perth, David als ernsthaften Musiker anzuerkennen. Davids geliebte ABC hatte darauf verzichtet, seine letzte Aufnahme auszustrahlen, und auch ansonsten zeigte der Sender ein fast schon auffälliges Desinteresse an ihm. Auch das Perth Konservatorium, dem wir vorschlugen, daß David einige Mittagskonzerte geben könne, ohne Gage, lehnte unser Angebot ausgesprochen kühl ab. Abgesehen vom Publikum, das stets in Scharen kam, und einigen treuen Kritikern schienen alle maßgeblichen Leute David für »eine auf der Bühne stehende Abnormität aus dem Kuriositätenkabinett« zu halten. Dieses Bild schränkte Davids Möglichkeiten natürlich enorm ein. Und was noch schlimmer war, es schloß ihn von echten Kontakten mit seinen Musikerkollegen aus.

Darin bestand unser zweites Problem. David brauchte diese Kontakte unbedingt, um sich auszutauschen und neue Ideen aufzunehmen, aber da die meisten Leute Schwierigkeiten hatten, ihn und seine Persönlichkeit zu akzeptieren, fanden diese Kontakte kaum statt. Daß er drei- oder viermal in der Woche bei Riccardo's spielte, tat ihm gut, und er liebte den Austausch mit dem Publikum, aber diese Abende brachten ihm kaum die musikalische Disziplin, die man braucht, um in der Carnegie Hall anzukommen. Auch Davids Stunden mit Madame Alice waren unschätzbar, aber Madame Alice war mittlerweile 88 Jahre alt und konnte nicht mehr allzuviel für ihn tun. Sie war jedoch fest davon überzeugt, daß es nicht gut für David war, wenn er praktisch außerhalb der musikalischen Gemeinde Australiens arbeiten mußte, weil die unter sich bleiben wollte. Er brauchte den Kontakt mit anderen Pianisten – er mußte sie spielen hören, er mußte ihnen vorspielen, und sie mußten ihre Arbeit gemeinsam diskutieren. Außerdem war es notwendig, einige Aspekte seines Spiels aufzupolieren, was ihm in Australien einfach nicht gelingen wollte.

Nach einer Diskussion mit Chris und Miles kamen wir zu dem Entschluß, daß es David sehr nutzen würde, wenn er wieder nach London ginge, um seine Studien dort fortzusetzen. Mike Parry hielt sich damals in London auf und erkundigte sich nach einem Lehrer für David. Nach einigem Zögern wandte er sich an Peter Feuchtwanger, einen durchaus umstrittenen Musikpädagogen. Einige sahen in ihm eine Art Gott, andere einen Scharlatan, aber Mike glaubte, daß Feuchtwanger die Sensibilität und die Fähigkeiten hätte, um David weiterzuhelfen.

Feuchtwanger erwies sich als äußerst umgänglich und freundlich. Mike gab ihm einige Bänder mit Aufnahmen von David, und Feuchtwanger zeigte sich beeindruckt. Er sagte, er freue sich darauf, David in England willkommen zu heißen und könne an vier Tagen in der Woche mit ihm arbeiten. Außerdem leite er Meisterklassen in Europa, die David sehr nutzen könnten, da er hier die Gelegenheit habe, sich mit anderen Musikern auszutauschen, zusätzlich zu den Privatstunden in London. Schließlich einigte man sich darauf, daß David im Sommer 1986 nach England kommen solle, vorausgesetzt, daß die Finanzierung seiner Studien gesichert sei.

Als Mike nach Australien zurückkehrte, stellte er für David einen Antrag beim Arts Council of Western Australia und bat um ein Stipendium in Höhe von 6000 Dollar. Anfang Dezember erhielt ich einen Anruf von einem Mitarbeiter des Arts Council. Er fragte mich, ob David in Übersee nur studieren oder auch arbeiten wolle, und ich versicherte ihm, daß es sich nur um einen Studienaufenthalt handele. Dann wies er mich darauf hin, daß David schon einmal gefördert worden sei – vom Music Council of Western Australia für seine erste Reise nach London – und daß dies seine Chancen auf ein neues Stipendium eher verschlechtere. Ich entgegnete, daß David das erste Stipendium 1965 erhalten habe, als es noch gar eine Arts Council gegeben habe, und daß ich nicht verstehen könne, wieso ein vor zwanzig Jahren gewährter Zuschuß ihm heute im Weg stehen sollte. Schließlich teilte mir der Mann vom Arts Council auf ziemlich herablassende Weise mit, daß David ja auch nur in »Kategorie B« einzuordnen sei, und zwar ziemlich am Ende. Mir wurde klar, daß wir einen aussichtslosen Kampf führten.

Ein paar Tage vor Weihnachten erhielten wir die Ablehnung. David, der in seinem Leben schon oft genug abgelehnt worden war, zuckte nur mit den Schultern, aber ich sprühte vor Zorn. Als Anfang des Jahres bekanntgegeben wurde, wer Stipendien erhalten hatte, stellte sich heraus, daß man das höchstdotierte Überseestipendium einem Pianisten gewährt hatte, dem nur ein Jahr zuvor eine ähnliche finanzielle Unterstützung zugefallen war.

Die schlechte Nachricht fiel mit den Vorbereitungen für ein Weihnachtskonzert zusammen, das David für eine der großen Minengesellschaften geben sollte. Mitte der Achtziger war in Perth eine ganz besondere Szene entstanden; hier im Westen traf man jetzt auf einige der schillerndsten Persönlichkeiten, die Australien zu bieten hatte. Dom Perignon galt als *das* Getränk zur Mittagszeit, und das Geld schien auf der Straße herumzuliegen. Das soziale Leben vibrierte nur so, und jede Woche fanden extravagante Parties statt. Alle sprachen davon, den America's Cup zu verteidigen. David erhielt sogar eine Einladung, auf der *Achille Lauro* zu spielen.

Sein Weihnachtskonzert fand auf der riesigen Terrasse des neuerbauten luxuriösen Merlin Hotels statt, mit Blick auf den Swan River. Das Klavier stand neben dem Pool, und es herrschte eine allgemeine Atmosphäre des Überflusses und des Optimismus. Der goldene Glanz der untergehenden Sonne lieferte den passenden Hintergrund.

Allan Rogers, ein erfolgreicher Geschäftsmann, den wir bei Riccardo's kennengelernt hatten, unterhielt sich mit mir, und als ich ihm von Davids letzten Mißgeschick erzählte, zeigte er sich entsetzt. Er fragte mich, wieviel Geld wir denn bräuchten, und ich antwortete, daß wir eine Förderung von 6000 Dollar beantragt hätten. »Überlassen Sie das nur mir«, sagte Allan auf eine lässige, aber keineswegs blasierte Art und verschwand, gerade als David begann, einige Rachmaninow-Préludes zu spielen.

Ein paar Minuten später kehrte Allan zurück und sagte nonchalant: »Russell Smith von Canon Mining gibt David 10 000 Dollar.« Ich sah ihn völlig verblüfft an. Es schien mir unvorstellbar, daß jemand innerhalb von fünf Minuten eine solch großzügige Entscheidung fällen konnte, und dachte an all die Formulare, die wir für das Arts Council hatten ausfüllen müssen. Allan bat lediglich darum, daß wir Russell einen kurzen Überblick über Davids Studienprogramm schicken und ein Foto machen ließen, wenn Russell den Scheck an David übergab.

Mike stellte den Überblick zusammen, und wenige Wochen später überreichte Russell David den Scheck – der noch um 2500 Dollar aufgestockt worden war. Der *West Australian* schickte einen Photographen und veröffentlichte die Story am nächsten Tag, nicht ohne den Kunst-Bürokraten eine kräftige Ohrfeige zu verpassen. Das blieb nicht ungestraft. Bei dem Aufbau seiner neuen Karriere hat David nicht einen Cent Förderung durch das Arts Council oder andere offizielle Institutionen erhalten.

19. Kapitel

Werke in Arbeit

Austin Pritchard-Levy war ein in der Forschung tätiger Astrologe, den ich auf einigen Konferenzen getroffen hatte und mit dem ich in Verbindung geblieben war. Da er auch ausgezeichnet Laute und Gitarre spielte, wollte er David gerne kennenlernen und sagte, er würde für ihn in Sydney ein Konzert organisieren. Durch seine Kontakte zum Music Department der University of Sydney konnte er im Februar 1986 die Old Darlington School dafür nutzen.

Die Old School ist ein historisches Gebäude mit viel Charme und Charakter, in dem etwa 150 Gäste Platz finden. Austin warb fleißig, so daß sogar die Sieben-Uhr-Nachrichten von ABC auf das Ereignis eingingen. Einige Leute waren von dem Bericht so begeistert, daß sie ihre Fernseher sofort ausschalteten, ihren Nachtisch stehenließen und in Windeseile losfuhren, um David spielen zu hören. Es war ein wunderbarer Anblick – all die Leute, die zur Old School strömten.

David machte es sichtlich Spaß, in diesem schönen Saal vor ausverkauftem Haus zu spielen. Nachdem das Konzert beendet war, wurden die Stühle beiseitegeräumt, und wir servierten Wein und Käse. Zum ersten Mal konnten die Einwohner Sydneys David kennenlernen, der wie üblich alle umarmte und mit seinem freundlichen, sympathischen Publikum plauderte.

Wir wohnten bei meiner Tochter Sue, und als wir nach Hause kamen, war es schon ziemlich spät. Gerade als wir zu Bett gehen wollten, fiel David ein, daß er keinen Kaugummi mehr hatte. Kaugummi, Zigaretten, Kaffee und Zucker, das waren Davids Süchte, an deren Regulierung wir noch arbeiteten. Den Zigarettenkonsum hatten wir schon auf fünfzig am Tag gesenkt, Kaffee wurde während des Spielens nicht mehr getrunken, aber Kaugummi kaute er ständig, zweifellos auch, um die Entzugssymptome der ersten beiden Substanzen zu mildern.

Auf gewisse Weise war diese harmlose Sucht Davids die ärgerlichste. Er kaute Wrigley Double Mint, PK oder Juicy Fruit, bis der letzte Tropfen Geschmack herausgewrungen war. Dann warf er den gebrauchten Kaugummi achtlos auf den Boden – und irgendwann klebte er unter seiner Schuhsohle. Er warf die Überbleibsel aber auch unter die Möbel, wo man sie beim Umräumen wiederfand, klebte sie auf Teller und vergaß, sie vor dem Abwaschen zu entfernen. Im schlimmsten aller Fälle steckte er die Relikte in die Hosentasche.

Wir hatten viel über diese unangenehme Angewohnheit gesprochen, ohne daß sich etwas geändert hätte. Also kleideten wir uns mitten in der Nacht an und zogen los, um Kaugummi zu kaufen. Sue wohnte allerdings in der Nähe des Geschäftsviertels, wo es keine kleinen, rund um die Uhr geöffneten Lebensmittelläden oder Tankstellen gab, die zu dieser Zeit noch offen hatten. Wir waren schon seit über einer Stunde vergeblich durch die leeren Straßen gelaufen, und schließlich reichte es mir. Ich machte David klar, daß seine kleine Sucht allmählich unser ganzes Leben beherrschen würde, und David, der selber ziemlich müde war, stimmte mir überraschenderweise zu. »*Tscha, tscha*«, sagte er, als spräche er mit einem Kaugummi im Mund. »Aber *dasch Schlimme ischt, dasch du dann nischt mehr läschelst.*«

Ein paar Tage später kam mein Sohn nach Sydney, wo er geschäftlich zu tun hatte, und wir gingen alle zusammen in ein indisches Restaurant. Ich freute mich, daß auch David mitkam, denn da wir in drei verschiedenen Städten lebten, sahen wir uns nicht allzu oft, und es war das erste Mal seit unserer Hochzeit, daß ich mit meinem Mann und meinen Kindern in einem Raum saß. Vielleicht bemerkte ich deshalb nicht, daß Scott Probleme mit David hatte. Es war erst das zweite Mal, daß sie einander trafen.

Am nächsten Tag beschlossen wir, mit der ganzen Familie einen Sonntagsausflug nach Palm Beach zu unternehmen. Als wir an einem Gartenrestaurant anhielten, um dort zu essen, nahm Sue, die schon immer sehr sensibel auf Scotts Gefühle reagiert hat, David auf einen Spaziergang mit, und Scott nutzte die Gelegenheit, sich mir anzuvertrauen und zuzugeben, daß er mit David einfach nicht zurechtkam.

Er erzählte mir, daß er David am Abend vor der Hochzeit so gut wie gar nicht kennengelernt habe, weil David ständig am Piano saß, von einem Haufen Leute umlagert. Er wußte zwar, daß Riccardo's für den Aufschwung in Davids Karriere sehr wichtig gewesen war, aber er hatte trotzdem den Eindruck gewonnen, daß David für einige Leute dort nicht mehr als eine Art »Tanzäffchen« war, und das machte ihn traurig. Auch bei der Hochzeit kam er nicht an David heran, weil der wieder inmitten von Leuten am Klavier saß. »Es kam mir vor, als glaube David, daß die Leute ihn ignorieren würden, wenn er nicht in die Tasten hämmert«, sagte Scott. »Ich hatte den Eindruck, daß er nicht nur dauernd zum Piano lief, weil er gerne spielte, sondern weil es auch eine Art Fluchtburg für ihn war.« Auch das hatte ihn betrübt.

Scott erzählte mir, daß er sich in dem indischen Restaurant äußerst unwohl gefühlt habe. »Ich konnte es kaum mitansehen, wie David jeden, den er sah, berührte und mit ihm reden wollte«, sagte er. »Es war okay, wenn die Leute freundlich reagierten, aber wenn jemand unwirsch wurde, bekam ich es richtig mit der Angst zu tun. Ich fand die Anspannung unerträglich.«

Als wir nach Hause kamen, wirkte David ziemlich verschlossen. Er murmelte vor sich hin und legte sich auf den Boden, wo er seine exzentrische Mischung aus Liegestützen und Lesen praktizierte. Scott fand einfach keinen Draht zu ihm, und obwohl er sicherlich etwas von der Wärme und der Liebe spürte, von der ich ihm erzählt hatte, schien sein Verständnis überfordert.

Auch während einer Autofahrt einige Tage später kam Scott mit Davids Unruhe und seinem unablässigen Reden immer weniger zurecht. Scott saß am Steuer, so daß er auch noch eine von Davids sicherlich irritierendsten Eigenarten über sich ergehen lassen mußte – wenn David hinter dem Fahrer im Auto sitzt, er tut es heute noch, legt er immer wieder unvermittelt seine Arme auf die Schultern des Chauffeurs.

Als wir zum Essen anhielten, wuchs Scotts Unbehagen, als er erneut sah, wie David wieder versuchte, jeden in seiner Nähe, auch die Kellnerin, in ein Gespräch zu verwickeln. Die Frau zeigte sich sehr reserviert, und man merkte Scott deutlich an, wie er darunter litt. Dazu kam natürlich, daß er sich wegen seiner negativen Gefühle Vorwürfe machte.

Ich sagte zu Scott, daß es keinen Grund für ihn gäbe, Schuldgefühle zu empfinden. Obwohl David erhebliche Fortschritte gemacht hatte, war er noch immer irritierend laut, hatte keine Vorstellung davon, wie nahe man anderen Menschen kommen durfte und konnte nicht in einer Art und Weise mit ihnen kommunizieren, die man als ›normal‹ bezeichnen würde. Mir war nur allzu klar, daß längst nicht jeder David so annehmen konnte wie ich, und manche konnten ihn überhaupt nicht akzeptieren.

Aber ich kannte auch meinen Sohn, und ich wußte, daß er immer auf meiner Seite stehen würde, auch wenn es ihm noch schwerfiel, David ganz in unsere Familie zu integrieren. Ich sagte zu ihm, daß jeder, auch er, so auf David reagieren könne und müsse, wie es ihm eben entspreche.

Nach unserem Gespräch war Scott erheblich ruhiger, aber er konnte noch immer nicht verstehen, warum seine Reaktion auf David negativer ausfiel als die anderer Leute.

Trotz all dieser persönlichen Probleme erwies sich unser Aufenthalt in Sydney als wichtiger Schritt in Davids Karriere, und als wir nach Perth zurückkehrten, beschlossen wir gemeinsam mit Mike Parry, daß es Zeit für eine nationale Tournee sei, bevor David nach England ging. Die Organisation bedeutete eine enorme Herausforderung für Mike, denn es gab in Australien keine Tourneestruktur, an die er sich hätte halten können; er mußte in jeden Staat reisen, um dort die geeigneten Veranstaltungsorte zu finden. Aber seine Mühen zahlten sich aus, und er verschaffte David Auftritte in Adelaide, Melbourne, Sydney und Brisbane.

Da auf David in den nächsten Monaten größere Anstrengungen zukommen würden, hielt eine Freundin von uns es für ratsam, daß er sich von einem Arzt gründlich durchchecken lassen solle und arrangierte einen Termin bei einem führenden Herzspezialisten in Perth. Dr. Muller, ein warmherziger und freundlicher Mann, kannte David, und die beiden vertieften sich in einen kleinen Plausch über Davids Rauchen und seine Vorliebe für sportliche Übungen. Als der Arzt ihn fragte, ob er schon mal seine Brust habe röntgen lassen, antwortete David: »Schon Jahre nicht mehr, Doktor«, woraufhin der Mediziner sofort veranlaßte, daß eine Aufnahme gemacht wurde.

Als wir am nächsten Tag wiederkamen, hielt der Arzt einige unangenehme, wenn auch kaum überraschende Neuigkeiten bereit. Er teilte David mit, daß seine Lungenspitzen geschädigt seien und daß er kein allzu hohes Alter erreichen würde, wenn er nicht sofort das Rauchen einstellte. David hörte zu, nickte und sagte: »Ja, sicher, natürlich, natürlich«, um sich dann, kaum hatten wir die Praxis verlassen, eine Zigarette anzustecken.

Ich war natürlich besorgt, aber da David schon so viele Fortschritte gemacht hatte, glaubte ich, daß es nur eine Frage der Zeit sei, bis er auch mit dem Rauchen aufhören könne. Ich habe in meinem Leben weder geraucht, noch Tee oder Kaffee getrunken – es schmeckt mir einfach nicht –, und vielleicht hätte ich das nicht geglaubt, wenn ich selbst von einem dieser Gifte abhängig gewesen wäre. Ich hatte einfach keine Ahnung, wie schwer es ist, das Rauchen aufzugeben. Zunächst kam ich aber erst einmal zu der Überzeugung, daß es kurz vor Tourneebeginn gar keinen Sinn habe, David vom Rauchen abzubringen, und beschloß deshalb, auf einen besseren Zeitpunkt zu warten.

In der Presse war viel über die anstehende Tournee geschrieben worden, und die Edmund Wright Hall in Adelaide, der ersten Station, war ausverkauft. David wollte jedem zeigen, welche Fortschritte sein Spiel gemacht hatte, er wollte beweisen, daß er bereit für diese Tournee war, und fühlte sich deshalb furchtbar aufgeregt. Immerhin stand er vor dem ersten großen Konzert außerhalb seiner Heimatstadt, und auch ich betrachtete die unbekannten, neugierigen Gesichter des Publikums besorgt und hoffte auf das Beste, während ich ein seltsames, bohrendes Gefühl im Magen spürte.

Aber David spielte gut. Die Musikkritikerin Elizabeth Silsbury schrieb im *Advertiser*, daß David »nicht nur sein technisches Können wiedergewonnen, sondern es auf eine Ebene gehoben hat, die man nur als übermenschlich bezeichnen kann«. Sie lobte seine »hoch individuellen« Interpretationen, seine Fähigkeit, das Piano »wie ein Orchester« zu begreifen, das »einen unbegrenzten Vorrat an Timbres erwartet und normalerweise auch bekommt«. Er spiele, als sei er »nicht der einzige Musiker, sondern mehrere, aber alle inspiriert von einem Geist und ausgestattet mit dem gleichen Können«. Das einzige, was sie zu kritisieren hatte, war »sein immer wieder zu hörendes tonloses Brummen, eine Art Singsang, als habe der Formel-Eins-Grand-Prix zu früh begonnen«. Ich kannte dieses »Brummen« natürlich und hatte schon oft mit David darüber gesprochen, aber wenn er auf eine Bühne trat, hing alles von seiner Stimmung ab. Manchmal sang und murmelte er vor sich hin, manchmal nicht, und bis heute kann niemand vorhersagen, was passiert, wenn er sich allein am Piano wiederfindet.

Während des Essens nach dem Konzert sprach mich ein großer, charmanter Mann an und stellte sich als Scott Hicks vor. Er sagte zu mir, daß ihn Davids Spiel sehr bewegt habe und daß ihn die Verwandlung von der geduckten Gestalt, die früher auf die Bühne geschlichen war, zu dem leidenschaftlichen Künstler fasziniert habe. Er sei Filmemacher und sehr daran interessiert, einen Kinofilm über Davids Leben zu drehen.

Ich war zwar überrascht, aber seine emotionale Reaktion

auf Davids Spiel gefiel mir, und außerdem machte er einen sensiblen und integren Eindruck auf mich. Ich sollte Recht behalten, auch wenn es dann neun Jahre dauerte, bis ich den Beweis sehen konnte. Ich bat Scott Hicks, uns seinen Vorschlag schriftlich zu unterbreiten, da wir am nächsten Tag nach Melbourne reisen wollten.

In Melbourne fand das Konzert in der Great Hall der National Gallery of Victoria statt, erneut vor ausverkauftem Haus. Seit seiner enttäuschenden Niederlage 1964 hatte David nicht mehr in Melbourne gespielt. Dieses Mal bot er eine elektrisierende Vorstellung.

Es handelte sich auch um das erste »richtige« Konzert, das mein Sohn Scott besuchte. Während der zweiten Hälfte, als David die *Bilder einer Ausstellung* interpretierte, sah ich zu Scott hinüber und merkte, daß er vollkommen gefesselt war. Bei der zweiten *Promenade* begann er zu weinen und hörte nicht mehr auf, bis David geendet hatte. Als wir hinter die Bühne gingen, weinte er noch immer. David lief auf ihn zu, umarmte ihn und rief strahlend: »Ich hab' Scottie zum Weinen gebracht! Ich hab' ihn zum Weinen gebracht!« Die beiden hielten einander im Arm, und Scott weinte sich an Davids Schulter aus. Man sah, daß es David mit großem Stolz erfüllte, daß seine Kunst jemanden so tief berührte. Zumindest glaubten Scott und ich das damals.

Im Laufe der Jahre sagte David immer wieder »Ich hab' Scottie zum Weinen gebracht«, wenn er meinen Sohn traf. Jedesmal, wenn wir ihn vom Flughafen abholten oder wenn er in seinem Wagen vor unserem Haus vorfuhr, lief David mit weit ausgebreiteten Armen lächelnd auf ihn zu und rief: »Ich hab' Scottie zum Weinen gebracht! Ich hab Scottie zum Weinen gebracht!« Kaum wurde in Scotts Gegenwart über *Bilder einer Ausstellung* gesprochen, wiederholte David diesen Satz und bald schien es uns seltsam, daß David immer wieder auf dieses besondere Konzert und dieses Stück zurückkam, denn Scott hatte es seitdem viele Male gesehen und war immer wieder tief bewegt gewesen.

Erst vor kurzem, nachdem er zwei Wochen mit David verbracht hatte, während denen sie lange Gespräche führten, erzählte mir Scott, daß er jetzt wirklich wisse, was »Ich habe Scottie zum Weinen gebracht« wirklich bedeutete.

»David«, sagte Scott, »muß die ganze Zeit gespürt haben, daß ich Schwierigkeiten mit ihm hatte. Erst als er damals die *Bilder* spielte und als ich weinte, wußte er, daß ich ihn vollkommen akzeptiert hatte, und zwar nicht nur, weil ich sein musikalisches Können anerkannt, sondern weil ich auf seine kindliche Reinheit und Liebe reagiert hatte. Wenn er mir sagt, daß er mich zum Weinen gebracht hat, dann sagt er mir in Wahrheit, daß er weiß, daß ich ihn liebe.«

David war bei diesem Gespräch nicht anwesend, aber er schien doch auf diese fast telepathische Weise, die er an sich hat, zu spüren, daß seine Botschaft bei Scott schließlich angekommen war. Seitdem hat er den Satz »Ich habe Scottie zum Weinen gebracht« nie mehr wiederholt.

Das Konzert in Melbourne war das beste auf der Tournee. In Sydney schaffte es der Veranstalter, Andrew McKinnon, 600 Leute in den Saal im Scots College zu pferchen, der über nur 550 Sitzplätze verfügte. Die Besucher mußten sich irgendwo einen Platz suchen, auf dem Boden und sogar auf den Treppen, so daß eine ständige Unruhe herrschte. Und ausgerechnet bei diesem Konzert hatte David seinen Singsang und das berüchtigte »Brummen« so weit gedrosselt, daß es mehr nach einem Mini Minor klang als nach dem Grand Prix.

Am Morgen vor dem Konzert war ich unglücklicherweise im Badezimmer ausgerutscht und hatte mir bei dem Sturz das Handgelenk gebrochen. Daß ich die Reise nach Europa, auf die ich mich so gefreut hatte, mit einem Arm in Gips antreten mußte, betrübte mich ziemlich, aber noch stand das Konzert in Brisbane an, das ein voller Erfolg wurde. Ich sehnte mich nach einem Bett und ein paar Tagen Ruhe, aber die Show mußte weitergehen. Dann dachte ich daran, daß mein gebrochener Arm sicher nichts im Vergleich zu den Gedanken war, die David vor der Rückkehr nach London durch den Kopf gehen mußten. Schließlich war die Stadt der Schauplatz seines größten Unglücks gewesen.

20. KAPITEL

Die frühen Jahre

Der neunzehnjährige David, der auf der P&O *Himalaya* in die nördliche Hemisphäre dampfte, spürte ein neues, fast unbekanntes Gefühl – Freiheit, zu der sich bald ein anderes neues Gefühl gesellte – Einsamkeit. Aber auch wenn er sich »wund« und »im Nebel« fühlte, an Bord der Himalaya lernte er eine wundersame Substanz kennen, die das »Wundsein« betäubte, den »Nebel« vertrieb und es ihm ermöglichte so zu tun, als sei alles in Ordnung. Diese Substanz war Alkohol.

»Ich war oft betrunken auf der *Himalaya*, betrunken und glücklich«, erinnerte sich David. »Ich betrank mich, schlich mich zur Gesellschaft des Captains und knipste alle Lichter aus. Alle hielten das für irrsinnig komisch. Ich galt als witzig, böse und schelmisch.« David spielte auch für die Passagiere, die natürlich begeistert waren, und er schloß während der Überfahrt einige Freundschaften. Die meisten Schiffsreisenden sahen in ihm einen brillanten, exzentrischen, etwas viel trinkenden, aber unglaublich charmanten und lebenslustigen jungen Mann mit einer vielversprechenden, aufregenden Zukunft. Und nach dem Muster der Reise an Bord der *Himalaya* sollte sich Davids Leben in den nächsten drei Jahren entwickeln.

David erinnerte sich daran, als er London zum ersten Mal sah: »Es war neblig, aber dann löste sich der Nebel auf, und es wurde schön.« Doch auch wenn sich der berühmte Londoner Nebel auflöste, der Nebel in seinem Kopf tat es nicht, und Davids Erinnerungen an seine Zeit in London waren deshalb stets äußerst vage und werden es wohl auch bleiben.

Bei seiner Ankunft an der Victoria Station wurde David von einem Mitglied der jüdischen Organisation B'nai B'rith abgeholt. Vom Büro der Gruppe fuhr er mit dem Taxi nach Willesden, wo er, wie zuvor vereinbart worden war, bei einer jüdischen Dame, Mrs. Strauss, wohnen sollte.

Bei seiner Begegnung mit Mrs. Strauss überreichte David ihr eine Schachtel Pralinen und einen Ring, den er ihr als besonderes Begrüßungsgeschenk gekauft hatte. David, der dazu erzogen worden war, sich immer freundlich und gehorsam zu zeigen und der einen natürlichen Hang dazu hatte, »lieb und nett zu jedermann« zu sein, wie er selbst sagte, ließ bei Mrs. Strauss keinerlei ungewohnliches Benehmen erkennen. Auch am nächsten Tag, als er zum Royal College of Music ging, um sich einzuschreiben, verhielt er sich ganz normal.

David war gerade noch rechtzeitig zu Beginn des Weihnachtssemesters eingetroffen. Man sagte ihm, daß er sich umgehend bei seinem neuen Lehrer, Cyril Smith, vorstellen solle. Schüchtern und ängstlich stand David vor Smiths Tür und versuchte, all seinen Mut zusammenzunehmen. Als er schließlich eintrat, teilte ihm Smith mit, daß er zu spät komme. Aber sobald David begann zu spielen, »war alles bald in Ordnung. Smith lächelte sehr zufrieden und meinte, er hätte ein paar sehr schöne Passagen gehört«, erinnerte er sich.

David gab sich sogleich der hektischen Abfolge der Stunden mit Smith, der Chorproben und der Kompositionsklassen hin. Der Mikrokosmos des College bildete eine stabile Umgebung, von der aus David die große, unbekannte Welt Londons erkunden konnte, sowie die ebenso komplexe wie unbekannte Welt seines Inneren.

In den ersten sechs Monaten entwickelte sich David enorm weiter. Bald schon sprach sich herum, daß er besonders talentiert sei, und die Bewunderung seiner Kommilitonen war ihm gewiß. Als die Studenten ihn besser kennenlernten, fanden sie seine kindliche, verspielte Persönlichkeit und seine Neigung, einen draufzumachen, fast ebenso bewundernswert.

Im Gegensatz zu der entlegenen und fast provinziellen Kunstszene Perths, so stellte David überwältigt fest, konnte er in London jede Menge erstklassiger Konzerte besuchen. »Professor«, schrieb David an Callaway, »ich besuche so viele Konzerte, wie meine Finanzen es mir erlauben; zugegeben, einige werde ich wohl verpassen, da allein in diesem Monat 150 stattfinden! Stellen Sie sich vor, 150! Und einige davon sind phantastisch!!« Oft saß David wie in Trance in einem dieser Konzerte, um sich danach die Noten des Stücks zu kaufen, das er gehört hatte, und es nachzuspielen.

Auch seine eigene Musik berauschte David. Der große Cyril Smith, selbst ein renommierter Pianist, der zehn Jahre zuvor durch einen Schlaganfall den Gebrauch des linken Armes eingebüßt hatte, öffnete David neue Türen, und der Junge saugte alle Weisheiten Smiths in sich auf.

Nachdem die erste Schüchternheit gewichen war, stellte sich heraus, daß David seinen neuen Lehrer mochte, und obwohl er im Dezember 1966 an Professor Callaway schrieb: »Mr. Smith ist ein hervorragender Lehrer – aber er ist schrecklich streng – jede Note muß perfekt sein!! Er reitet immer auf der Idee von ›Disziplin‹ herum, an der es mir leider mangelt«, urteilte er zwei Monate später: »Ein bemerkenswerter Lehrer; so einfühlsam – ich könnte mir keinen besseren wünschen!«

In Davids Erinnerung tauchte Smith als geduldiger und hilfreicher Lehrer auf: »In gewisser Weise war er eigentlich der Nachsichtigsten einer, denn erst einmal ließ er einen das Stück spielen, wie man wollte. Zuerst Vertrauen – das war die Regel Nr. 1. Dann haben wir es auseinandergenommen, haben in alle Ecken geschaut, jede Nuance, und dann haben wir es wieder zusammengesetzt.«

Nachdem er dem Jungen Selbstvertrauen eingepflanzt hatte, machte sich Smith daran, Davids Übungsmethoden zu ändern. Abgesehen davon, daß Smith in der Tat ein bekannter Verfechter der Selbstdizplin war, machte er sich Sorgen wegen Davids desorientierter und unorganisierter Art, in der er vielleicht bereits Anzeichen des Chaos sah, das langsam von Davids Gedanken Besitz ergriff.

»Im Moment bin ich dabei, mein Klavierspiel komplett zu überholen – mit dem Ziel, mich zu disziplinieren und auf die richtige Weise zu spielen. Ich hoffe, nie mehr eine Note zu spielen, über die nicht nachgedacht worden ist!« schrieb David im Dezember 1966 an Professor Callaway. Einige Wochen später gestand er in einem anderen Brief: »Natürlich gibt das Klavier seine Geheimnisse nicht so schnell preis; es scheint ein langer, steiniger Weg zu werden, aber ich gebe mein Bestes (hoffe ich).« Kurze Zeit später schien er sich zu einem wahren Jünger der Ideen Smiths gewandelt zu haben und schrieb: »Ich fühlte mich schrecklich, wenn ich daran denke, wieviele Jahre ich mit dem Herumstümpern auf dem Klavier vergeudet habe. Aber das ist die Vergangenheit, und mit meiner jetzigen Übungsmethode bin ich sehr zufrieden. Hauptsächlich besteht sie aus Konzentration und intensivem Zuhören – anscheinend findet alles im Kopf statt! Wenn man klar denkt, kann nichts schiefgehen.«

Der Kampf um die Klarheit der Gedanken wurde für David jedoch ganz allgemein immer schwieriger, egal wie glücklich er darüber war, in London zu sein. Das wachsende innere Chaos hatte nur sehr wenig mit den äußeren Umständen zu tun. Ihm machte jede schwierige oder unangenehme Situation mehr zu schaffen als anderen Leuten.

Beispielsweise fand er die Wohnsituation bei Mrs. Strauss und die Essenszeiten, die sie ihren Pensionsgästen zumutete, ausgesprochen ärgerlich.

Mrs. Strauss servierte das Abendessen zu einer Zeit, in der die meisten Konzerte begannen, die David gerne besuchen wollte und für die er oft schon eine Karte hatte. Doch anstatt zu gehen, blieb er oft und aß, denn er konnte weder selbst kochen, noch hatte er Geld übrig, um es für Essen auszugeben, denn die Miete für Mrs. Strauss beinhaltete sowohl Logis als auch Kost. Er ärgerte sich so sehr darüber, diese Konzerte zu verpassen, daß er Professor Callaway davon schrieb und sich noch viele Jahre später voller Frustration daran erinnerte.

David erinnerte sich auch, daß Mrs. Strauss offenbar »eine Heidenangst« vor ihm hatte und nachts ihre Tür abschloß. David empfand das als beleidigend. Aber er hatte auch noch ein anderes »persönliches Problem« mit seiner Vermieterin. »Mrs. Strauss hatte all diese viktorianischen Probleme wie der Vater. Ich fand bald heraus, daß Vater nicht der einzige war. All diese ›Viktorianer‹ sind psychisch geschädigt worden, sie haben einen Schaden. Sie sind alle ein bißchen repressiv.«

Nachdem er erst einmal von der Freiheit gekostet hatte, empfand David wenig Lust, sich der gleichen Disziplin zu unterwerfen, die er von Zuhause kannte. Die Unabhängigkeit war zu verlockend. »Deshalb ging ich zu ›Irish‹«, erklärte er. »Denn bei Irish konnte ich üben, wann ich wollte, ich konnte in Konzerte gehen, wann ich wollte, und ich konnte mich um mich selbst kümmern. Eine Weile funktionierte das auch.«

»Irish« ist Davids Spitzname für Mrs. Clifford, in deren Haus er Ostern '67 zog. Er hatte hier zwar kein Klavier – wie bei Mrs. Strauss –, und das Zimmer war äußerst einfach, aber die Miete betrug nur ein Viertel der vorherigen. »Irish« war freundlich und nachsichtig, ertrug Davids stärker werdende Neigung zum Exzentrischen und gewährte ihm soviel Freiheit oder Einsamkeit, wie er sich wünschte. »Ich bin am glücklichsten, wenn ich allein bin, wenn ich meine Ruhe haben und gezielt arbeiten kann; und das mit voller Konzentration«, schrieb David im März '67 an Professor Callaway. »Wie kann ich sonst darauf hoffen, voranzukommen?«

Mochte er auf musikalischem Gebiet auch vorankommen, seine völlige Unabhängigkeit bedeutete auch, daß er feiern und trinken konnte, soviel er wollte. »Das tat jeder auf dem College, es schien nichts Besonderes zu sein«, erklärte David. »Jeder riskierte ein paar Gläser Rotwein, ein paar Gläser Weißwein, und auf gewisse Weise tat es einem gut. Also trank ich viel *vino, vino* und Cider.«

Eine Zeitlang schien der vino David auch kaum etwas auszumachen. Sein Spiel verbesserte sich, und er brachte sogar die erstaunliche Leistung zustande, fünf Pfund zu sparen und sich ein Klavier zu kaufen. Das Instrument ähnelte natürlich eher einem Wrack – »beide Pedale waren gebrochen, und alle Tasten« –, aber David schaffte es immerhin, jemanden aufzutreiben, der es »stimmen, regulieren und in etwa flicken« konnte.

Zu diesem Zeitpunkt ließ er sich durch das Trinken auch noch nicht vom Üben abhalten und verbrachte Stunden über den Tasten. Smith schrieb in Davids Jahresreport: »Er spielt teilweise brillant.« Dennoch schaffte es David offenbar nicht, Smiths Vorstellungen von Konzentration und Disziplin zu erfüllen, denn der Lehrer teilte auch mit, daß er »sich der Arbeit noch mehr widmen« müsse und daß er »grundlegende rhythmische Probleme stärker beachten« solle. Brian Kelly, Davids Kompositionslehrer, zeigte sich noch weniger beeindruckt. »Ein ziemlich verkorkstes Jahr«, schrieb er in seinem Bericht. »Ein eifriger Schüler, aber seine Gefühle dominieren den Verstand und die Sache, und das Resultat ist Hektik.«

Nichtsdestoweniger müssen die Autoritäten, die für die Finanzierung seiner Ausbildung aufkamen, mit seinen

Fortschritten im ersten Jahr ganz zufrieden gewesen sein, da er auch weiterhin ein Stipendium erhielt.

Die Sommerferien verbrachte David mit Üben und dem Besuch von Freunden, von denen es bald einige gab. Am Ende des Jahres gehörte David wie die meisten Studenten seines Alters einer Clique an. An vier seiner Freunde hat er sich stets gerne erinnert, auch wenn er sie nur bei ihren Spitznamen nannte. Einer davon war »Sir Simon«, der Piano und Orgel studierte und keineswegs ein Lord war. Dann war da »Immaculate«, eine Pianostudentin, die eine Zeitlang zu Davids platonischen Freundinnen gehörte, genau wie »Dr. Connie Francis«, die natürlich keine Ärztin, sondern Cellostudentin war. Der einzige in der Gruppe, den David mit seinem richtigen Namen anredete, war ein Violinist namens Ian. Sie gingen zusammen in Konzerte, zu Musikwettbewerben und auf Parties, und da die anderen immer mehr Geld hatten als David, luden sie ihn oft in Restaurants oder ins Kino ein.

Abgesehen von diesen Freunden in seinem Alter pflegte David auch Kontakte zu einigen jüdischen Familien, die ihm durch seine Verbindungen zur jüdischen Gemeinde in Australien vermittelt worden waren. Obwohl diese Leute nett und freundlich zu ihm waren, so besuchte er sie immer seltener, je unabhängiger er wurde.

Eine der wichtigsten Freundschaften, die David in London aufgrund australischer Empfehlungen schloß, war wohl die mit dem australischen Autor Jack Lindsay und seiner Frau Meta. Lindsay, den David stets »Dr. Jacko« nannte, verehrte Katharine Susannah Prichard und lud den jungen australischen Pianisten ein, sein erstes Weihnachtsfest in London bei ihm und seiner Familie zu verbringen. Auch später besuchte David »Dr. Jacko« noch oft in Halstead und spielte für ihn; ihre Gespräche erinnerten ihn an seine Zeit mit KSP und an Australien.

KSP, mit der David weiterhin in einem angeregten Briefwechsel stand, hatte nicht nur für die Verbindung zu Jack

Lindsay gesorgt, sie hatte auch einen anderen Landsmann beauftragt, ein Portrait von David zu malen, das zu ihr nach Australien geschickt werden sollte. »KSP wollte mich für immer haben«, meinte David.

Insgesamt waren die Jahre von 1966 bis 1969 herrlich für ihn. »Das waren meine guten Jahre, die frühen Jahre«, sagte er.

Einer der wichtigsten und dabei scheinbar nebensächlichsten Augenblicke der »frühen Jahre« fand während einer Rede des Direktors des Royal College, Sir Keith Falkner (er war im Juni 1976 zum Ritter geschlagen worden) statt. Ein Satz aus dieser Rede grub sich tief in Davids Erinnerung ein – und, wie David und ich später feststellen sollten, auch in die von Sir Keith.

Der Satz war schlicht. »Worum geht es eigentlich?« fragte Sir Keith seine Studenten. Damals kannte David den Kontext, in dem die Frage gestellt wurde, aber er wußte die Antwort nicht. Fast zwanzig Jahre später, als David den Kontext längst vergessen hatte, sollte Sir Keith völlig unerwartet die simple Antwort enthüllen, und David war höchst erstaunt darüber, welch seltsamem Pfad sein Leben folgen mußte, damit er sie hören konnte.

21. Kapitel

Der wilde Junge aus den Kolonien

Im Frühjahr 1967 leistete sich David ein extravagantes und nicht nur in seiner Einschätzung »enorm teures« Geburtstagsgeschenk in Form von Kontaktlinsen. »Aber«, sagt David noch heute, »es hat sich gelohnt.« Er hatte sich schon immer von der unattraktiven Brillengläsern trennen wollen, die er seit seinem dritten oder vierten Lebensjahr getragen hatte und mit denen er sich stets minderwertig und

›anders‹ gefühlt hatte. Ein Teil des Stipendiums, das eigentlich für die laufenden Kosten vorgesehen war, ging dafür drauf.

Obwohl es sich bei den Linsen um die frühen, noch recht einfachen Modelle handelte, die beim Tragen schmerzten, war der Effekt verblüffend. »Es machte einen Riesenunterschied«, erinnerte sich David. »Die Linsen verbesserten meine *confiance* und mein Auftreten und meine *posturepedic*. Sie machten mich glücklicher und verbesserten mein Spiel.« Dieses neue *confiance* muß auch auf andere attraktiv gewirkt haben, ein Resultat, an das David vielleicht gar nicht gedacht hatte, das ihn jedoch sehr entzückte.

Da er wenig und unregelmäßig aß, hatte David an Gewicht verloren und war gertenschlank geworden. Mit seinen goldenen Locken, seinem jungenhaften Charme und seinem Witz wurde er bei den Mädchen sehr schnell beliebt, was vielleicht nicht allzu überraschend war. Überraschender war wohl, daß er damit auch bei den Männern beliebter wurde. Damit konnte David schon nicht mehr so gut umgehen.

»Alle auf dem College waren hinter mir her«, erinnerte er sich amüsiert, aber nicht ohne einen gewissen Stolz. »Ich hatte viele Freundinnen auf dem College und Freunde. Mich mochten alle, fast alle. Ich hatte ja diesen Ruf als der wilde Pianist, das sagten sie jedenfalls. Und weil ich in meinen frühen Jahren so unglaublich gut aussah, wollten natürlich alle mit mir schlafen«, meinte David mit einem ironischen Lächeln. »Natürlich wußte ich von solchen Dingen gar nichts, ich war ja völlig naiv und unschuldig.«

In der Tat zog der »wilde Junge aus den Kolonien« alle Blicke auf sich und weckte sicherlich so manche Begehrlichkeit. Er genoß diese Aufmerksamkeit und schien auch das Spiel der Verführung zu genießen, aber da er auf diesem Gebiet völlig ahnungslos war, hatte er auch keine Erfahrung darin, wie man es richtig spielt. Meistens entschied er sich für völlige Passivität und ließ sich in jede

Richtung führen, die man ihm vorschlug. Aber sobald es wirklich ernst wurde, scherte David aus. Die meisten, die ihn verführen wollten – erstaunlich viele – dürften dieses Verhalten wohl als aufreizend empfunden haben. Unter diesen vielen befanden sich im übrigen nicht nur Studenten, sondern auch Lehrer und Bekannte aus Künstlerkreisen.

»Ich lief immer davon«, gestand David ein. »Ich lief vor den Männern davon. Ich hatte Angst. Ich war einsam und hatte Angst. Wahrscheinlich war da eine Barriere, ein Schutzschild.« Frauen erging es mit ihm auch nicht besser. Etwas Streicheln, ein paar Küsse, zu mehr kam es nicht, egal was sie probierten. Davids Verhalten hat sie sicherlich verwirrt; wie sollten sie auch wissen, daß der Zwanzigjährige vor ihnen »an einem Haken hing und auf dem Level eines Fünfzehnjährigen lebte«?

Sein pubertäres Verhalten blieb jedoch nicht das einzige Schutzschild. In seinem zweiten Jahr auf dem College trank David immer mehr, um seine emotionalen Schmerzen zu betäuben. »Ich war dumm«, gestand er ein. »Ich ertränkte meine Sorgen in Alkohol, in *vino*. Ich trank und ertränkte.« Gegen Ende einer Party oder eines Essens konnten seine Freunde meistens nicht mehr viel mit ihm anfangen. David sah sie vielleicht schon von vornherein wie in einem ›Nebel‹, aber wenn dann der Alkoholschleier dazukam, wurden sie praktisch unsichtbar.

Dennoch wuchs Davids Ansehen bei den Studenten immer mehr. Als er mit Smith an *Islamay* arbeitete, blieben die Studenten immer wieder vor Smiths Zimmer stehen, lugten herein und hörten David bewundernd zu. Am 17. Oktober spielte David *Islamay* bei einem Kammerkonzert im College. »*Islamay* lief sehr gut«, schrieb er in einem Brief an Professor Callaway. »Ich bekam eine Menge Komplimente von den anderen Studenten, trotz einiger falscher Noten. Es lief gut, weil ich auf der Bühne überhaupt nicht nervös war!«

Nervosität auf der Bühne hatte allerdings nie zu Davids Problemen gezählt. Zu wenig Geld, ein immer chaotischerer Lebensstil und ein Verstand, der langsam außer Kontrolle geriet, allerdings schon.

Irgendwann in den ersten Wochen des Jahres 1968 kam David in ernste finanzielle Schwierigkeiten. Aufgrund der Weihnachts- und Neujahrstage und diversen Verzögerungen bei der Post traf sein Scheck aus Australien nicht ein. Die meisten seiner Freunde verbrachten die Winterferien bei ihren Familien. David war allein und mußte hungern. Die Panik, die seine finanzielle Lage verursachte, schien die ›wunde‹ Stelle am Auge noch zu verschlimmern. Viele Gedanken rasten in seinem Kopf umher, und David lief im kalten Winterwind durch die Straßen Londons, verzweifelt auf der Suche nach einem Ausweg. Als er über Hyde Park Corner ging, sprach ihn ein freundlicher junger Mann an, ausgerechnet, wie David sich erinnerte, »ein deutscher Jude! Man stelle sich das vor! Einer von uns«!

Die beiden unterhielten sich, aber offenbar redete David zu viel unverständliches Zeug, denn der junge Mann sagte schließlich zu ihm: »Du quatschst zu viel.« Dann lud er ihn in ein Restaurant ein.

»Ich war verzweifelt, und ich war hungrig, also nahm ich seine Hilfe an. Ich konnte einem Teller Suppe wirklich nicht widerstehen«, erklärte David seufzend. »Und dann ging es einfach so, ich wollte sehen, wie weit es geht, und ich war ihm dankbar für die Hilfe. Dieses Mal habe ich ja gesagt.« Dieses Mal, aus einem Grund, den er bis heute eigentlich nicht kennt, lief David nicht davon. Die Erfahrung verstörte ihn nicht, und nicht ohne Überraschung stellte David fest, daß »es mir am nächsten Tag gut ging«.

Dennoch hatte er weiterhin Angst vor Intimitäten und lief vor denen, die er kannte, fort. Völlig Fremde schienen weniger bedrohlich. »Es war einfach so«, meinte David lächelnd, wenn er über sein Verhalten in dieser Zeit sprach. »Es war einfach alles ein bißchen schräg.« Damals kosteten ihn seine Ausflüge auf die wildere Seite des Lebens einiges; sein verwirrter Geist wurde dadurch nicht gerade ruhiger. Aber nach zwei Jahrzehnten Nachdenken und Selbstanalyse hatte er den Punkt erreicht, an dem er seine Handlungen akzeptieren und offen über das Thema sprechen konnte: »Natürlich war das die Zeit des Swinging London – alles war erlaubt, alles. Na ja, fast alles. Wir haben alles ausprobiert, praktisch jeder hat das getan. Aber ich schätze, in seinen jungen Jahren soll man die Dinge erkunden und sich amüsieren. Denn wenn man in dieser Welt nicht seinen Spaß hat, ist man dumm. Man muß einen draufmachen und auch ein paar Risiken in Kauf nehmen. Das Leben ist so kurz, und man sollte Spaß haben und sich amüsieren.«

In seiner grenzenlosen Naivität erkannte David jedoch nicht, daß es Bereiche des Lebens gibt, die nicht jeder erkunden sollte. Im zweiten Jahr seines Studiums und der Selbständigkeit führte ihn die Erforschung seines Inneren in unsichere Gewässer, und er begann zu sinken. Noch konnte er sich jedoch immer wieder in den sicheren Hafen seiner Musik retten. David spielte weiterhin auf Collegekonzerten und bei Wettbewerben und begann erneut mit der Arbeit an Rachmaninows Konzert Nr. 3.

»Er hat ein ganz außergewöhnliches pianistisches Talent«, schrieb Smith in seinem Bericht über Davids zweites Jahr, »aber seine Arbeit ist schlecht organisiert und unbeständig.« Daß Smith zu dieser Meinung kam, hätte David sicher nicht überrascht, denn er wußte, welche Sorgen sich sein Lehrer um ihn und seine Zukunft machte.

»Smith hatte mich beobachtet«, sagte David, »und er war der Meinung, daß ich sehr gut Klavier spielen könne – und sonst nicht sehr viel tauge. Er hielt viel von mir und glaubte mich zu einem internationalen Star formen zu können, aber er meinte auch, ich sollte mich wirklich anstrengen, ein sehr guter Pianist zu werden, weil es sonst nicht viel gäbe, in dem ich gut sei. Smith sagte zu mir, daß jeder eine Achillesferse habe. Meine sei die Wankelmütigkeit. Er sagte, es wird kein *compri* geben. Entweder würde ich die Nummer eins oder der Letzte.«

Smith weise Worte bestätigten, was David sich selbst bereits bestätigt hatte. Um ein wenig so dringend benötigtes Geld zu verdienen, hatte er einen Job in einem Londoner Hamburgerrestaurant angenommen. Er begann in der Küche, wo er das rohe Hackfleisch zu Hamburgerklopsen formte, aber schon bald erkannte sein Chef gewisse Schwächen und übertrug ihm noch am ersten Tag niedrigere Arbeiten, bis er schließlich den Boden wischte. Doch obwohl der freundliche Mann Mitleid mit dem hoffnungslosen Jüngling hatte und vorschlug, ihn am nächsten Tag für eine andere Arbeit einzuteilen, lehnte David das Angebot ab. »Ich spiele besser Klavier, das kann ich am besten«, bot David mir als Erklärung für seinen schnellen Rückzug aus dem Hamburgergeschäft an. »Außerdem war es rohes Hamburgerfleisch«, fügte er sich schüttelnd hinzu.

Smith war bei weitem nicht der einzige, der David nicht nur für kindisch und exzentrisch hielt. Er wurde immer vergeßlicher und chaotischer, kam zu spät zu seinen Stunden, den Proben oder den Studentenversammlungen, und auch die anderen Lehrer merkten bald, daß der junge Mann Probleme hatte. Eines Tages, als David eine wichtige Probe für ein geplantes Konzert versäumte, mußte sogar Sir Keith für ihn eintreten, damit er eine zweite Chance bekam. Auch die älteren, vernünftigeren Freunde Davids erkannten seine Schwierigkeiten. Eine jüdische Bekannte »sah, daß etwas an mir nagte und schickte mich zu ihrem Hausarzt«.

Als der Arzt David fragte, was ihm fehle, brach er in Tränen aus – zum ersten Mal nach zehn Jahren – und erzählte dem Mann, daß er im Leben nur eins wolle »für den Vater Klavier zu spielen«. David schien untröstlich, er wollte, daß alles wieder so wie früher wäre, bevor Peter ihn aus dem Haus geworfen hatte. David wollte, daß sein Daddy ihn liebte, ihn beschützte und ihm immer wieder sagte, daß er sein kleiner Prinz wäre und daß er sehr, sehr stolz auf sein Klavierspiel sei.

Der Arzt hörte ihm aufmerksam zu und verschrieb Valium. David ging nach Hause und nahm die Medizin, aber nach ein paar Wochen wurde ihm klar, daß es damit nicht getan war. Zum ersten Mal in seinem Leben machte er sich auf die Suche nach einem Psychiater.

Als David seinem Lehrer von seinen Plänen erzählte, war Smith strikt dagegen. Auch im privaten Bereich erwartete er von seinen Studenten strenge Selbstdisziplin. »Er glaubte, man könne sich selbst heilen«, erklärte David. »Und ich denke, daß Smith ein guter Lehrer war, aber er war nicht weise. Ich bat ihn ja um Hilfe, ich brauchte Hilfe für mein Wundsein.«

Es dauerte eine ganze Weile, bis David den richtigen Psychiater gefunden hatte. »Ich habe alle möglichen Ärzte ausprobiert – die Kosten waren phänomenal«, erinnerte sich David. »Ich lief von einem Arzt zum anderen, bis ich Dr. Lupin fand.«

Eine Weile beruhigte sich alles etwas. David studierte und übte weiterhin, während er seine Termine bei Dr. Lupin wahrnahm, den er wirklich mochte. »Es schien mir gut zu tun. Wir unterhielten uns einfach nur. Danach fühlte ich mich viel besser.« Auch Davids Klavierspiel verbesserte sich in dieser Zeit auffällig.

Alle RCM-Studenten wurden nach ihrem musikalischen Können eingestuft, und als David mit dem Studium begann, hatte man ihm Stufe IV B zugewiesen. Diese Position sagte ihm überhaupt nicht zu, und er setzte alles daran, Stufe V zu erreichen. Endlich, nachdem er im dritten Jahr auf dem College *Bilder einer Ausstellung* gespielt hatte, wurde er in Kategorie V hinaufgestuft; aber nicht nur das – er erhielt auch den Marmaduke Barton-Preis und die Hopkinson-Silbermedaille, die dritthöchste Auszeichnung für Klavierspiel. David führte diese Erfolge auf seine Sitzungen mit Dr. Lupin zurück.

Um seine Fitneß und Gesundheit zu trainieren, ging David häufig schwimmen, entweder im Schwimmbad an der Marshall Street – wenn er es sich leisten konnte –, oder aber, wenn er knapp bei Kasse war, also häufiger – im trüben Wasser des Serpentine im Hyde Park. Aber der Sport schien wenig Auswirkungen auf sein Gewicht zu haben, das, wie alles andere in seinem Metabolismus, wilden Schwankungen unterworfen war. So kam es, daß er in einem Monat spindeldürr aussah und im nächsten merkwürdig aufgedunsen.

David trank noch immer große Mengen *vino* und ernährte sich schlecht. Er gab sein Geld lieber für eine teure Konzertkarte aus, für einen Platz, von dem aus er die Hände des Künstlers sehen konnte, als für eine anständige Mahlzeit. Um Energie zu tanken, trank er Kaffee und literweise Lucozade, eine Glukose-Limonade. Seine Freunde am College spotteten bereits darüber, daß er und seine Flasche Lucozade unzertrennlich seien. Was sie nicht wußten war, daß David und seine Flasche Valium mittlerweile ebenfalls unzertrennlich geworden waren – je mehr er nahm, desto mehr brauchte er.

Im Frühsommer 1969 unterlief David einer der schwersten Fehler seines Lebens, etwas, das er seitdem stets bedauert hat. Er kann sich an den Grund seines rüden Benehmens gar nicht mehr erinnern, aber jedenfalls machte er eine unschöne Bemerkung über »Irish«, seine nachsichtige und freundliche Vermieterin. Es ging dabei offenbar um ihr Aussehen oder ihr Benehmen, was für David besonders untypisch war, weil er eigentlich nie darauf achtete, wie andere Leute sich gaben. Irish nahm ihm seine unhöfliche Bemerkung verständlicherweise übel, teilte ihm mit, daß ihre Familie sein Zimmer bräuchte und bat ihn, ihr Haus zu verlassen. Wieder einmal packte David seine Koffer. Dieses Mal fand er ein Zimmer in einem Haus, das sich ein paar Studenten teilten. »Bei Irish hatte ich es ziemlich gut«, räumte David reumütig ein. »Aber ich war gemein, und habe mir damit selbst ein Bein gestellt, denn danach ging alles schief. Außer meiner großartigen Rach-Aufführung natürlich.«

Der Umzug hätte zu keinem ungünstigeren Zeitpunkt stattfinden können, denn David bereitete sich gerade auf das wichtigste Konzert seiner Karriere vor: am 17. Juli sollte er das gesamte dritte Konzert von Rachmaninow mit dem RCM-Orchester in der Konzerthalle des College spielen.

Seine letzte große Anstrengung in London lag damit vor ihm. Danach wollte David nur noch nach Hause; er spürte, daß er kurz vor einem Zusammenbruch stand. Einmal noch wollte er seine geistigen und emotionalen Kräfte mobilisieren und sich so gut er konnte konzentrieren und vorbereiten.

»Auf dem College wußten sie nicht mehr, was sie mit mir machen sollten, sie steckten in einem Dilemma«, sagte David, und es sah aus, als würde die Lösung, die sie für dieses Problem fanden, nicht gerade mit Davids Plänen übereinstimmen. Da man allgemein der Meinung war, daß David, obschon ein Pianist von enormem Potential, noch nicht »ganz erwachsen«, wäre, schien es ratsam, daß er noch einige Zeit in der halbwegs stabilen Umgebung des College verbringen sollte, bevor er in die große weite Welt hinausginge, um sein Talent zu zeigen.

Ein paar Tage vor dem Konzert »kam Mrs. Luber extra aus Australien angereist, um mich zu organisieren«, erinnerte sich David. Mrs. Luber-Smith erschien in Begleitung ihres Ehemannes und stellte rasch fest, daß Davids finanzielle Situation und seine geistige Verfassung Anlaß zur Sorge gaben. Sie traf sich mit dem Finanzverwalter des College und mit Cyril Smith. Daraufhin gewährte das College David das Leverhulme-Stipendium, mit dem die Gebühren und ein Teil der Lebenshaltungskosten für ein weiteres Jahr abgedeckt waren. David sollte davon jedoch erst vier Tage nach seinem Konzert erfahren.

Als David am Morgen des 17. Juli erwachte, fühlte er sich besonders ›wund‹. Manche Tage waren einfach ›nebliger‹ als andere, und das ›Wundsein‹ war dann schlimmer. Am Nachmittag, um halb drei, sollte die Probe mit dem Orchester stattfinden. Um einen klaren Kopf zu bekommen, beschloß er, vorher noch schwimmen zu gehen. Darüber vergaß er jedoch die Zeit und verspätete sich. Als David in die Halle eilte, hatte das Orchester bereits ohne ihn zu spielen begonnen. David hastete auf die Bühne, setzte sich ans Piano und fand augenblicklich den richtigen Einsatz im ersten Satz. Dann spielte er das Konzert mit dem Orchester zu Ende, als sei nichts geschehen.

Auch wenn das Benehmen des Solisten allen Beteiligten einiges an Geduld abverlangte, so »vergaben sie mir doch, weil ich so gut spielte«, wie David meinte. »Ich war wund, wund, aber alle meinten, die Probe sei gut gelaufen, so lautete jedenfalls die Reaktion aus dem College.« Dann räumte er ein, daß es auch besorgte Stimmen gab: »Manche meinten, sie wären nicht ganz sicher, ob ich am Abend des Konzerts auch erscheinen würde. Smith sagte zu mir: ›Wir wissen nicht genau, was du tun wirst, David.‹ Aber natürlich erschien ich pünktlich zum Collegekonzert.«

Da er sich seines Rufs als Exzentriker damals kaum bewußt war, erfuhr David erst siebzehn Jahre später, daß sich Vernon Handley, der Dirigent, kurz vor Beginn des Konzertes zu Sir Keith umdrehte, tief Luft holte und sagte: »Es wird riskant, aber vielleicht wird es auch brillant.«

22. Kapitel

Riskante Geschäfte

Nach seinem Schlaganfall 1956 veröffentlichte Cyril Smith ein Buch mit dem Titel *Duet For Three Hands*. Er bestand darauf, so David, daß »alle Studenten das Buch lesen sollten, weil es motivierend und inspirierend sei«.

In diesem Buch schrieb Smith auch über die Schwierigkeiten selbst des ambitioniertesten Klavierspielers, »im Jahr mehr als zehn aufeinanderfolgende Sekunden perfekten Spiels« hinzubekommen und auch nur einen winzigen Teil Musik zur »vollkommenen Zufriedenheit« zu spielen.

Als David sich an das Klavier setzte, um Rachmaninows Konzert Nr. 3 zu spielen, war er mit Smiths These bestens vertraut. Er hatte sich auch Smiths Meinung zu eigen gemacht, daß ein Pianist nur dann perfekt spielen kann, wenn es eine »Balance« gibt: »Hände, Geist und Seele müssen ausgeglichen sein; dann ist der Kreis vollendet und man spürt ein Gefühl der Befriedigung.«

David begann das Konzert eine Spur zu langsam, aber er fand sich schnell zurecht. »Ich gab wirklich alles«, erinnerte er sich stolz. »Das war das einzige, das zählte. Ich beschloß einfach, mich zu konzentrieren, und es lief gut.«

»Klavierspielen«, hat David einmal sinniert, »ist ein riskantes Geschäft, aber man muß Risiken eingehen, denn das Leben ist nur ein sehr kurzes Zauberstück.« Daher, so seine Schlußfolgerung, »muß man alle Noten so gut kennen, daß man sie mit verbundenen Augen spielen kann. Als ich den Rach an jenem Abend spielte, hätte man mir wirklich die Augen verbinden können, so sicher fühlte ich mich. Mir war klar, daß es mit Magie zu tun hatte, denn ich fühlte mich an diesem Abend richtig inspiriert. Es war eine hübsche Balance. Ich fühlte mich wirklich zufrieden. Ich fühlte mich als Ganzes. Ich hätte mir nie träumen lassen, so erfolgreich zu spielen.«

Nachdem ich Cyril Smiths Buch gelesen hatte, fragte ich David, ob er das Gefühl gehabt hätte, »zehn aufeinanderfolgende Sekunden perfekten Spiels« hinbekommen zu haben.

»O ja!« antwortete er. »Ich habe die ganze Zeit perfekt gespielt!«

In der Tat spielte er an jenem Abend so außerordentlich gut, daß er mit einer stehenden Ovation belohnt wurde, und zwar nicht nur vom Publikum, sondern auch von den Professoren des RCM – etwas, das in der Geschichte des College nur äußerst selten vorgekommen ist. David erinnert sich nicht daran, das Publikum gesehen und seine Jubelrufe und den Applaus gehört zu haben. »Man hat mir hinterher von der stehenden Ovation erzählt«, sagte er. »Ich bekam nur mit, daß sich jeder zu freuen schien.«

»Warum hast du dein Publikum nicht gesehen? Bist du von der Bühne gegangen?«

»Nein«, antwortete er. »Ich lief dort oben auf und ab, ich lief auf der Bühne hin und her und blickte kaum auf. Vielleicht weil ich mich gleichzeitig so aufgeregt und erleichtert fühlte. Ich wußte, es war ein Erfolg.« Nachdem der Applaus verklungen war, so erinnerte sich David, »war Smith sehr erfreut und gab mir die Hand. Das war das einzige Mal, daß er mir je die Hand gab! Ziemlich einzigartig!«

Davids Aufführung wurde zum besten Studentenkonzert des RCM für dieses Jahr gewählt, und er erhielt den mit 13 Pfund dotierten Dannreuther-Preis. Am folgenden Montag bekam er den Scheck, zusammen mit der Nachricht, daß er außerdem das Leverhulme-Stipendium in Höhe von 500 Pfund erhalten habe. Und plötzlich befand sich David in einem Dilemma.

Er wußte, daß es sich bei diesem Stipendium um eine seltene Ehre handelte. Außerdem hatte er damit sich selbst und den anderen bewiesen, daß er das Zeug hatte, ein großer Musiker zu werden. Er wußte auch, daß sich ihm jetzt vielleicht die Chance bot, in den großen Konzertsälen Londons aufzutreten. Aber er spürte auch deutlich, daß er sich gefährlich nahe am Abgrund bewegte.

»Ich hätte im Triumph heimkehren sollen«, murmelte David manchmal, wenn er düsterer Laune war. »Ich wußte, daß es im vierten Jahr zu einer Katastrophe kommen würde, aber was konnte ich machen? Ich mußte dem College gehorchen, weil sie all das Geld für mich ausgegeben hatten und wollten, daß ich bleibe. Sie hatten Konzerte für mich in der Albert Hall und in der Academy arrangiert. Also steckte ich in der Klemme. Ich saß in der Falle. Aber ich hätte wirklich nein sagen sollen, ich hätte meiner *intuitive* folgen müssen.«

Unter den gegebenen Umständen wäre es David allerdings äußerst schwer gefallen, seiner *intuitive* zu folgen. Wenn er aus den Fenstern sah, fiel sein Blick auf die Albert Hall, wo er spielen sollte – eine große Ehre für einen zweiundzwanzigjährigen Jungen aus Perth, dessen musikalische Karricre auf einem selbstgezimmerten Klavierstuhl begonnen hatte. Da waren Männer wie Smith und Sir Keith und »Frankie-Boy« – Männer, die er ungemein bewunderte, Männer, die ihn gefördert hatten und die er nun mit Stolz erfüllen konnte. Außerdem stand dieses Stipendium bereit. Wie konnte er ein solches Privileg ausschlagen? Letzten Endes entschied sich David dafür, ein weiteres Jahr zu bleiben, ein Jahr, das in seinen Augen zur »Hölle« wurde. »Nach dem ›Rach‹-Konzert begann das Chaos. Alles wurde neblig und milchig, neblig und milchig.«

Davids Psyche schaffte es nicht länger, seine emotionalen Schmerzen an den Rand seines Augenlids zu drücken. Der Schmerz breitete sich aus, schlich sich auf sein Herz zu und hüllte schließlich seine Seele ein. Um gegen den Schmerz anzugehen, trank David immer mehr und schluckte immer mehr Valium. »Aber«, erkannte er bald, »das war auch keine Lösung.«

»Ich wollte nur das Wundsein betäuben, und ich dachte,

es würde helfen«, erklärte er. »Aber natürlich half es nicht. Es ist ein Teufelskreis. Tatsache ist, das all diese Medikamente Nebeneffekte haben. Sie machen dich schläfrig. Eine kleine Dosis ist vielleicht okay, aber ich nahm zu viel und machte mir gar keine Gedanken darüber. Ich habe es übertrieben. Ich übertreibe immer alles. Ich nahm eine ganze Handvoll! Wie Judy Garland! Stell dir vor, ich hätte mich umbringen können! Alkohol und Tabletten sind eine tödliche Kombination – das macht dich wirklich fertig. – Man darf sich nicht verzehren«, fuhr er nach einer Pause fort. »Man braucht eine gewisse Form der Gesundheit, um dem Publikum seine musikalischen Intentionen mitteilen zu können, nicht wahr? Mit Valium fiel es mir schwer, mich zu konzentrieren – diese Medikamente sind so unzuverlässig.« Er lächelte. »Und dann konnte ich plötzlich nicht mehr gut spielen. Stell dir vor! Ich hatte drei Jahre lang so gut gespielt.«

Die Monate nach dem Ende von Davids drittem Jahr in London sind aus Davids Erinnerung verschwunden, aber an eines kann er sich noch deutlich erinnern: er bat Dr. Lupin, ihn in eine psychiatrische Klinik einzuweisen. »Ich verlangte verzweifelt nach Hilfe, denn ich konnte das Wundsein, das ich schon so lange empfand, nicht mehr ertragen. Diesen *dommage* trug ich mit mir herum, seit ich vierzehn war, und schon als ich nach London kam, spürte ich, daß es immer schlimmer wurde«, erklärte er. »Ich bettelte Dr. Lupin förmlich an, denn es tat so weh.«

Auch wenn Dr. Lupin zunächst nicht der Meinung war, daß David sich solch radikalen Maßnahmen unterziehen sollte, wies er ihn im Oktober 1963 doch ins Halliwick Hospital ein. Wie an seine anderen Krankenhausaufenthalte kann sich David auch an diesen kaum erinnern. Die Zeit im Halliwick war jedoch durch eine schreckliche Nachricht geprägt.

Als die Krankenschwester eines Tages die Post brachte, befand sich darunter auch ein kleines Päckchen aus Australien. Die Schwester kam nach ein paar Minuten zurück, um nach David zu sehen, und fand ihn in Tränen aufgelöst vor. In dem Päckchen befand sich Davids Korrespondenz mit KSP und andere kleine Erinnerungsstücke. Während seiner ganzen Zeit in London hatte er immer wieder Kraft und Mut aus seiner Freundschaft mit KSP gezogen. Auch wenn sie auf der anderen Seite des Atlantik lebte, so waren ihre regelmäßigen Briefe – »wunderschöne Briefe, voller Liebe, voll mit wunderbaren Zeilen und Gedichten« – die einzige Quelle der Zuneigung, aus der er Hoffnung schöpfen konnte. Jetzt würde es keine Briefe mehr geben und auch keine Gespräche mehr, wenn er nach Australien zurückkehrte. KSP war gestorben.

Die Krankenschwester nahm David in den Arm. »Sie sagte mir, ich sei großartig, ich würde damit zurechtkommen. Sie tröstete mich und sagte, der Schmerz würde vergehen.«

Aber der Schmerz verging nicht. Er wurde nur zeitweilig durch Chemikalien betäubt, die nicht so gebräuchlich waren wie Valium. Und als es so schien, als sei er genügend betäubt, wurde David aus der Klinik entlassen, gerade noch rechtzeitig für den jährlichen Besuch des Präsidenten des College, damals die Königin-Mutter. Aus ihrer Hand empfing David die Hopkinson-Silbermedaille.

Im Dezember gelang es ihm – sicherlich mit fremder Hilfe – ein Zimmer in dem neuen RCM-Wohnheim für männliche Studenten, der Robert Mayer Hall, zu bekommen.

Davids Zustand verbesserte sich kaum, wie ein Brief vom 31. Dezember an Professor Callaway beweist: »Letzte Woche versuchte ich mich am zweiten Brahmskonzert – und leider hätte es weitaus besser laufen sollen. Ich war sehr schlechter Stimmung … Wie sollen wir es nennen? ›Semesterende-Malaise?‹« Im folgenden Semester brauchte er seine Stimmungen jedoch gar nicht mehr zu beschreiben; der Niedergang seiner geistigen Gesundheit ließ sich an den seltsamen Unterstreichungen und der exzentrischen Zeichensetzung ablesen, mit der auch die kürzesten Briefe oder Notizen versah.

Dennoch übte David weiterhin, und er trat auch auf. Im vierten Jahr auf dem College gab es nicht mehr viele festgelegte Stunden und Kurse für ihn. Er konnte die Einrichtungen zwar nutzen, sollte nun aber lernen, unabhängiger zu werden. Aber was schon schwierig für ihn gewesen war, wenn es ihm gut ging – sich selbst zu organisieren –, fiel ihm jetzt unendlich schwer. Er vergaß Auftritte oder bereitete sich nicht genügend auf sie vor. Und selbst wenn die Kritiker und das Publikum sein Spiel lobten, er selbst verabscheute es.

Am 24. März 1970 spielte David das Rachmaninow-Konzert Nr. 3 in der Duke's Hall in der Academy of Music, und dieses Mal stimmten alle überein, daß die Aufführung »peinlich« und »theatralisch« gewesen sei. Cyril Smiths entsetzter Kommentar einem Freund gegenüber lautete: »Ich habe ihm nicht beigebracht, so zu spielen.« Obwohl sich David der mangelnden Qualität seines Spiels durchaus bewußt war, konnte er wenig dagegen tun, da er zu diesem Zeitpunkt schon fast völlig ›taub‹ war.

Die ›Taubheit‹ verschlimmerte sich weiter, aber einen Monat später mußte er sich vor dem Publikum in der ausverkauften Royal Albert Hall verneigen. Er spielte das schicksalhafte Liszt-Konzert in E – jenes Werk, das er nach der »Haßnacht aller Haßnächte« mit Peter gespielt hatte. Obwohl sich die Kritiker seiner Einschätzung nach »freundlich« zeigten und das Publikum zufrieden reagierte, enttäuschte ihn vor allem, wie wenig er von seinem eigenen Spiel noch hörte. »Natürlich war ich ›wund‹ an jenem Abend, als ich das Liszt-Stück in der Albert Hall spielen mußte«, sagte David. »Genau wie beim Rach 3 in der Academy.«

»Sein Leben ist so durcheinander und chaotisch verlaufen«, schrieb Smith in seinem letzten Bericht über David am Ende des vierten Jahres, »daß dem pianistischen Fortschritt nur sporadisch Gelegenheit gegeben wurde. Dennoch haben diese fantastischen Hände so manches Mal Passagen von unglaublicher Brillanz hervorgebracht.«

Sir Keith, der David sehr bewunderte und den das unglückliche Schicksal eines seiner Lieblingsstudenten zutiefst betrübte, fügte hinzu: »Du hattest viele Höhen und Tiefen. Einige brillante Momente und einige weniger brillante. Ich hoffe, daß du Erfolg findest und dein Leben und deine Arbeit stabilisieren kannst. Laß von dir hören.«

Das akademische Jahr neigte sich dem Ende zu, genau wie Davids finanzielle Mittel und seine Fähigkeit, den Schmerz zu ertragen. »Als ich sagte, es ginge mir nicht gut, meinte ich natürlich dieses ›Psycho-Zeug‹ – es ist eine schreckliche Sache, und ich kann wirklich nichts dafür«, schrieb David am 5. Juli an Mrs. Luber-Smith. Meine Chancen bei den (großen Musikwettbewerben) stehen momentan aufgrund der Krankheit nicht sehr günstig; was für eine schreckliche Sache … ich werde mir einen Job suchen müssen, wie jeder andere auch (der nicht reich ist) oder zumindest versuchen, einen zu kriegen. Musik muß eine Weile zum Hobby werden; wenn ich dann richtig gesund bin, kann ich noch immer nach New York oder Philadelphia gehen. Ich habe immer mein Bestes getan, wissen Sie. Aber wenn man nicht gesund ist, reicht das Beste eben nicht aus, um auf diesem hohen Niveau mitzuhalten, das heute überall verlangt wird. Ich werde die Robert Mayer Hall wohl bald verlassen müssen, und ein Winter in London ohne Dach über dem Kopf sagt mir überhaupt nicht zu – ich muß nach Australien zurückkommen.«

Vier Tage später schickte David einen verzweifelten Hilferuf an Professor Callaway: »Ich schreibe Ihnen um zu erfahren, ob ich so schnell wie möglich nach Australien zurückkehren kann. Es ist mir unmöglich, hier zu überleben … ich habe kein Geld, ich hungere, ich habe keinen Job, und ab nächster Woche habe ich auch keine Unterkunft mehr.« David wartete vier weitere Tage und schickte am 13. Juli ein Telegramm an den Professor: »Ich möchte nach Hause. Bitte. David Helfgott.«

David konnte nicht wissen, daß sich Professor Callaway außer Landes aufhielt und daß sein Schrei nach Hilfe nur dessen Sekretärin erreichte, die ihm jedoch sofort etwas Geld schickte, damit er sich über Wasser halten konnte, bis der Professor wieder eintraf und sich der Sache annehmen würde. Mrs. Luber-Smith wurde eingeschaltet und alarmierte Davids alte Freunde: Alec Breckler und Johnny Garek, den Seeligson Trust. Am Ende der zweiten Augustwoche war ein Rückflug für David gebucht und bezahlt.

David rannte in seinem kleinen Zimmer in der Robert Mayer Hall herum, ständig stolpernd und vor sich hin murmelnd. Er warf ein paar einzelne Socken in den Koffer, ein paar Notenblätter, ein Buch, einen Stift und … nein, jetzt blieb ihm keine Zeit mehr zum Packen. Das Taxi wartete. David rannte auf die Straße hinaus, sprang in den Wagen und wies den Fahrer an, ihn sofort nach Heathrow zu bringen.

TEIL ZWEI

Bewußtsein im Nebel

»Das Leben ist eine Reise, jeder Tag ist eine Reise. Und jeder Augenblick ist kostbar.«

1. Kapitel

Geistertanz

»Jenny Darling, könnte ich noch ein kleines bißchen Coca haben, nur eine kleine Coca-Cola, oder Kaffee. Kaffee wäre genauso gut, Jenny, oder Coke oder ...«

»Eine Coke? Kein Problem.«

»Danke, Jenny, danke. Ich werde ja so verwöhnt, so bevorzugt.«

Der Passagier neben mir redete unablässig. Es war David. Wo bin ich? Ach ja, wir sitzen in einem Flugzeug. Was war das mit der Coke? Gott, wie viele hat er getrunken? Wie lange habe ich wohl gedöst?

Ich wachte auf. Nein, es war kein Traum. Die nette junge Stewardess kam mit einer Dose Coke auf uns zu. Mir blieben nur ein paar Sekunden. »*Possum*, wie viele hast du gehabt?« fragte ich und klopfte David mit meinem Gipsarm aufs Knie, um seine Aufmerksamkeit zu erregen.

Er strahlte mich fröhlich an und nahm seine Kopfhörer ab. »Nur ein paar, Darling, nur sehr wenige, einige, wenige, weil ...« Das hyperaktive Geplapper hörte nicht auf. Entschuldigend lächelte ich der Stewardess zu: »Tut mir leid, daß wir sie belästigt haben, aber nein, wir möchten doch keine Coke mehr.«

David und ich befanden uns auf dem Weg nach Europa. Es war unser erster gemeinsamer Überseeflug. Abgesehen von dem kleinen Rausch einer leichten Überdosis Zucker und Koffein machte sich David recht gut. Auf unseren Flügen durch Australien hatte er bestimmte Rituale entwickelt, von denen er nicht mehr abwich. Wenn er ein Flugzeug betrat, warf David als erstes einen Blick auf die Namensschilder der Flugbegleiter und lernte sie auswendig. Während des Fluges sprach er sie dann stets mit ihrem Namen an und plauderte mit ihnen, als würde er sie schon seit Ewigkeiten kennen. Er becircte sie so lange mit seinem

Charme, bis sie ihn endlos mit Coke, Kaffee und Limonade versorgten – das Paradies, besonders wenn ich eingenickt war und ihn nicht kontrollieren konnte.

Am Ende der Reise gab es dann eine herzliche Verabschiedung. Das Flugpersonal verhielt sich immer ausgesprochen nett zu ihm, wenn man bedenkt, was für ein anstrengender Passagier er manchmal sein konnte. Noch netter wurden sie, als ich darauf achtete, daß David immer einen Fensterplatz bekam. Wenn er am Gang saß, schnappte sich David jeden Steward und jede Stewardess, die vorbeiging, verwickelte sie in ein Gespräch, versuchte sie zu umarmen und erwies sich ganz allgemein als störendes Element. Saß er aber am Fenster und hörte über Kopfhörer klassische Musik, stellte er eine weitaus geringere Bedrohung dar. Seine Flugmanieren wurden noch besser, wenn er sich mit Papier und Bleistift seinen »composedlies« widmen konnte – ein wichtiger Teil von Davids Leben.

Als ich zum ersten Mal Davids Musikbücher durchging, um sie zu ordnen, fiel mir auf, daß er winzige Kompositionsfragmente auf die Seiten geschrieben hatte. Ich fragte ihn danach, und er erklärte mir, daß es sich um seine »composedlies« handele, die er vor langer Zeit geschrieben habe. Er erzählte mir, wie sehr er eigentlich das Komponieren liebe. Bevor er nach London gegangen sei, habe er oft kleinere Werke geschrieben, aber da er sich auf dem College auf diesem Gebiet schwergetan habe, hatte er seither nichts mehr komponiert.

Doch als der ›Nebel‹ sich langsam zu lichten begann, konnte David wieder die Musik in seinem Kopf hören und begann auch wieder Noten aufzuschreiben. Manchmal saß er am Klavier und spielte, um plötzlich aufzuspringen, sich einen Stift zu schnappen und einen Akkord oder eine Sequenz auf irgendein Papier zu kritzeln, das gerade zur Hand war. Manchmal schreckte er mitten in der Nacht auf, schrieb die *composedly* auf und schlief wieder ein. Er tat das überall und zu jeder Zeit, oft sprang er triefend naß aus dem Swimmingpool und schrieb Noten auf, die Schrift mit seiner nassen Hand verwischend. Offenbar mußte David diese *composedlies* unmittelbar nachdem er sie in seinem Kopf gehört hatte zu Papier bringen, bevor sie im Labyrinth seiner Gedanken unauffindbar verschwanden.

Natürlich gab es Probleme, wenn gerade kein Heft oder ein leeres Blatt Papier zur Verfügung standen. Die meisten von Davids Noten und Büchern sind voll von seinen »fragmentarischen Meisterwerken«. Die herrlichen Noten von Liszts *Marzeppa* verschwinden zum Beispiel fast völlig unter Davids Aufzeichnungen, und eines von Davids Lieblingsbüchern, eine Horovitz-Biographie, zieren drei Seiten des ersten Kapitels mit *composedlies*. David ›komponierte‹ auf allem, was ihm in die Hände fiel, Servietten, Umschläge, Briefe, Zeitungen, all das trug Zeugnis seines impulsiven Zwangs, die Noten aufzuschreiben. Ich kaufte ihm Notenhefte, die er jedoch schnellstens vollschrieb und dann gerne irgendwo vergaß, so daß er immer wieder seine eigenen Bucher fur die hastig hingeschriebenen Kleinst-Werke benutzte.

Die Notenhefte sind allerdings auch nicht unbedingt notwendig, da David eine ganz eigene Notationstechnik entwickelt hat. Er zieht ganz einfach die Linien in der benötigten Länge und schreibt die Noten auf, oft ohne sich um den Notenschlüssel zu kümmern. Von einem Dutzend *composedlies*, die man auf einer Seite findet, haben meistens nur zwei oder drei etwas miteinander zu tun; alle anderen wirken so unzusammenhängend wie Davids Gedankengang im allgemeinen. Da er sich nie die Mühe macht, seine *composedlies* aufzubewahren, geschweige denn zu ordnen, dürfte ein komplettes Werk in nächster Zukunft wohl nicht zu erwarten sein.

Oft finden Freunde von uns diese Fragmente auf irgendwelchen Zeitungen oder Zetteln, nachdem David und ich sie besucht haben. »Wann wirst du endlich eine ganze Komposition schreiben, David?« necken sie ihn. »Zu gottgegebener Zeit, wenn ich mich konzentriere. Also muß ich vielleicht noch ein bißchen warten«, antwortet er dann und verteidigt seine *composedlies*: »Trotzdem sind sie wichtig für mich. Wenn ich etwas schreibe, fühle ich mich lebendig. Es gibt mir ein positives Gefühl. Das Schreiben beruhigt mich – im Grunde gehen meine Gedanken in Richtung Symphonie«, vertraute er einem Freund an, der darauf meinte, Schubert habe ja eine »Unvollendete« Symphonie geschrieben, und bei David würde es sicherlich eine »Unbegonnene« werden!

Auf dem Flug nach Moskau muß sich David wohl recht inspiriert gefühlt haben, denn die Karte mit den Sicherheitsbestimmungen der Fluglinie vor ihm war über und über mit *composedlies* beschrieben. Er deutete auf zwei davon, sang mir etwas sehr schwer Nachvollziehbares vor und sagte, daß er auf diese beiden besonders stolz sei.

Da ich nicht genau wußte, wie David nach allem, was er dort erlebt hatte, auf London reagieren würde, hatte ich ihm eine kurze Reise nach Rußland vorgeschlagen, bevor er seine Stunden mit Peter Feuchtwanger beginnen sollte. Ich hoffte, daß Rußland ihm gefallen würde, da er die russische Musik so sehr liebte, und ich behielt recht. Moskau mit seinen beeindruckenden Gebäuden und den riesigen Boulevards imponierte ihm sehr, und der Tschaikowsky-Klavierwettbewerb war natürlich der Höhepunkt. Es gelang uns, von den Schwarzhändlern vor dem Konzertsaal Karten zu erstehen. Als wir in der großen weißen Halle des Konservatoriums saßen und dem Spiel der Wettbewerbsteilnehmer lauschten, saugte David jede einzelne Note in sich auf. Später sahen wir noch andere Ausschnitte aus dem Programm im russischen Fernsehen. David war begeistert. Für ihn hatte sich diese Reise bereits mehr als gelohnt.

Aber er sollte noch mehr Gelegenheiten bekommen zu staunen, so in St. Petersburg, das 1986 noch Leningrad hieß. Es erfüllte ihn mit Freude, durch die gleichen Straßen zu gehen, durch die Balakirew und Mussorgsky gegangen waren und die gleichen Aussichten zu genießen wie Tschaikowsky und Rachmaninow. Wir besuchten die Leningrader Philharmonie und hörten einen brillanten jungen Violinisten, der Khatschaturian spielte. David wollte die Brücke über der Neva sehen und machte sich um zwei Uhr nachts auf den Weg. Der Niedergang des Kommunismus hatte sich auf das Land noch nicht allzu sehr ausgewirkt, und so konnte sich David relativ unbesorgt allein auf die Straßen der nächtlichen geschichtsträchtigen Stadt wagen. Da es Juni war, schimmerte die Nacht »weiß« und verbreitete keine Finsternis, sondern ein Zwielicht. Natürlich mußte er auch in der Neva schwimmen, ein passendes Finale unseres Besuches in Rußland.

Dann ging es nach London. Erneut begann ich mich zu fragen, wie David die Rückkehr in diese Stadt, in der er seinen ersten Nervenzusammenbruch erlitten hatte und aus der er schließlich Hals über Kopf geflohen war, wohl verkraften würde. Doch David versicherte mir, daß er aufgeregt im besten Sinne sei und sich sogar danach sehne, sein altes College wiederzusehen, genauso wie er sich auf Peter Feuchtwanger und den Beginn seiner Stunden freue.

Freunde hatten uns geraten, in der Rudolph Steiner Lodge in Hammersmith abzusteigen, und ihr Vorschlag erwies sich als ideal. Das große georgianische Gebäude – das älteste Wohnhaus von Hammersmith, eingekeilt zwischen dem Odeon und der Hochstraße – verbreitete eine sehr strenge, aber beruhigende Atmosphäre. Es gab einen herrlichen Rosengarten, in dem die Blumen vor dem Hintergrund schattiger Bäume in der Sommersonne leuchteten. Bei unserer Ankunft wurden wir von Dr. Evelyn Keppel und ihrem Gatten Bert begrüßt. David mochte das Ehepaar und ihr Haus sofort – was mir recht gelegen kam, denn schließlich sollte dies in den nächsten fünf Monaten so etwas wie unser Basislager sein.

David hatte hier die Wahl zwischen zwei Konzertflügeln; einer im Speisesaal und der andere in der Kapelle. Er spielte des öfteren zum Dinner für die anderen Gäste. In der Lodge war es ein bißchen so, als würde man in einem Haus mit einer sehr großen Familie wohnen, wo dauernd irgendwelche Verwandten zu Besuch kamen. Da die Gäste und ihre Besucher mit David äußerst freundlich und aufgeschlossen umgingen, verbrachten wir eine herrliche Zeit in der Steiner Lodge. Aus der ganzen Welt kamen Steiner-Lehrer und Menschen, die sich für seine Philosophie interessierten, und wir schlossen eine Menge neuer Freundschaften.

Evelyn, eine sehr tatkräftige, intelligente und starke Frau, die manch einer als anstrengend empfunden haben mag, verstand sich ausgezeichnet mit David. Aber obwohl sie freundlich zu ihm war, fiel sie doch auf keinen seiner Tricks herein. Natürlich hatte es David ständig auf die der Allgemeinheit zustehenden Tee- und Zuckervorräte abgesehen. Evelyn achtete jedoch strikt darauf, daß er seinen Schwächen nur äußerst selten nachgab. Dafür machte sie ihm oft selbst eine Tasse Tee oder ging mit ihm im Garten spazieren, wofür ich sehr dankbar war, weil ich so nicht die einzige war, die aufpaßte, daß David es mit seinen kleinen Streichen nicht übertrieb.

Vor unserer Abreise aus Australien hatten wir mit Peter Feuchtwanger korrespondiert, und David hatte aus seinen Briefen einen sehr positiven Eindruck gewonnen. Bei unserem Treffen bestätigte sich dies. Feuchtwanger war ein großer, schlanker Mann mit wunderschönen Händen, sehr freundlich, in dessen Gegenwart David sich sofort wohl fühlte. Er schien sich auf dieses neue musikalische Abenteuer sehr zu freuen.

Feuchtwangers Studio befand sich in einer Etagenwohnung in Knightsbridge und war von oben bis unten so vollgestopft, daß gerade noch wir drei und das Klavier Platz fanden, das unter einem Haufen Noten und Zeichnungen eines befreundeten Künstlers fast begraben war.

Feuchtwanger bat David, ihm etwas von Chopin vorzu-spielen, und David spielte die Ballade Nr. 1 in G-Moll. Feuchtwanger lauschte mit einem anerkennenden Nicken, aber als David geendet hatte, sagte er: »Das war sehr in-teressant, David, aber es war ein bißchen zu viel Helfgott drin. Jetzt würde ich Sie gerne mehr Chopin spielen hö-ren.«

Nachdem die beiden etwa anderthalb Stunden jeden einzelnen Akkord und jede dynamische Schwankung ana-lysiert hatten, bat Feuchtwanger David, das ganze Stück noch einmal zu spielen, sich aber dieses Mal mehr auf das zu konzentrieren, was Chopin vielleicht beabsichtigt hatte. Als David begann, entfaltete sich eine ganz andere Bot-schaft als beim ersten Mal, die mir, wie ich gestehen muß, besser gefiel.

Auf ähnliche Art gingen die Stunden weiter, zwei- oder dreimal in der Woche. Die beiden beschäftigten sich viel mit Chopin und mit *Bilder einer Ausstellung*. David nahm diese neue Art des Spielens geradezu enthusiastisch an, und sein Spiel verbesserte sich in der Tat. Ich wußte, daß es eine richtige Entscheidung gewesen war, Australien eine Zeitlang zu verlassen.

Feuchtwangers Wohnung war nur einen Spaziergang vom College, der Royal Albert Hall und dem Kensington Park entfernt, und nach den Stunden zeigte mir David sei-ne alten Jagdgründe. Durch unsere Korrespondenz mit Sir Keith Falkner war ein Besuch bei Michael Gough Martins, dem neuen Direktor des RCM, arrangiert worden. David fühlte sich sehr ›privilegiert‹, von ihm empfangen zu wer-den; und ich war Sir Keith sehr dankbar, denn ich wußte, daß die Empfehlung durch diesen großen alten Mann si-cherlich einige der Geister verscheucht hatte, die es David vielleicht schwer gemacht hätten, das College wieder zu betreten.

Ich rief an und vereinbarte einen Termin, und ein paar Tage später machten wir uns auf den Weg zum RCM. Als wir uns der Albert Hall näherten, begann David plötzlich zu laufen, vorbei an dem Konzertsaal, auf den Eingang des College zu. Hier blieb er abrupt stehen und starrte zu dem imposanten Gebäude hinauf. Er gestikulierte wild und murmelte alles mögliche vor sich hin. Ich ließ ihn einige Minuten gewähren, bis er sich etwas beruhigt hatte. Dann traten wir ein.

David sah sich um; er wirkte nicht allzu verunsichert. Wir fragten nach dem Direktor und wurden in sein Büro gebracht. Mr. Gough Metthews berichtete uns sofort, daß Sir Keith mit ihm gesprochen habe und daß er sich sehr freuen würde, uns zu sehen. Wir tranken Tee, und David plauderte über seine Jahre auf dem College, aufgeregter als sonst. Den Direktor schien das jedoch nicht im mindestens zu irritieren.

In Gough Martins Büro stand ein Flügel, und später bat der Direktor David, etwas zu spielen. Da er gerade viel an der Chopin-Ballade gearbeitet hatte, wählte David sie aus. Leider mußte er an diesem Tag wieder einmal seine »Sangesfähigkeiten« testen, so daß der Genuß nicht ganz ungetrübt blieb. Mr. Gouth Martin zeigte sich jedoch äußerst erfreut über Davids Spiel. Er erzählte uns von einem Musikwettbewerb, der bald am College stattfinden würde, und als wir uns verabschiedeten, versprach David wiederzukommen.

Als ich David später noch einmal darauf ansprach, ob gerade der Besuch dieses Wettbewerbs nicht zu aufwühlend für ihn sein könne, versicherte er mir, nein, im Gegenteil, nichts würde ihn glücklicher machen. Jetzt wurde mir langsam klar, daß meine Sorgen über den Aufenthalt in London völlig unbegründet waren. David kehrte mit Freude, Enthusiasmus und sogar einer neu erweckten Abenteuerlust nach London zurück – was vielleicht für ihn selbst überraschend war. Ja, die schmerzlichen Erfahrungen der Vergangenheit waren ein Teil seines Lebens. Aber in dem Maße, wie sich der ›Nebel‹ über der Gegenwart lichtete, schienen die Schmerzen der Vergangenheit zu verblassen.

Eine Woche später blieb uns vor Beginn des Wettbewerbs noch etwas Zeit, und David führte mich durch das College. Als wir durch das große alte Hauptgebäude gingen, zeigte mir David stolz das Brett, an dem die Ankündigung seines denkwürdigen Rachmaninow-Konzerts gehangen hatte. Danach führte er mich in den Flur, in dem seine Stunden mit Cyril Smith stattgefunden hatten. Er klopfte behutsam an die Tür von Smiths altem Zimmer und sagte: »Hier haben die Studenten immer ihre *les oreilles* reingesteckt, Darlinka, und zugehört, wenn ich *Islamay* gespielt habe. Sie waren furchtbar beeindruckt.«

Doch am meisten freute sich David darauf, mir den Konzertsaal zu zeigen, in dem er seinen »Rach« gespielt hatte. Wir gingen die Stufen hinauf und öffneten die Türen des Auditoriums. »Sieh nur, wie beeindruckend und riesig das ist! Beeindruckend und riesig!« rief David und wies auf die hohe Decke und den großen Saal. An den Wänden hingen Gemälde einiger berühmter ehemaliger Studenten, darunter Sir Malcoolm Sargent und Ralph Vaughan Williams. Während wir durch den leeren Saal gingen, erzählte mir David etwas zu den Gesichtern auf den Gemälden. Langsam dämmerte es mir, daß David ungeheuer stolz darauf war, Schüler dieser großartigen Institution gewesen zu sein, stolz darauf, Teil dieser Gruppe von Menschen zu sein, die er so sehr bewunderte, stolz darauf, auch ein Teil dieser Tradition zu sein; und stolz darauf, in diesem Saal so gut gespielt zu haben.

David stieg auf die große Bühne hinauf und betrachtete den Flügel, an dem bald der Wettbewerb beginnen würde. Sah er sich in diesem Augenblick selbst, wie er vor siebzehn Jahren hier gesessen hatte? Hörte er das ferne Echo des Beifalls? Spürte er einen Hauch des Kitzels und der Erleichterung, die er an jenem Abend empfunden hatte? Oder war alles im ›Nebel‹ verschwunden und hatte nur die vage, aber angenehme Erinnerung an seine Leistung und seinen Triumph zurückgelassen?

Noch während David gedankenverloren vor dem Flügel stand, hörten wir helle enthusiastische Stimmen, und junge Männer und Frauen strömten in den Saal. Dies waren ihre »frühen Jahre«, und die Welt stand ihnen weit offen.

David sprang von der Bühne und eilte auf mich zu, ebenfalls von Spannung und Vorfreude erfüllt. Die Halle füllte sich. Einer nach dem anderen betraten die Studenten die Bühne und spielten ihre eingeübten Stücke. Der Standard der Wettbewerber war durchgehend hoch.

Zwischen den Auftritten erzählte mir David etwas zu den Stücken und lobte die Vortragenden. Die Umgebung beflügelte offenbar sein Gedächtnis, denn er berichtete eingehend von früheren Wettbewerbern und seinen Mitstudenten. Verblüfft stellte ich fest, daß er sich erinnerte, wer wann was und wie gespielt hatte. Ich hörte aber keine Spur des Bedauerns oder des Schmerzes in seiner Stimme.

Zufällig gab ein alter Freund und ehemaliger Kommilitone Davids, John Lill, in der nächsten Woche ein Beethoven-Konzert in der Albert Hall. Wir kauften Karten für eine der Logen, von der aus David eine ungehinderte Sicht auf den Solisten hatte. Er war so oft in diesem Konzertsaal gewesen und hatte so viele wunderbare Musiker hier gehört; oft hatte er für eine Karte auf mehrere Mahlzeiten verzichtet. Und schließlich hatte er selbst auch auf dieser Bühne gespielt, mit enttäuschendem Resultat. Aber das alles lag hinter ihm, und er lauschte entzückt. Nach dem Konzert gingen wir hinter die Bühne, und David schloß John auf seine bekannt enthusiastische Art in die Arme. Als wir die Albert Hall verließen, schlenderte David fröhlich die Treppen hinab und summte einige Passagen Beethoven vor sich hin. Die Melodie jenes Tages.

2. Kapitel

Die Antwort

Einige Tage später luden uns Freunde aufs Land ein, und als wir entdeckten, daß die Reise nach Malvern Hill in der Nähe von Worcester gehen sollte, wo auch Edward Elgar einen großen Teil seines Lebens verbracht hatte, mieteten wir sofort einen Wagen und machten uns auf den Weg nach Westen. Bald sahen wir die weiß gestrichenen Farmhäuser, die sich in die grünen Felder am Fuße der Hügel schmiegten, und David erzählte davon, wie er als kleiner Junge Elgar zum ersten Mal im Radio gehört hatte und sich sofort in die Musik verliebte. Er erwähnte, daß dieser Landstrich eine große Tradition im Bereich der Chormusik habe und daß hier auch das Drei-Chöre-Festival abgehalten werde, in das Elgar in seiner Jugend involviert war.

Nach zwei wunderbaren Tagen mit unseren Freunden wurde es Zeit nach Suffolk zu fahren, wo das Wiedersehen mit Sir Keith stattfinden sollte. Sir Keith, einstmal selbst Stipendiat des RCM, war ein herausragender Baritonsänger gewesen. »Der herrlichste Sänger von ganz England, diese fantastische, fantastische Stimme«, sagte David immer wieder, wenn er ihn hörte. Das RCM hatte nie zuvor in seiner Geschichte einen Sänger als Direktor gehabt, und bei Sir Keiths Ernennung 1960 gab es sicherlich nicht wenige, die die Augenbrauen hoben. Doch bald hatte er alle für sich eingenommen.

Sir Keith, ein kluger und freundlicher Mann, ist von Herbert Howells treffend charakterisiert worden. Er habe »das seltene Talent des Mitgefühls und der unsentimentalen Anteilnahme«, und er verstehe sehr gut, daß seine Position »eine Mischung aus Psychiater, Public-Relations-Manager und Staatsdiener« sei.

Am meisten beeindruckt zeigte sich David in seiner Zeit am College jedoch von Sir Keiths schier grenzenloser Geduld. Sir Keith hatte sich sehr dafür eingesetzt, daß David am RCM aufgenommen wurde und zeigte immer besonderes Interesse an dem Jungen, solange er dort studierte. Das änderte sich auch nicht, als David nach Australien zurückkehrte. Während der Jahre seiner Klinikaufenthalte schrieb David immer wieder an Sir Keith und erhielt stets prompte Antwort. Auch nach seiner Pensionierung im Jahre 1974 schrieb Sir Keith ihm weiterhin.

Als David mir davon erzählte, wurde mir bewußt, wie ungewöhnlich es doch war, daß ein Mann in einer solch hohen Position, mit so vielen zeitaufwendigen Verpflichtungen, ein Mann, der in seiner Zeit als Direktor über 3000 Studenten hatte vorüberziehen sehen, sein ganzes Leben lang nicht diesen Ex-Studenten vergaß – der irgendwo in einer Nervenklinik versteckt war, in einer Stadt auf der anderen Seite der Welt – und ihm immer wieder Briefe schrieb.

»Ich bin noch in der Klinik. Aber ihre Karten und Briefe wirken wir Wundermittel, und ich bin sicher, daß ich bald rauskomme«, schrieb David 1975 an Sir Keith in einem für die damalige Zeit typischen Brief. Er schrieb auch von der Musik, die er einzuüben versuche, wenn er Klavier spielen dürfe, und Sir Keith antwortete jedesmal mit einem Loblied auf Davids Talent.

David hatte Sir Keith in einem Brief unsere Hochzeit bekanntgegeben, und ich hatte ihm mitgeteilt, daß wir einige Zeit in England verbringen würden. Da ich selbst diesen ungewöhnlichen Mann kennenlernen wollte, vor allem jedoch, um David das Wiedersehen mit seinem alten Freund und Förderer zu ermöglichen, fragte ich Sir Keith, ob wir ihm und seiner Frau, Lady Falkner – einer Pianistin, die ihm begegnet war, als sie beide auf dem RCM studiert hatten – einen Besuch abstatten dürften.

»Wir werden beide ein bißchen älter, aber ich hoffe doch sehr, sie zu treffen, wenn sie in London sind, und wenn möglich, möchte ich auch David spielen hören«, schrieb mir der sechsundachtzigjährige Sir Keith in seinem Antwortbrief. Ich rief ihn von London aus an, und er lud uns zum Lunch ein und gab mir detaillierte Anweisungen für den Weg nach Bungay in Suffolk, wohin er sich zurückgezogen hatte.

David und ich fuhren früh am Morgen von Malvern Hill aus los, denn die Reise war lang und führte uns mitten durch England in Richtung Norden. Als wir vor dem Haus hielten, kamen Sir Keith und Lady Falkner heraus, um uns zu begrüßen. David sprang aus dem Wagen und umarmte die beiden; aber er war keineswegs hektisch, sondern nur glücklich.

Während sie uns in ihr wunderschönes altes, rietgedecktes Haus führte, bat Lady Falkner uns, sie Christabel zu nennen. Ich hatte in Davids Studienbuch Photos von Sir Keith gesehen, und sein edles, sensibles Gesicht hatte mich fasziniert. Auch jetzt, zwanzig Jahre nachdem die Aufnahmen gemacht worden waren, fand ich mich in der Gegenwart eines einfühlsamen, distinguierten Gentlemans wieder, dessen Augen die Freundlichkeit seines Wesens reflektierten.

Christabel bat uns zum Lunch an den Tisch. Es war damals für David noch immer nicht ganz einfach, ruhig mit anderen beim Essen zu sitzen, und ich wunderte mich sehr, daß ich ihn dieses Mal nicht ermahnen mußte. Aber ich wußte, wie sehr David Sir Keith verehrte und mir wurde auch klar, daß es für beide ein sehr emotionales Wiedersehen war. Sie sprachen von gemeinsamen Erinnerungen und von vielen gemeinsamen Freunden.

Während des Essens fragte uns Sir Keith, ob wir aus London gekommen seien, und als ich ihm sagte, daß wir uns von der walisischen Grenze aus auf den Weg gemacht hätten, sah er uns verblüfft an. »Sie meinen, Sie sind durch ganz England gefahren, um mit uns zu essen?« fragte er. Dabei wären wir doch auch gerne vom obersten Zipfel Englands zum untersten gefahren.

Sir Keith zeigte größtes Interesse daran, wie Davids Karriere verlaufen war und freute sich sehr darüber, daß er wieder dabei war, sich auf den Konzertbühnen zu etablieren. Er erkundigte sich nach Davids Repertoire und bat ihn, etwas zu spielen.

David konnte sich kaum zurückhalten, und schon bald saß er vor dem Flügel. Er spielte zwei Stücke von Liszt und sang dazu. Als ich ihm vorsichtig zu bedeuten versuchte, daß er besser ruhig sein sollte, meinte Sir Keith, daß er so viel singen könne, wie er wolle. David war höchst entzückt. Immerhin kam diese Aufforderung von »dem herrlichsten Sänger ganz Englands«.

Dann begann David mit Liszts Ballade Nr. 2. Dieses große und komplexe Meisterwerk, das dem Pianisten besonders in den Passagen für die linke Hand alles abverlangte, floß majestätisch und kraftvoll dahin, und ich sah, wie tief bewegt Christabel und Sir Keith waren. Am Ende sprang Sir Keith auf, breitete die Arme weit aus, ging auf David zu und rief: »O David, *darum* geht es bei Musik!« Über das ganze Gesicht strahlend, umarmte David seinen Gönner.

Am Nachmittag gingen wir im Garten spazieren und tranken anschließend Tee, dann wurde es Zeit, nach London zurückzukehren. Christabel und Sir Keith brachten uns zum Auto, und wir verabschiedeten uns. Als ich das Fenster herunterkurbelte, um noch einmal Lebewohl zu sagen und zu Sir Keith hinaufschaute, sah ich, daß ihm die Tränen übers Gesicht liefen. »Danke, daß Sie ihn zu mir gebracht haben«, sagte er leise.

David hatte Sir Keiths letzte Worte nicht gehört, aber als wir losfuhren, rief er immer wieder: »All die Jahre! Ich habe all die Jahre gebraucht!« Schließlich fragte ich ihn, was er damit meine. »Was er uns alle damals am College gefragt hat, natürlich«, antwortete David. »›Worum geht es eigentlich?‹ fragte er. Und ich mußte zwanzig Jahre auf die Antwort warten. So lange.«

David und die 92jährige Madame Alice Carrad, 1989.

David komponiert am Ufer des Swan River in South Perth, 1990.

David und Nils Ruben, 1990 in Dänemark.

David spielt 1993 im Weimarer Liszt-Haus auf Liszts Bechstein Flügel.

David und Gillian 1994 in Portofino, Italien.

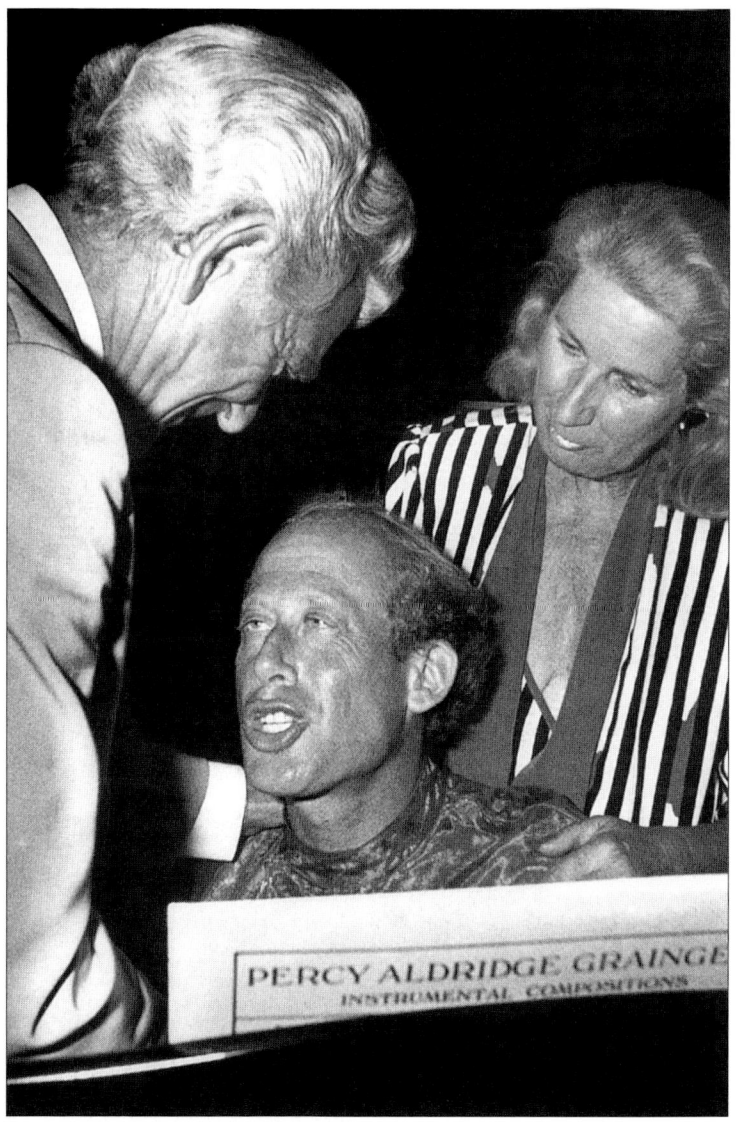

*David und Gillian Ende der 80er Jahre mit dem australischen
Premierminister Bob Hawke.*

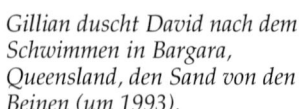

*David entspannt sich 1993
gemeinsam mit der Katze Sophie
im Haus eines Freundes in
Mackay, Queensland.*

*Gillian duscht David nach dem
Schwimmen in Bargara,
Queensland, den Sand von den
Beinen (um 1993).*

Lizzie, der australische Schäferhund, Anfang der 90er Jahre im »Gelobten Land«.

David schwimmt im Swimmingpool eines Freundes in Bellington, South Wales, 1995.

David und Mike Parry, um 1993.   *David und sein Bruder Les, 1996.*

David mit Rachel, ihrem Freund Harry und Les'
Sohn Peter 1995.

Eine Aufnahme während der Dreharbeiten zu »Shine« in der Adelaide Town Hall, 1995 (von links): Suzie, Lynn Redgrave, Gillian, Louise.

David und Lynn Redgrave auf Davids Geburtstagsfeier in Adelaide, 1995.

Geoffrey Rush, David und Lynn Redgrave auf Davids Geburtstagsfeier.

David und Regisseur Scott Hicks bei der Welturaufführung von »Shine« 1996 in Adelaine.

3. KAPITEL

Fremde Länder, freundliche Menschen

Ende Juli lud Peter Feuchtwanger David ein, an seiner Meisterklasse in Sion in der Schweiz teilzunehmen. Wir hielten das für eine wunderbare Idee, denn so bekam David die Gelegenheit, sich mit anderen Musikern auszutauschen.

Mein Gips wurde noch in London abgenommen, nur ein paar Tage bevor wir nach Frankreich flogen, von wo aus wir mit einem Mietwagen in die Schweiz fahren wollten. Gerade rechtzeitig. Auf internationalen Flughäfen sowohl auf das Gepäck als auch auf David aufzupassen, war schon recht schwierig gewesen; mit einem Arm in Gips wäre es unmöglich geworden.

Die Menschenmengen auf Flughäfen versetzten David immer wieder in Nervosität und Unruhe. Außerdem hatte er die wunderbare Vorstellung, daß niemand auf die Idee kommen könne, unsere Koffer oder Taschen zu stehlen, wenn keiner von uns auf sie aufpaßte. Mußte ich mich auf dem Flughafen um irgend etwas kümmern, bevor wir an Bord gingen, so kam das stets einem Alptraum gleich. Sobald Davids Gedanken sich von der Realität entfernten, tat sein Körper es ihm nach, und auch die ständigen Lautsprecherdurchsagen, keine Gepäckstücke unbeaufsichtigt zu lassen, erreichten sein Ohr nicht mehr. Er sah plötzlich jemanden, dem er unbedingt die Hand schütteln wollte und machte sich sofort auf den Weg. Wenn er das geschafft hatte, durfte er natürlich auch niemanden in der Nähe von seinen Gunstbezeugungen ausschließen und fuhr dann mit seiner »Freundschaftszeremonie« solange fort, bis ich ihn abholte.

Abgesehen davon, daß ich es oft sehr mühselig fand, David davon abzuhalten, ahnungslose Reisende zu belästigen, fiel es mir schwer, ihm Mißtrauen einzuflößen und ihm klarzumachen, daß es bestimmte Menschen gab, die anderen Menschen ihre Koffer stehlen oder sie manipulieren könnten, um vielleicht Drogen oder Schlimmeres darin zu befördern.

In seiner kindlichen Naivität weigerte sich David stets, mir zu glauben. »Aber wer sollte uns so etwas antun, Darling? Warum sollten sie mir das antun?« entgegnete er auf meine beschwörenden Hinweise. Und in gewisser Weise hat er auch über all die Jahre hinweg recht behalten. Auf den unzähligen Reisen, die wir bislang in aller Welt unternommen haben, ist nie etwas mit unserem Gepäck geschehen, wenn David in der Gegend umherwanderte.

Auch dieses Mal rannte David höchst aufgeregt hin und her, während ich mich mit den Koffern abmühen mußte. Damit zog er allerdings, wie so oft, das Mißtrauen des Flughafenpersonals auf sich. »Wo zum Teufel kommt der her?« und »Was ist denn mit dem los?« konnte man auf ihren Gesichtern lesen. In Heathrow wurden wir schließlich zur Seite gezogen und auf sehr unfreundliche Weise über Davids unruhiges Verhalten befragt.

Ich versuchte, den Leuten Davids Zustand so deutlich wie möglich zu erklären, aber sie blieben noch immer mißtrauisch. Ganz offensichtlich glaubten sie, daß er unter Drogen stünde. Im Grunde hatten sie ja auch recht, aber bei den »Drogen« handelte es sich um verschriebene Medikamente, deren Dosierung genau überwacht wurde.

Ich war ziemlich erleichtert, als ich David in Paris endlich in einen Mietwagen setzen konnte. Zumindest hatte ich ihn jetzt im Auge, und das Gepäck war sicher im Kofferraum verstaut. Unsere Reise in die Schweiz begannen wir an einem Freitagnachmittag, auf den ein Feiertag folgte, und der Verkehr in der Stadt war dementsprechend chaotisch. Trotzdem freute ich mich auf eine schöne Fahrt, während wir um den Arc de Triomphe herumfuhren. Ich starrte geradezu besessen auf die Straße, denn schließlich fuhr ich auf der »falschen« Seite. Natürlich war es nicht die »falsche«, sondern nur die »andere«. Als wir uns auf einer fünfspurigen Straße der *Peripherique* näherten, unterbrach Davids ungewöhnlich ruhige Stimme meine Konzentration. »Ist es eigentlich normal, daß der Wagen brennt, Darling?« fragte er und deutete auf den Rauch, der unter der Motorhaube hervorquoll.

Unter dem Gehupe der anderen Fahrer schafften wir es, drei Spuren zu wechseln und an den Straßenrand zu fahren. Dann mußten wir ein Telefon finden, und ich mußte erklären, wo wir uns befanden – nicht leicht, denn mein Französisch existiert so gut wie gar nicht. Irgendwann tauchte trotzdem ein Citroënmechaniker auf und erklärte uns, daß man kein Wasser in das Kühlsystem des Wagens eingefüllt hatte.

Einige Stunden später, wir fuhren endlich auf der Straße nach Auxerre, fiel mir auf, wie ruhig und geduldig David während der ganzen unangenehmen Episode geblieben war. Er hatte weder angefangen zu jammern noch mich anzuflehen, ihn aus dieser schrecklichen Lage zu befreien. Außerdem war er nicht in den Straßen von Paris verschwunden, während meine ganze Aufmerksamkeit dem Wagen und dem Mechaniker gegolten hatte. Tatsächlich hatte er sich so benommen, als habe er nicht nur erkannt, daß es sich um eine ernste Sache handelte, sondern wäre sich auch bewußt gewesen, wie man damit umgeht. Sein Geist »vernebelte« die unangenehme Wirklichkeit nicht, und er schien sich klaren Verstands entschieden zu haben, dazubleiben und nicht davonzulaufen, weder im übertragenen noch im tatsächlichen Sinne.

Auch während der ganzen übrigen Reise verhielt David sich wunderbar, selbst wenn er während der Fahrt über schmale Straßen und durch Tunnels ziemlich nervös wirkte. Auf dem Weg durch die Berge nach Crans-Montana, wo uns österreichische Freunde großzügigerweise ein Chalet zur Verfügung gestellt hatten, wurde er zwar etwas unruhig, doch sobald wir die gemütliche Skihütte erreicht hatten, entspannte er sich wieder.

Die Schönheit der Schweizer Alpen, 1800 Meter über Smog und Lärm, war atemberaubend. Jeden Morgen unternahm David einen Spaziergang durch den Wald, der ihn zu einem See führte, in dem er schwamm. Auch wenn es recht warm war, so lag die Temperatur des Bergsees sicherlich nur wenig über null Grad, und so überrascht es nicht, daß er das Wasser für sich allein hatte.

Tagsüber besuchten wir die Meisterklasse, an der 25 Pianisten aus aller Welt teilnahmen. Es herrschte keinerlei Konkurrenzdenken – äußerst selten in der Piano-Welt –, und David erlebte ein echtes Gemeinschaftsgefühl. Zum erstenmal, seit er 1970 das College verlassen hatte, hielt er sich unter Gleichgesinnten auf, und der Austausch von Ideen und das Gefühl der Kameradschaft inspirierten ihn ungemein.

Zehn Tage später fand ein Abschlußkonzert statt. David spielte Liszt und Skrjabin, und dabei wurde klar, welch völlig neue Qualität seine Interpretation angenommen hatte. Seine Phrasierung ließ der Musik nun Platz zum Atmen, ließ zu, daß sie ein Eigenleben führte. Am Ende des Konzerts kam Peter Feuchtwanger auf die Bühne und hielt eine Rede. Er sagte, daß auch er einiges von David gelernt habe, nicht nur vom Pianisten, sondern auch von dem Menschen. Er fühle sich geehrt, ihm in seiner Klasse begegnet zu sein. Dann überwältigten ihn die Emotionen, und er verließ mit Tränen in den Augen die Bühne.

Wir lernten viele phantastische Menschen in Sion kennen und knüpften viele neue Kontakte. Im September sollte David ein Privatkonzert mit Liszt-Werken im Bechstein-Saal in Wien geben, und Peter Feuchtwanger lud uns in seine nächste Meisterklasse ein, die im Oktober in Bonn stattfinden sollte. In der Zwischenzeit machten wir uns auf den Weg nach Jugoslawien.

Heute mag dies als eine etwas merkwürdige Wahl erscheinen, aber Marietta, eine gute Freundin von uns aus Perth, hatte uns vorgeschlagen, daß wir in ihrem Haus in

Medulin, einem Dorf nahe Pula auf der istrischen Halbinsel, wohnen könnten, wenn wir vor Davids neuen Verpflichtungen noch einmal Urlaub machen wollten. Peter Feuchtwangers Assistenten Marina Horale stammte auch aus Jugoslawien, und als wir ihr erzählten, daß wir nach Pula fahren wollten, schlug sie uns vor, in ein paar Tagen nachzukommen.

In Medulin angekommen, bedurfte es des Spürsinns eines Sherlock Holmes, um das Haus zu finden. Marietta hatte zu mir gesagt: »Jeder weiß, wo ich wohne; fragt einfach.« Vielleicht wäre das einfach gewesen, wenn ich Slowenisch oder Kroatisch gesprochen hätte, oder die Leute dort Englisch, aber da wir uns nicht verständigen konnten, mußten wir das Haus nach der Methode Versuch und Irrtum finden. Wir gingen durch das Dorf und wiederholten ständig den Namen »Marietta«, bis eine Frau unsere Aussprache verstand und uns das Haus zeigte.

Dann begannen wir mit der Suche nach einem Piano. Da wir in Medulin keinen Laden entdeckten, wo wir eins hätten finden können, fuhren wir ins 45 Kilometer entfernten Pula. Auf der Fahrt ging mir ein Lied aus *Salad Days* nicht aus dem Kopf: »We're looking for a piano, a piano, just a piano ...« Ich sollte mich in Zukunft noch oft auf solche anstrengenden Klavierexpeditionen machen.

In Pula sah es aus wie zu Zeiten der alten Römer. David war begeistert, denn das Römische Reich hatte ihn schon immer besonders interessiert. Es gab auch ein Amphitheater, eines der besterhaltensten der Welt, in dem manchmal Konzerte stattfanden. Wir hielten dort, und David verbrachte eine wunderbare Stunde in dem Steinoval; er lief umher und atmete tief römische Geschichte ein.

Ich fand schließlich eine Touristenauskunft, und die junge Frau dort sprach etwas Englisch und beschrieb uns den Weg zur Musikakademie. Als wir das Gebäude endlich gefunden hatten, machte es einen verlassenen Eindruck. Es war August, und die Akademie war geschlossen. Die

Eingangstür stand jedoch offen, und wir gingen einfach hinein. Nach einigen Minuten trafen wir in einem der Flure auf eine Putzfrau, deren fröhliches Gesicht uns sofort gefiel.

Sie sprach kein Wort Englisch, aber nach einigen Gebärden – David bewegte seine Finger und ließ die Hände hin und her gleiten – verstand sie, was wir wollten und war sogar so freundlich, einen Übungsraum für uns aufzuschließen.

David spielte etwa eine Stunde, und als wir herauskamen, stand sie mit einem strahlenden Lächeln vor der Tür und bedeutete uns, daß ihr die Musik gefallen habe. Nach weiterem Gestikulieren verabredeten wir uns wieder für den nächsten Tag.

Am Morgen erwartete uns die Frau bereits auf den Eingangsstufen und sah uns erwartungsvoll an. Sie nahm David bei der Hand und führte ihn zu dem Übungsraum; wir beide waren über ihr Vertrauen und ihre Freundlichkeit gleichermaßen überrascht und beglückt. Als wir uns von ihr verabschiedeten, gaben wir ihr eine Schachtel Pralinen, für die sie sich überschwenglich bedankte. Wie schön, dieser Frau begegnet zu sein.

Zwei Tage später traf Marina ein, und gemeinsam erkundeten wir die istrische Halbinsel. Als sie vorschlug, Schwimmen zu gehen, hielt natürlich auch David das für eine ausgezeichnete Idee. Wir fuhren an den Strand hinaus und setzten uns auf die Steine. Die Adria streckte sich blaugolden glänzend vor uns aus, bis hin zum Horizont, wo sie sich in einem Schleier aufzulösen schien, für jeden Schwimmer ein verlockender Anblick. Marina deutete auf das Wasser hinaus und sagte: »Dort drüben liegt Venedig.«

Wir alle planschten in den Wellen. Nach einer Weile hatten Marina und ich genug, während David wie üblich noch länger im Wasser blieb. Wir müssen über unserer Unterhaltung die Zeit vergessen haben, denn als wir einmal aufschauten, war David nirgendwo mehr zu sehen.

Nach einem Augenblick der Panik sahen wir einander entsetzt an und platzten fast gleichzeitig heraus: »Er schwimmt nach Venedig!«

Marina sprang auf und lief den Strand entlang, um jemanden zu suchen, der uns helfen konnte, David zu retten. Schließlich fand sie einen Mann mit einem Motorboot. Sie fuhren aufs Meer hinaus, bis sie ihn eingeholt hatten, und zogen ihn an Bord. Als er wieder festen Boden unter den Füßen hatte, versprach ich ihm, daß ich ihn bei unserem nächsten Besuch in Italien nach Venedig fahren würde.

Von Jugoslawien aus kehrten wir nach London zurück; dann ging es nach Wien und von dort aus zur Meisterklasse Peter Feuchtwangers in Bonn. Die Klasse wurde von Esther Friedman organisiert, einer Freundin Feuchtwangers, bei der wir auch wohnen konnten.

Esther, eine sehr lebhafte und offenherzige Frau, arbeitete als Musiklehrerin an der Bonner Musikschule in Bad Godesberg und wohnte in einem großen und gemütlichen Haus in der Nähe Bonns. Sie nahm David und mich wie Familienmitglieder auf, und seitdem verbindet uns eine tiefe Freundschaft.

Esther war Ende der Dreißiger in Palästina geboren worden, und ihre Geschichten vom Leben als junges Mädchen vor der Unabhängigkeit Israels faszinierten David. Seine Freundschaft mit Esther bot ihm zum erstenmal in seinem Leben die Gelegenheit, ohne Vorurteile und mit viel Sachverstand und Sensibilität über seine Nationalität, über Judaismus und Zionismus zu diskutieren. Bei seinen Gesprächen mit Esther stellte ich verblüfft fest, welch immenses Wissen David über die Geschichte Israels und seiner politischen Führer seit der Unabhängigkeit gespeichert hatte. Insgeheim beschloß ich, daß wir dieses Land eines Tages besuchen sollten.

Die Meisterklasse wurde an der Musikakademie Bad

Godesberg abgehalten. Auch hier waren viele Pianisten aus aller Welt zusammengekommen, um von Feuchtwanger und voneinander zu lernen. Besonders beeindruckte mich eine Darbietung von Schumanns *Karneval*. Bei dem Pianisten handelte es sich um einen gutaussehenden Mann Anfang Dreißig, mit dunklem Haar, einem Schnurrbart und freundlichen Augen. Ihn beeindruckte ein anderes Erlebnis. Während einer Pause zwischen den Stunden ging er hinaus, um eine Zigarette zu rauchen, als er plötzlich von einem anderen Raucher herzlich umarmt, geküßt und mit einem Redeschwall begrüßt wurde. Von diesem Tag an, so erzählte er mir später, sollte sich das Leben von Nils Rubens – so hieß er – grundlegend ändern.

Es schien, als habe Davids Musik die Seele von Nils tief berührt. Die Erfahrung, David beim letzten Konzert des Kurses Liszt spielen zu hören, hat er als seinen musikalischen »Tag Null« bezeichnet. Nils ist Däne und lebt in Kopenhagen. Er ist ein überaus charmanter und freundlicher Mann mit einem etwas seltsamen Humor. Während des Kurses sahen wir ihn oft, und als die Entscheidung fiel, daß David in München vor einem kleinen, aber einflußreichen Publikum spielen sollte, beschloß Nils, mitzukommen. Nils und David konnten einfach gut miteinander, und in den kommenden Jahren sollten sich unsere Wege immer wieder kreuzen und zu einem der bemerkenswertesten Abende in Davids Leben führen.

Ende Oktober ging unsere Zeit in Europa zu Ende. Die Erlebnisse der vergangenen fünf Monate hatten einen unauslöschlichen Eindruck bei David hinterlassen. Wir hatten gefunden, was wir gesucht hatten – Kontakte zu brillanten Musikern, Menschen, die unvoreingenommen auf David zugingen – und vor allem eine Verbesserung seiner interpretativen Fähigkeiten. Darüber hinaus war es uns vergönnt, eine Reihe echter Freundschaften zu schließen, und das war mehr, als wir zu hoffen gewagt hatten.

Eine Woche vor unserer Abreise nach Australien trafen

wir uns erneut mit Dr. Muller in der Rudolph Steiner Lodge in London. Er wollte uns eine zweite Expertise zum Zustand von Davids Lungen geben, und nachdem er ihn untersucht und sich weitere Röntgenaufnahmen angesehen hatte, bestätigte er eindringlich, daß David nicht mehr allzu lange leben würde, wenn er nicht das Rauchen aufgebe. Mittlerweile hatte David seinen Zigarettenkonsum immerhin schon auf weniger als eine Schachtel pro Tag herabgeschraubt, aber jetzt beschäftigten ihn Dr. Mullers Worte doch sehr; er schien zu erkennen, daß ihm die Zeit davonlief.

Kurz bevor wir in Heathrow unser Flugzeug nach Australien bestiegen, fiel mein Blick auf den vor sich hin qualmenden David, und plötzlich kam mir eine Idee. Ich machte ihm einen Vorschlag: Wäre es nicht schön, all die in Perth auf dem Flughafen wartenden Freunde damit zu überraschen, daß er mit dem Rauchen aufgehört habe?

»Ja, Darling«, antwortete er. Dann ging er zu einem Aschenbecher und drückte seine Zigarette aus. Seitdem hat er nie mehr geraucht.

4. KAPITEL

Wasserspiele

Als wir Ende 1986 nach Australien zurückkehrten, war vieles anders geworden. Nach Davids letztem Auftritt im Mai hatte Chris das Riccardo's geschlossen und sich neuen Dingen zugewandt. Außerdem war die Miete für das Haus, in dem wir wohnten, so stark gestiegen, daß es vernünftiger schien, selbst Wohneigentum zu erwerben.

Also rief ich im Januar 1987 Mike Parry an und fragte ihn, ob David und ich über genügend Mittel verfügten, um den Kauf eines Hauses finanzieren zu können. Er teilte mir mit, daß die letzte Tournee ein großer Erfolg gewesen sei und daß es keine Probleme in dieser Hinsicht gebe.

Ich durchforstete die Anzeigen und stieß auf ein »renovierungsbedürftiges« Haus mit einem großen Grundstück. Da ich in der Vergangenheit schon einige Häuser ge- und verkauft hatte, erkannte ich die günstige Gelegenheit, und schon bald gehörte das Haus uns. Als wir den Kaufvertrag unterschrieben und ich dem Makler mitteilte, daß wir umgehend einziehen würden, sah er mich entsetzt an: »Sie wollen doch nicht etwa selbst dort wohnen, oder?«

Er wußte nicht, wie sehr ich die Herausforderung liebe, aus einer alten Bruchbude ein gemütliches Heim zu machen. Zuerst ließ ich die alten Teppichböden herausreißen, dann wurde der darunterliegende Parkettboden poliert, das Haus neu gestrichen und tapeziert. Da das Grundstück so groß war, verkauften wir eine Hälfte und verwandelten die andere mit Hilfe unseres guten Freundes Peter Brackley in einen Garten mit Palmen, Farnen, Rosen und Azaleen. Zum ersten Mal in seinem Leben hätte sich David der stolze Eigentümer eines Hauses nennen können, aber das tat er nicht. Es dauerte bis 1994, bevor ich erkannte, daß David gar nicht richtig bewußt war, daß er überhaupt Geld verdiente, geschweige denn Eigentum im Form eines Hauses besaß.

Der Swan River floß nun praktisch an unserer Hintertür vorbei, und das stellte für David natürlich eine allzu große Versuchung dar. Auf dem mächtigen Fluß, der an einigen Stellen über einen Kilometer breit ist, herrschte dort, wo wir wohnten, nicht allzu viel Betrieb, und ich hielt es für einigermaßen sicher, daß David dort schwamm, auch wenn es sich sonst niemand traute. Trotzdem mußte er einige Lektionen im Umgang mit Ruderbooten und Segelbooten lernen. Bald schwamm er nur noch mit Brille, hielt seinen Kopf hoch über dem Wasser und beobachtete den »Verkehr«, eine Art Hobby von ihm, das er sich auf unserer Europareise angeeignet hatte.

Mit »Verkehr« bezeichnete David nicht nur die Autos, die durch die Straßen fuhren. Menschenmengen, Flugzeuge auf Rollbahnen, Schiffe und Fähren, fliegende Vögel – all das zählte für David zum »Verkehr«. Während wir über die Autobahnen Europas fuhren, saß David neben mir und beobachtete die anderen Fahrzeuge. Offensichtlich half ihm das dabei, sich zu konzentrieren. Es schien, als habe das regelmäßige Muster und die Geschwindigkeit des »Verkehrs« dort draußen eine Art hypnotischer Wirkung, die es ihm ermöglichte, den oft chaotisch dahinrasenden »Verkehr« seiner Gedanken auszuschalten.

»Verkehr beobachten« wurde eine seiner Lieblingsbeschäftigungen, wenn er nicht am Klavier saß. Es wurde auch sein Gesprächsthema Nummer eins, und er erzählte jedem, der es hören wollte, von dem »Verkehr in Paris« oder dem »Verkehr am Trafalgar«. So wie andere Leute über das Wetter reden, sprach er wildfremde Menschen an und begann einen ausgiebigen Monolog über den »Verkehr«. Die meisten, auch die, die ihn schon länger kannten, hielten das natürlich für blanken Unsinn, und lange Zeit wurde es lediglich als eine von Davids zahlreichen Exzentrizitäten angesehen. Aber im Laufe der Jahre wurden seine Gespräche über den »Verkehr« immer intensiver, bis er eines Tages die wahre Bedeutung enthüllte.

Währenddessen schien David im Swan River die beste aller Welten gefunden zu haben. Er war im Wasser und konnte den »Verkehr« beobachten, sowohl auf dem Fluß als auch auf dem Land. Das einzige, was die Sache noch schöner hätte machen können, wäre ein schwimmendes Piano gewesen. Und diese scheinbar bizarre Idee wäre eines Tages fast Wirklichkeit geworden, als man David bat, zur Eröffnung eines neuen Jachthafens in der Nähe von Perth zu spielen.

Ein Fernsehbericht über das Ereignis sollte im Abendprogramm gesendet werden, aber die Aufnahmen dafür mußten schon früh am Morgen gemacht werden. Man stellte einen Flügel ganz am Ende der Mole auf und filmte David von der Mole selbst und aus einem Hubschrauber heraus. David sollte die romantische achtzehnte Variation von Rachmaninows *Rhapsodie* über ein Thema von Paganini spielen. Bevor die Aufnahmen begannen, sagte ich zu David, daß er den Rachmaninow einfach weiterspielen solle, immer und immer wieder, da die Filmcrew Aufnahmen aus verschiedenen Winkeln machen mußte.

Es war ein extrem heißer und windiger Tag. David begann zu spielen, die Crew begann mit den Aufnahmen, und alles schien einigermaßen gut zu laufen. Plötzlich fegte ein heftiger Windstoß über die Mole und riß den Deckel des Flügels aus seiner Verankerung. Er flog durch die Luft, schien einen Moment lang fast stillzustehen und landete dann krachend auf dem Wasser. David spielte weiter, ohne einen Ton zu verfehlen und als sei nichts geschehen. Die Kameraleute hatten so etwas noch nicht gesehen.

Ein paar Surfer zogen den Klavierdeckel an Land, doch die Filmleute waren am Boden zerstört. Der Hubschrauber hatte gerade im falschen Moment eine Kurve geflogen und den fliegenden Klavierdeckel verpaßt. Als sie David hinterher fragten, wie er die ganze Sache verkraftet habe, sah er sie nur verblüfft an. »Was soll die ganze Aufregung?« erkundigte er sich. »Ich hatte keine Angst. Ich habe einfach weitergespielt, das war doch der Tagesbefehl, der *plat du jour*. Ich habe nur gespielt. Gut allerdings, daß der Deckel an mir vorbeigeflogen ist und mich nicht in Stücke gerissen hat.« Er kicherte vergnügt und gestand, daß ihm das Ganze sogar unbändigen Spaß gemacht habe. Verständlicherweise – es mußte ein sehr interessanter »Verkehr« für ihn gewesen sein: ein Klavier, Wasser und sogar ein Hubschrauber.

Ein paar Tage später erhielten wir einen aufgeregten Anruf von Esther Friedman. Sie hatte sich mit einem gewissen Dr. Pol in Verbindung gesetzt, einem einflußreichen Mäzen aus der Gegend Bonns. Esther glaubte, daß er einige Konzerte für David arrangieren könnte: er hatte bereits angeboten, ihn auf einer Soiree in seinem Haus spielen zu lassen, um ihn anderen Personen aus dem Umfeld der klassischen Musik vorzustellen. Esther hoffte sehr, daß wir die Möglichkeit hätten, nach Köln zu kommen und an der Soiree teilzunehmen.

Ich rief Mike an, um mit ihm zu besprechen, ob sich diese Reise um die Welt wirklich lohnte, und nach einigem Hin und Her kamen wir zu dem Entschluß, die Gelegenheit wahrzunehmen. Mike begleitete uns, um weitere Kontakte in Europa zu knüpfen. Wir buchten die Flüge, packten alle warmen Sachen ein, die wir finden konnten – eine merkwürdige Tätigkeit, wenn man bedenkt, daß wir uns mitten in einem heißen australischen Sommer befanden –, und machten uns auf den Weg zu unserem zweiten europäischen Abenteuer.

Esther hieß uns mit ihrem gewohnten Überschwang willkommen und machte uns mit dem Ablauf der Soiree vertraut. Sie fand in zwei Tagen statt, in privatem Rahmen, mit einem anschließenden Dinner für etwa sechzehn Personen.

Wir kamen in Köln an, und alles war bereit. David trug eines seiner Hemden im russischen Stil, die so etwas wie eine Uniform für ihn geworden waren, und die Gäste warteten gespannt auf seine Darbietung. Ein Bösendorfer-Flügel stand in einem großen Salon; die Tische im Speisesaal waren bereits mit elegantem Porzellangeschirr gedeckt und mit Blumen und Kerzen geschmückt. Ich fragte mich sofort, ob David sich in einer solch formalen Situation wohlfühlen würde, da er gerade nach einem Konzert immer besonders unruhig war und nicht gerne stillsaß.

David trat an den Flügel, verneigte sich vor dem Publikum und begann mit einigen Stücken von Liszt, darunter die Ballade Nr. 2 in h-Moll, *La Campanella* und die *Ungarische Rhapsodie*. Leider war er an diesem Abend wieder gut bei Stimme. Ich schloß die Augen und flehte David stumm an, er möge doch ruhig sein – bitte, David, hör auf zu singen. Aber meine telepathischen Botschaften schienen ihn nicht zu erreichen.

In der kurzen Pause wechselte ich einige ernste Worte mit ihm und machte ihn darauf aufmerksam, daß sein Singen unmöglich sei. Die zweite Hälfte des Abends, während der er auch die *Appassionata* spielte, verlief dann auch viel ruhiger, was seinen Gesang betraf. Dr. Pol zeigte sich beeindruckt und meinte nach dem Konzert zu Mike und mir, daß es der beste Beethoven gewesen sei, den er je gehört habe. Mike und ich machten uns bereits große Hoffnungen auf weitere Konzerte für David.

Während wir uns mit Dr. Pol unterhielten, sprach Liszts Urenkelin, die dem Konzert ebenfalls beigewohnt hatte, Esther an. Sie sagte zu ihr, daß David eine solche Seelenverwandtschaft mit Liszts Werken gezeigt habe, daß sie es für durchaus möglich hielte, in David einer Reinkarnation ihres Urgroßvaters begegnet zu sein.

Meine Besorgnis über Davids Verhalten beim anschließenden Dinner erwies sich jedoch als berechtigt. Sein Blick verriet, daß er viel lieber am Piano gesessen hätte, und einige Gäste zeigten deutliches Mißfallen ob seiner Umarmungen und seines ständigen Geplappers. Je weiter der Abend voranschritt, in desto weitere Ferne rückte die Aussicht auf zukünftige Konzerte. Und so kam es dann auch.

Esther zeigte sich recht enttäuscht über den Verlauf des Abends, da sie sich sehr angestrengt hatte, um David diese Gelegenheit zu ermöglichen. Wir hatten jedoch gelernt, wie man mit solchen Enttäuschungen umgeht. Immerhin war uns klar, daß wir David noch entschiedener davon abbringen mußten, während der Konzerte zu singen.

Einen Tag später verschwieg Mike ein kleines Mißgeschick, um Esther nicht noch mehr zu deprimieren. Er war ins Bad gegangen, um zu duschen – nachdem er ausgesprochen lange hatte warten müssen, weil David vor ihm drin gewesen war –, griff nach der Handbrause und stellte zu seiner Verblüffung fest, daß David sie abgeschraubt hatte, zusammen mit dem Rest der Brausevorrichtung, die in Einzelteilen gemeinsam mit Orangenschalen auf dem Boden lag. Das Wasser floß praktisch aus der Wand heraus.

Mike brauchte über eine Stunde, bevor er die Brause mit Hilfe einer kleinen Schere und eines Kamms wieder installiert hatte. Esther erfuhr nie von dieser Mini-Katastrophe. Wahrscheinlich hielt sie den Manager für ebenso exzentrisch wie seinen Pianisten und dachte, daß er vielleicht an dem gleichen Reinlichkeitswahn leiden würde.

In der darauffolgenden Woche ereignete sich in Salzburg eine zweite Badezimmerkatastrophe, in die Mike verwickelt wurde. Wir wohnten in einer alten Pension im Stadtzentrum. Unser Zimmer befand sich im ersten Stock, und am Ende des langen Flurs gab es ein Gemeinschaftsbad.

Nachdem wir durch dichtes Schneetreiben gefahren waren, fühlten wir uns alle kalt, müde und hungrig. David zog es jedoch vor, nicht mit uns in das im Erdgeschoß gelegene Restaurant zu gehen. Er wollte lieber Käse und Kekse in unserem Zimmer essen, und als Mike und ich ihn verließen, lag er auf dem Boden, machte Liegestützen und las.

Zu dieser Jahreszeit befanden sich nur wenige Gäste in der Pension, und alles war ruhig und friedlich. Nach einem herzhaften Mahl und ein paar Gläsern Wein fühlten Mike und ich uns sehr gut erholt. Doch als wir die Treppe hinauf zu unseren Zimmern gehen wollten, sahen wir, daß die Stufen verdächtig naß waren. Ich ahnte Fürchterliches und eilte nach oben. Ein Wasserstrom floß den Flur entlang. Aus dem Badezimmer erklang fröhlicher, leicht schräger Gesang. Ich kannte die Stimme nur zu gut und rannte ins Bad. David stand lustig singend unter der Dusche, deren

223

Abfluß von einem Stück Seife und einem Waschlappen verstopft war. Das Wasser lief schon seit geraumer Zeit über den Rand der Duschwanne. Sofort drehten wir die Hähne ab. Mike und ich schnappten uns so viele Handtücher, wie wir finden konnten, und begannen verzweifelt mit dem Aufwischen. Wir trauten uns nicht, die Besitzer der Pension um Hilfe zu bitten oder auch nur zu informieren, weil wir gerade einen besonders günstigen Preis mit ihnen ausgehandelt hatten. Während wir auf den Knien herumrutschten, aufwischten und auswrangen, lief David lachend zwischen uns hin und her und murmelte: »Oh, tut mit leid, Darling, tut mir leid.«

Einige Jahre später meinte Mike einmal zu mir: »Es war nicht immer ganz einfach, in den Applaus für den Maestro miteinzustimmen, wenn man gerade eine Stunde damit verbracht hatte, hinter dem kleinen Teufel herzuwischen.« Ich konnte ihm nur zustimmen. Nach dem Abend in Salzburg war mir jedoch klar, daß ich David im Badezimmer genauer kontrollieren mußte – nicht unbedingt eine schöne Aufgabe für eine Frau –, denn es war nicht das erstemal, daß wir solche »Wasserspiele« erlebten. Einmal hatte David das Badezimmer eines Hauses, in dem wir wohnten, so energisch unter Wasser gesetzt, daß das Wasser durch die Decke in das Zimmer darunter lief.

Ansonsten haben Davids Überflutungen nicht allzu großen Schaden in den Häusern unserer Freunde angerichtet. Statt dessen gewöhnte er sich eine neue Marotte an: Da er vergißt, wie stark seine Finger durch das Spielen geworden sind, dreht er die Wasserhähne oft so fest zu, daß sie aus den Halterungen springen. Natürlich hat er für die Hähne in unserem Haus ein besseres Gespür, und so sind es die Armaturen in den Häusern unserer Freunde und in Hotelzimmern, die am meisten leiden. Nachdem wir wieder einmal die Wasserhähne in einem Ferienhaus hatten reparieren lassen müssen, schlug mein Sohn vor, daß David genau wie manche Berühmtheiten, die ihren

Friseur oder ihren Fitneßtrainer überallhin mitnehmen, einen persönlichen Installateur bräuchte.

5. Kapitel

»Der Klavierspieler« und »das Monster«

Wenig später stand ein weiteres großes Konzert für David an. Er sollte anläßlich einer Geburtstagsfeier für Madame Alice auftreten. Die Ehrung fand im Octagon Theatre statt, und alle Karten waren schnellstens ausverkauft.

Der Abend war für alle Anwesenden voller bewegender Emotionen. Madame Alice erhielt stehende Ovationen von all ihren Studenten, Freunden und Bewunderern, nachdem sie sich selbst noch einmal ans Klavier gesetzt und Stücke von Scarlatti und Liszt gespielt hatte. Sie spielte noch immer brillant, und David konnte kaum fassen, wie gut ihr Gedächtnis war. Die Feier schien alles in allem ein voller Erfolg gewesen zu sein – bis auf einen kleinen Wermutstropfen.

Am Ende des Abends spielte David als Zugabe ein besonderes Stück, das eine Komponistin aus Perth, Mary Andel, für diese Gelegenheit geschrieben hatte. Leider war ihm jedoch nur wenig Zeit zum Proben geblieben, und als David die Bühne betrat, sah ich verstohlen zu Mary hinüber und konnte nur hoffen, daß er alles auswendig gelernt hatte.

David begann zu spielen, und dieses schöne, melodiöse Stück floß ruhig dahin, bis mir plötzlich auffiel, daß er eine Melodie spielte, die ich nie zuvor gehört hatte. Mary blickte mit einer Mischung aus Entsetzen und Verwunderung zur Bühne hinauf. Es kam mir wie eine Ewigkeit vor, bevor David zur richtigen Melodie zurückkehrte und das Stück normal zu Ende spielte.

Das Publikum hatte überhaupt nicht mitbekommen, daß etwas schiefgelaufen war und applaudierte herzlich. Mary wollte nur wissen, wie David sich aus einer Situation gerettet hatte, die ihr selbst schon hoffnungslos verfahren vorgekommen war. David sah sie ein wenig verlegen an und sagte: »Nun, ich wußte, daß ich am falschen Ort gelandet war, also bin ich schnell zum richtigen zurückgekehrt.«

Nach diesem Konzert sprach uns Brian Linaker an und fragte uns, ob David eine Tournee durch Provinzstädte machen wolle. Wir willigten ein, und die ersten Konzerte führten uns hauptsächlich durch den Südwesten Westaustraliens. Doch dann ging es tief in den Nordwesten hinein, und David spielte Chopin, Debussy, Mendelssohn, Schubert, Gershwin und Grieg für die Bewohner einiger der abgelegensten und einsamsten Städte der Welt.

Das Publikum in diesen keinen Städten war besonders dankbar – schließlich kamen nicht allzu oft Konzertpianisten in ihre Gegend – und zeigte David seine Dankbarkeit deutlich. Wir besuchten Port Hedland, gaben zwei Konzerte in Broome und eins in Derby, wo uns die Nonnen aus dem örtlichen Kloster ihr Yamaha-Klavier zur Verfügung stellten.

Als wir in Kunnunura in den Kimberleys auftauchten, einer Ansiedlung von etwa 1200 Arbeitern der Argyle Diamantmine, mußten wir feststellen, daß es weder einen Saal noch ein Klavier gab. Ein Bankangestellter stellte uns freundlicherweise sein eigenes zur Verfügung, aber als David das kleine Klavier sah, das in einer riesigen Turnhalle stand, war er begreiflicherweise nicht sehr erfreut.

Mehr als ein Viertel der Einwohner kamen zu dem Konzert – ich bin sicher, daß David der erste Konzertpianist war, der je in Kununura spielte –, und er konnte sie einfach nicht enttäuschen. Außerdem liebte er solche Herausforderungen im Grunde, und so gab er alles, um die Möglichkeiten des kleinen Instruments voll auszuschöpfen und dem Publikum seine musikalische Botschaft zu vermitteln. Es muß ihm gelungen sein, denn er erhielt eine der rührendsten stehenden Ovationen seines Lebens.

Nachdem wir die Stadt verlassen hatte, wurde ein Komitee gegründet, das uns einen Brief schrieb und uns mitteilte, daß man bestrebt sei, Geld zu sammeln, um ein Klavier kaufen zu können. Enthusiasmus und Fleiß zahlten sich aus, und ein Jahr später flogen David und ich erneut nach Kunnunura, wo David das erste Konzert auf dem brandneuen Yamaha gab.

Die Tourneen durch die Provinz und einige Fernsehauftritte, die Kirsty Cockburn organisierte, hatten einen Effekt, der manchmal befremdend, manchmal rührend wirkte. Die Leute erkannten David und wollten mit ihm reden, und zwar an den unmöglichsten Orten. Ein Postbeamter in einer Stadt mit nur einer Straße, ein Lastwagenfahrer an einer Tankstelle an der Autobahn, ein alter Mann in einem Gemischtwarenladen in einem einsamen Dorf und viele, viele andere erkannten David und begannen ein Gespräch mit ihm, oft so, als handele es sich um einen alten Freund. Ohne Ausnahme nannten sie ihn den »Klavierspieler«, niemals »David«, und sagten auf diese lakonische, lockere Art der Australier zu ihm: »Oh, du bist der Klavierspieler! Wie geht's dir, Kumpel? Nur weiter so mit dem Spielen!« David fand es großartig.

Vielleicht vermittelt David bei seinem Spiel ein Gefühl – sei es live oder im Fernsehen –, als gäbe es keine Barrieren zwischen ihm und dem Publikum. Menschen, die auch ansonsten aufgeschlossen sind, fühlen sich deshalb sofort von ihm angezogen.

Natürlich gab es immer wieder auch unangenehme Zwischenfälle, wenn Leute David zum Teufel wünschten oder ihn mißtrauisch anstarrten. Doch die Liebe und Zuneigung, die ihm von vielen entgegengebracht wurde, machten es leichter, mit solchen Reaktionen umzugehen – besonders auch für mich.

Nachdem wir im Nordwesten Australiens unterwegs gewesen waren, wurde es Zeit, wieder unsere Koffer für eine Reise nach Europa zu packen und Peter Feuchtwanger in Sion aufzusuchen, wo eine neue Meisterklasse stattfand. Auch dieser Kurs wurde ein Erfolg. Gegen Ende kam der Leiter der Musikschule Sion zu Peter Feuchtwanger und fragte ihn, ob einer seiner Schüler bereit sei, die Geigenschüler in Ivry Gitlis' Klasse ein paar Stunden zu begleiten. Peter wußte um Davids Fähigkeiten im Lesen auch fremder Noten und fragte ihn, ob er es tun wolle. David sagte erfreut ja.

In Ivrys Klasse waren vierzehn Schüler. Einer nach dem anderen spielte seine Sonaten, und sie wurden von David nicht nur auf dem Klavier, sondern auch von seinem Gesang begleitet. Als der dritte Student eine Mozartsonate beendet hatte, trat Ivry zu David auf die kleine Bühne, legte die Hand auf seine Schulter und sagte: »Dieser Mann ist die Personifizierung von Musik.«

Dann bat auch Ivry seine Schüler, beim Spielen zu singen – zweifellos eine neue Erfahrung für die meisten. Er verkündete, daß David ruhig singen solle, während er spielte, denn das sei der wahre Ausdruck seiner Seele als Künstler. Obwohl ich das keineswegs anzweifelte, mußte ich David später noch einmal deutlich klarmachen, daß die Zuhörer im allgemeinen lieber sein Klavierspiel als seinen Gesang hörten. David jedoch fand die ganze Sache herrlich, und ich fand mich damit ab, daß uns das Thema seiner Sangesdarbietungen wohl noch eine Weite begleiten würde.

Bevor wir nach Australien zurückkehrten, mußten David und ich an einer Familienhochzeit in Paris teilnehmen. Es gelang uns, ein paar billige Flugtickets zu bekommen, was allerdings bedeutete, daß wir von Gatwick aus fliegen mußten. Ich kannte diesen Flughafen noch nicht, aber als wir ankamen, reagierte ich sehr negativ auf die Atmosphäre dort.

Die Leute waren wie Vieh zusammengepfercht, dicht

aneinander gedrängt hastete jeder zu den Ausgängen. Es gab keinerlei Sitzgelegenheiten mehr, und die Restaurants waren bis auf den letzten Platz überfüllt. Die ganze Szene hatte etwas Klaustrophobisches, und ich beschloß, das nächste Mal nicht an den Flugtickets zu sparen und Gatwick in Zukunft zu meiden.

Auch David fühlte sich natürlich sehr unwohl, und ich konnte es ihm nicht einmal verdenken. Ich sah die Furcht in seinen Augen aufsteigen; seine Unruhe wuchs ständig, seine Hände fingen an zu zittern, und ich begann mir ernsthafte Sorgen um ihn zu machen.

Auf dem Weg zur Toilette kamen wir an einer Putzfrau vorbei, die versuchte, einen Wagen mit schmutzigem Geschirr durch die Menge zu schieben. Gerade in dem Augenblick, als wir neben ihr standen, seufzte die Frau, die kaum ein paar Schritte vorwärts kam, entnervt auf und rief: »Ich werde noch wahnsinnig hier!« Dann brach die Hölle los.

David stieß einen durchdringenden Schmerzensschrei aus und warf sich mit wild rudernden Armen gegen mich. Völlig entsetzt hörte er nicht mehr auf zu schreien und sich zu winden, und auch ich war völlig außer mir und nahm alle meine Kräfte zusammen, um nicht selbst in Panik zu geraten. So hatte ich David noch nie erlebt. Die Menge schien vor meinen Augen zu verschwimmen. Ich war allein mit Davids Qualen.

Verzweifelt versuchte ich, ihn in meine Arme zu nehmen und ihn zu beruhigen. Ich redete auf ihn ein: Alles war gut – Worte konnten ihm nicht weh tun – die Frau hatte es nicht böse gemeint – ich war bei ihm – er war in Sicherheit. Aber David schrie weiter, ein seltsames, alles durchdringendes Geräusch.

Der Zwischenfall hatte natürlich Aufsehen erregt, und bald waren wir von Polizisten umringt. Zum Glück beruhigte David sich langsam. Einer der Polizisten fragte sofort, ob er Drogen genommen habe.

Als ich ihnen die Situation erklärte, zeigten die Beamten sehr viel Verständnis, aber ich war völlig durcheinander und konnte mir den Grund für seine extreme Reaktion nicht erklären. Bestimmte Wörter wie »verrückt«, »Irrenhaus«, »Idiot« und natürlich »wahnsinnig« erinnerten David an die Zeit seiner Krankenhausaufenthalte und riefen Panik in ihm hervor, aber noch nie hatte er eine so gequälte, mich zu Tode erschreckende Reaktion gezeigt.

Nachdem die Polizisten gegangen waren, fragte mich eine freundliche ältere Dame, die den Zwischenfall mitverfolgt hatte, ob sie mir irgendwie helfen könne. Ich sagte zu ihr, daß es David schon besser gehe und dankte ihr. Es beruhigte und tröstete mich irgendwie ungemein, daß eine ganz Fremde sich aus der Masse gelöst und freundlich ihre Hilfe angeboten hatte.

Die nächste Woche verlief ohne Zwischenfälle, und in Australien schien David schon wieder ganz der alte zu sein. Aber bald stellte ich fest, daß er tagsüber immer unruhiger wurde und daß er auch nachts unruhig schlief. Mit jedem Tag fiel es mir schwerer, Davids Zustand als bloße, wenn auch extreme Stimmungsschwankungen abzutun.

Eines Abends waren wir zum Essen bei den Brackleys eingeladen, und David wirkte etwas unruhiger als sonst. Nach dem Mahl, als alle ins Wohnzimmer gingen, wirkte er ausgesprochen nervös und schien sich in seiner Haut überhaupt nicht wohl zu fühlen. Peter Brackley setzte sich zu David auf das Sofa und nahm Minker, die Hauskatze, auf den Schoß. Er streichelte das Tier und sang dabei leise: »Minker ist ein Stinker, Minker ist ein Stinker ...«

Plötzlich sprang David auf. Er bewegte den Oberkörper hin und her und plapperte völlig unverständlich vor sich hin. Dann warf er sich mit solcher Wucht zurück auf das Sofa, daß es umkippte. Er ruderte mit den Armen, sein Kopf zuckte hin und her, und sein Gesicht war angstverzerrt.

Ich kniete mich neben ihn und versuchte ihn festzuhalten, bis sein Anfall, denn das war es zweifellos, vorüberging. Wir alle waren schockiert, und keiner von uns wußte, was zu tun war oder warum es geschehen war. Nach kurzer Zeit – die uns wie eine Ewigkeit vorkam – erholte sich David langsam wieder.

Barbara, Peter und ich fühlten uns vollkommen hilflos, und es tat Peter furchtbar leid, daß sein scheinbar unschuldiger Singsang den Anfall ausgelöst hatte, wie es schien. Alles hätte sehr dem Zwischenfall in Gatwick geähnelt, wenn »Stinker« nicht ein so harmloses, lächerliches Wort gewesen wäre. Warum hatte es eine solch vehemente Reaktion ausgelöst?

Als wir nach Hause fuhren, vertraute mir David an, daß Peters Worte ihn daran erinnert hätten, wie – in seinen Worten – »*schmutzelig in l'ecole*« er gewesen sei. Mit anderen Worten: Der Ausdruck »Stinker« hatte David in die Zeit zurückversetzt, wo er als Fünfjähriger in der Schule seinen Stuhlgang nicht kontrollieren konnte und unter dem Gelächter seiner Klassenkameraden voller Angst und Scham davongerannt war und sich versteckt hatte.

Ich wußte, daß dies nicht ganz der Wahrheit entsprach, denn David hatte über diesen Zwischenfall schon oft gesprochen und hatte noch nie in dieser Weise auf die Erinnerung daran reagiert. Warum also jetzt?

In der Nacht wurde David sehr traurig, von Furcht und Selbsthaß völlig überwältigt. Er wiederholte immer wieder, daß er sich in ein »Monster« verwandelt habe und schien wie gelähmt vor Angst bei der Vorstellung, vielleicht nie wieder er selbst zu werden. Ich sah, wie der Mann, den ich liebte, an den Gitterstäben seines Käfigs voll qualvoller Emotionen rüttelte, und Furcht erfüllte mein Herz.

Am nächsten Morgen erhielt ich einen Anruf von Barbaras Mutter Rix Weaver. Rix ist eine bemerkenswerte Frau, die erste Australierin, die am Jung-Institut in der Schweiz studiert und Carl Jung noch kennengelernt hatte.

Nach ihrer Rückkehr gründete sie die australische Jung-Gesellschaft. Obwohl sie schon über achtzig war, arbeitete sie noch immer als Jungianische Analytikerin. Sie wohnte mit ihrer Tochter im gleichen Haus und kannte David gut. An dem bewußten Abend war sie später nach Hause gekommen und hatte alles über Davids Anfall erfahren. Jetzt bot sie uns ihre Hilfe an. In den folgenden zwei Wochen sprach sie jeden Tag mit David über das »Monster«.

Sie hatte mich gebeten, David einen Zeichenblock zu kaufen, und jeden Tag, wenn er zu ihr kam, mußte er das »Monster« zeichnen. Zuerst fabrizierte David nur wildes, hysterisches Gekritzel. Doch auch wenn auf den Zeichnungen nichts als wirre, abgehackte Striche zu sehen waren, so zeigten sie doch offensichtlich die seelischen Qualen an, die er durchlitt. Im Lauf der Gespräche wurden die Zeichnungen dann weniger unruhig und wirkten symmetrischer. Nach zwei Wochen, als David relativ klare und einfache Kreise zog, forderte Rix ihn auf, einen Zaun darum zu malen. Das eingesperrte »Monster« kehrte nie mehr zurück.

Nach der letzten Sitzung führte Rix ein langes Gespräch mit mir und enthüllte, daß David während unseres Aufenthalts in Europa damit begonnen hatte, seine Medikamente abzusetzen. Der Zwischenfall in Gatwick war das erste Anzeigen dafür gewesen. Er empfand sein Leben als so schön und fühlte sich so zufrieden, daß er geglaubt hatte, ohne »Medizin« auskommen zu können. Da er jedoch fürchtete, und nicht zu Unrecht, daß weder sein Arzt noch ich mit dieser Entscheidung einverstanden sein würden, hatte er seine Tabletten heimlich verschwinden lassen.

Ich war verblüfft. Seit unserer ersten Nacht, als David verzweifelt nach seiner Arznei gesucht hatte, war ich immer der Meinung gewesen, daß er sie unbedingt brauchte und auch gewillt war, sie einzunehmen. Wir waren nun drei Jahre zusammen, und nicht einmal hatte ich ihn daran erinnern müssen, die Tabletten zu schlucken, geschweige denn, daß ich darauf geachtet hätte, ob er es auch tat. Ab jetzt konnte ich nicht mehr darauf vertrauen, daß David sich in dieser Sache verantwortungsbewußt verhielt.

Rix sagte, daß es unbedingt notwendig sei, daß David seine Medikamente regelmäßig und ständig einnehme. Auch gelegentliche psychiatrische Sitzungen seien unbedingt erforderlich. Da sie selbst jedoch zu alt sei, um einen Langzeitpatienten zu betreuen, würde sie sich erkundigen und bestimmt jemand finden, der geeignet wäre. Es stellte sich heraus, daß ihr das sehr schnell gelang. Sie fand die perfekte Ärztin.

6. Kapitel

Der »Gewynn« der Vergangenheit

Dr. Susan Wynn ist eine dynamische, warmherzige und hochgebildete Frau, die mit ihrem schrägen Sinn für Humor und ihrer femininen Energie sofort Davids Sympathien für sich gewann. In Dr. Wynn hatte er mit seinen ewigen Wortspielen, vollgepackt mit Alliterationen, lebhaften Metaphern und literarischen Anspielungen – Taktiken, die er oft auch einsetzt, um einen Fremden nicht an seine wahren Gedanken herankommen zu lassen – einen ebenbürtigen Gegner gefunden.

David probierte all seine verbalen Tricks an der neuen Ärztin aus, aber er konnte sie dadurch nie von dem Thema ablenken, um das es gerade ging. Sie dagegen durchstieß oft mit einem Witz seine Deckung und brachte ihn dazu, die Wahrheit zu offenbaren. Stets sagt sie ihm ungeschminkt ihre Meinung, und daß sie dabei auch Humor zeigt, schätzt er besonders an ihr. »Zu ihnen zu kommen«, hat er einmal zu ihr gesagt, »ist wie eine Fiesta.«

Wenn er sich wirklich konzentrieren und etwas ernsthaft besprechen wollte, mußte David immer sehr nahe neben seinem Gesprächspartner sitzen. Oft umarmte er ihn dabei und legte seinen Kopf auf dessen Schulter. Bei Dr. Wynn machte er zunächst keine Ausnahme. Während ihrer Sitzungen saß David so nahe bei ihr, wie sie es ihm gestattete, und wollte sie ständig berühren. Doch schon von der ersten Sitzung an versuchte Dr. Wynn, David den Begriff der »Privatsphäre« zu vermitteln. Sie glaubte, und ich teilte ihre Meinung, daß es von größter Wichtigkeit für David wäre, diese Lektion zu lernen, wenn er mit anderen besser zurechtkommen wolle. Der Lernprozeß ist noch nicht beendet.

Am allerersten Tag machte Dr. Wynn in diesem Zusammenhang David darauf aufmerksam, daß sie nicht sonderlich erpicht darauf wäre, daß er ihre Beine über einem bestimmten Punkt berührte, den sie die »Grenzlinie« nannte. Daraus entwickelte sich ein ganz besonderes Spiel. Manchmal wanderte Davids Hand höher und höher, und mit gespielter Unschuld fragte er schelmisch: »Ist das schon über der Grenzlinie?«

»Du weißt verdammt genau, daß es das ist«, antwortete sie. »Wie würdest du dich wohl fühlen, wenn ich mit dem Absatz meines Schuhs ein bißchen auf deinen niedlichen kleinen Fingern herumhackte?«

Dann zog David schmollend die Hand weg und murmelte: »Na ja, man kann's ja mal versuchen.«

Ein ungewöhnliches Verhalten für eine Psychotherapeutin, vielleicht, aber David war schließlich auch ein ungewöhnlicher Patient. So wenig wie es Handbücher für das Zusammenleben mit ihm gab, so wenig gab es Routinemethoden für seine ›Behandlung‹. Eines stand jedoch fest: Bestimmte Formen der Medikation beruhigten ihn und verhinderten die Anfälle.

Zunächst wurde David wieder mit Serenace behandelt. Da er kein ganz junger Mann mehr war, konnte man auf Cogetin verzichten, ein Medikament, das verschrieben wird, um die Nebenwirkungen des ersten, Muskelverspannungen und -krämpfe, aufzuheben.

Lithium stellte sich als wenig wirksam heraus. Es machte David nicht nur ruhiger und stiller, sondern auch dumpfer. Einmal hörte er sogar mitten in einem Konzert mit dem Spielen auf, was er vorher nie getan hatte und was er nach dem Absetzen des Lithiums auch nie wieder getan hat. Schließlich entschieden wir uns für eine Kombination aus Serenace und Tegretol. Die Dosierung wurde den Umständen und Davids jeweiliger Stimmung angepaßt. Während unserer Reisen, die ihn immer etwas beunruhigen, wird die Dosis zum Beispiel etwas erhöht.

Einige der Symptome von Davids Krankheit sind eine fast ständige Euphorie und leichte manische Tendenzen. Anders ausgedrückt, er ist meistens fast krank vor Freude und Aufregung. Ein chemisches Ungleichgewicht in seinem Gehirn beschleunigt den Gedankenfluß, daher spricht er so rasend schnell; aus diesem Grund auch seine fast übersinnlichen Fähigkeiten, mehr zu sehen, zu hören und zu fühlen als man sich vorstellen kann; und deswegen wird er auch so leicht abgelenkt, es sei denn, er sitzt am Klavier. Dann erscheint seine Konzentrationsfähigkeit fast schon nicht mehr menschlich.

Dr. Wynn vertrat die Meinung, daß die Medizin, die David nehmen mußte, ihn etwas ruhiger machen und ihn vor der Folter seiner eigenen Gedankenflut schützen sollte, ohne jedoch seine Persönlichkeit zu beschädigen oder ihn zu betäuben.

Die geeigneten Medikamente und die richtige Dosierung zu finden, stellte sich als relativ leicht heraus. Als weitaus schwieriger erwies es sich, Davids fast greifbaren Schmerz hinsichtlich seines Vaters zu mildern und ihn mit den Geistern der Vergangenheit zu versöhnen.

Meistens arbeitete Dr. Wynn mit den Informationen, die David ihr bei den Sitzungen lieferte. Dabei spürte sie von Anfang an, daß David den Wunsch hatte, sich mit seinem

Vater auszusöhnen. Wann immer David es wollte, sprachen sie deshalb über Peter und Davids Kindheit. Unter Dr. Wynns Anleitung wurden ständig die positiven Aspekte der Vater-Sohn-Beziehung betont, und schließlich erinnerte sie ihn stets daran, daß alles in der Vergangenheit lag und nicht im Heute.

Das traf in der Tat zu, denn Peter Helfgott war 1975 gestorben, und ›Friedensgespräche‹ mit einem Geist zu führen, erwies sich als äußerst schwierig. Es schien, als gäbe es nicht einen einzigen Punkt in der Vergangenheit, auf den David zurückgreifen konnte, um den Grundstein für ein mögliches Verzeihen zu legen. Denn Peter zu verzeihen war der einzige Weg für David, aus der Folterkammer seiner Vergangenheit auszubrechen.

Sicherlich hatte die frühe Kindheit auch glückliche Abschnitte enthalten, doch waren sie von den späteren Ereignissen überschattet worden. Daß Peter seinen Sohn praktisch ›verbannt‹ hatte, machte Vergebung schwer; außerdem schien es zwischen Davids Rückkehr aus London und Peters Tod nichts gegeben zu haben, worauf man aufbauen konnte.

Schon die Rückkehr selbst war mit schmerzlichen Erinnerungen verbunden. David war sich über Peters Reaktion so im unklaren, daß er nicht sein Elternhaus aufsuchte, als er australischen Boden wieder betreten hatte. Statt dessen fuhr er mit dem Taxi zu der schwer geprüften Mrs. Luber-Smith, die auch noch die Fahrtkosten bezahlen mußte, da David wieder einmal völlig mittellos war. Sie gewährte ihm jedoch Unterkunft für die Nacht und gab ihm frische Kleider.

Am nächsten Tag muß David jedoch genügend Mut gesammelt haben – ohne Zweifel mit viel Unterstützung der jüdischen Gemeinde – und ließ sich von einem Rabbi zum Haus seiner Familie fahren.

Zeigte der Sohn jedoch Mut, so ließ es der Vater daran fehlen. Nachdem er durch einen Telefonanruf davon unterrichtet worden war, daß die Rückkehr seines Sohnes unmittelbar bevorstand, verließ er das Haus und lief durch die Straßen von Perth, wohl in der Hoffnung, seinen zerstörten Träumen nicht in Gestalt seines Sohnes ins Gesicht sehen zu müssen. »Er hatte Angst, Angst, Angst. Er rannte voller Angst davon, rannte voller Angst davon«, sagte David.

»Stundenlang ist er durch die Straßen gelaufen«, erinnerte sich David bei einem unserer ersten Gespräche im Auto vor der Garage unseres Hauses in Lathlain. »Ich habe den ganzen Nachmittag mit Louise gesprochen. Die arme Louise, sie hat mich am Leben erhalten.« Mit einem tieftraurigen Lachen erinnerte sich David an diesen Nachmittag, überwältigt von Mitgefühl und Verständnis für seine elfjährige Schwester, die sich plötzlich einer solch schwierigen Situation gegenübersah.

»Aber dann kam er!« Davids Miene hellte sich etwas auf. Den Vater zu sehen schien weniger schmerzhaft als das Gefühl, in dessen Haus und in dessen Herz nicht willkommen zu sein. »Er kam herein und sagte: ›Hi, David! Kein Problem, alles kein Problem.‹ Dann gab er mir Farex und Wasser und Milch.« Eine seltsame Erinnerung – diese Begrüßung, dieses Essen. Farex ist eine Babynahrung aus Getreideflocken und zählte zu Peters Lieblingsspeisen.

Peter fand seinen Sohn in einem äußerst schlechten Zustand vor. David stammelte wirres Zeug, er konnte seine Gedanken nicht ordnen, ja nicht einmal stehen oder gehen, ohne zu taumeln und zu schwanken. Nie hat David mitbekommen, was der Vater fühlte, als er seinen Sohn nach der vierjährigen Trennung wiedersah – aber in dieser Zeit seines Lebens bekam er sowieso kaum etwas mit.

Nur zehn Tage später wurde David in die Psychiatrie des Charles Gairdner Hospitals eingeliefert. Dort behandelte ihn ein Psychiater, den Madame Alice empfohlen hatte. Davids Bruder Les (›Barmy-on-the-army-Les‹) besuchte ihn des öfteren, und die beiden spielten Tischtennis – falls

David nicht gerade schlief. Meistens, wenn Les kam, teilte man ihm mit, daß David gerade schliefe und das auch noch eine Weile tun würde.

Tiefschlaf-Therapie? Vielleicht, aber wir wissen kaum etwas darüber, wie David in den Krankenhäusern, in denen er einen großen Teil der Siebziger verbrachte, behandelt wurde. Als Dr. Wynn Nachforschungen anstellte, fand sie nur irrelevante oder nichtssagende Notizen. Man sagte ihr, daß Unterlagen bei Umzügen verschwunden oder einfach verlorengegangen seien, oder daß eine Krankenschwester sie vielleicht falsch abgelegt hätte. Ob das nun stimmt oder nicht – sowohl die Methoden, mit denen David während seiner Einkerkerung behandelt wurde, als auch seine Medikation werden wahrscheinlich für immer ein ungelöstes Rätsel bleiben.

In den ersten Wochen besuchte auch Peter Helfgott seinen Sohn. Er führte ein langes Gespräch mit Davids Arzt, bei dem er ihn fragte, ob etwas physisch mit seinem Sohn nicht in Ordnung sei und ob das vielleicht der Grund für Davids Gehschwierigkeiten wäre. Nachdem ihm mitgeteilt worden war, daß David körperlich völlig gesund sei, kam Peter nie mehr in das Krankenhaus.

Es scheint, als habe der Arzt Peter ein paar Dinge gesagt, die beinhalteten, daß hauptsächlich Peter und sein Verhalten für die Probleme seines Sohnes verantwortlich seien. Voller Zorn darüber, daß David einem Fremden die dunklen und sehr privaten Seiten der Familie offenbart hatte, stürmte er nach Hause. An seinem Sohn persönlich konnte er seine Wut nicht auslassen; David war »nicht bei sich«, und außerdem lag er im Krankenhaus. Er konnte jedoch an einen Koffer herankommen, der einige persönliche Gegenstände enthielt – ein Freund aus London hatte ihn kurz nach Davids Rückkehr geschickt –, und unter diesen Gegenständen fand Peter auch ein kleines Bündel mit den Briefen von KSP.

»Vater verbrannte sie, er warf sie alle ins Feuer«, erinnerte sich David. Diese Erinnerung schmerzte ihn stets besonders. »Er machte es heimlich, es war eine brillante Idee. Er hat es aus Rache gemacht, weil ich etwas über den Vater gesagt hatte, und Dad wollte mich dafür bestrafen, indem er die Briefe verbrannte. Er mochte sie sowieso nicht, glaube ich, weil sie so liebevoll waren. Ich fürchte, Dad war ein wenig eifersüchtig. Er wußte, daß diese Briefe sehr kostbar für mich waren. Sie waren sehr intim, und sie steckten voller Liebe. Ah, was für eine Schande.«

David erfuhr von diesem großen Verlust natürlich erst, als er mehrere Monate später aus dem Krankenhaus kam. Als er es herausfand, erkannte er trotz allen Schmerzes auch die Ironie der Situation. »Das Komische war, daß KSP verfügt hatte, daß alle ihre Briefe verbrannt werden sollten«, erklärte David. KSP hatte Freunde und Verwandte gebeten, nach ihrem Tod alle Briefe und unvollendeten Manuskripte zu vernichten. »Aber ich wollte sie nicht verbrennen, wollte nicht gehorchen«, erzählte David. »Sie waren so intim. Sie drückten ihre Liebe zu mir aus. Und ich war stolz darauf, und ich dachte, daß diese Briefe der Nachwelt erhalten bleiben sollten. Es waren sehr hübsche Briefe, und ich dachte, daß man sie nicht verbrennen durfte. Es ist wirklich komisch, daß ausgerechnet Dad ihr den Wunsch erfüllt hat, denn sie hat auch immer versucht, seinen Wünschen gerecht zu werden, weil sie mich immer ermahnt hat, ihm dankbar zu sein. Und so erfüllte Dad ihr dann ihren Wunsch.«

Diese perverse Tat vertiefte den Abgrund zwischen David und seinem Vater noch mehr, und in den folgenden drei Jahren hatte David kaum Kontakt zu seiner Familie. Während dieses Zeitraums versuchte er sein Leben neu aufzubauen, und er heiratete Clara. Doch sein Zustand verschlechterte sich immer mehr.

Nachdem er im Juni 1975 nach sechzehn Monaten endlich aus der Graylands-Klinik entlassen wurde, stand er schon wieder ohne Heim da. Aus ihm war ein schwer gestörter Mann geworden. »Es ging mir nicht gut, als ich in die Klinik kam, aber als ich wieder rauskam, war ich wirklich krank«, pflegte David des öfteren zu scherzen. Da er niemanden hatte, bat er schließlich doch seine Familie, nach Hause kommen zu dürfen. Diejenigen seiner Geschwister, die noch zu Hause wohnten, lehnten dies jedoch ab, weil der Umgang mit David so außerordentlich schwierig geworden war und weil sie auch ohne ihn genug eigene Probleme hatten. Sie wußten außerdem, daß Peters Herzprobleme ständig akuter wurden. Er war ein schwächlicher zweiundsiebzigjähriger Mann, der gar nicht mehr die Kraft hatte, sich um David zu kümmern.

Und dennoch kam Peter seinem Sohn zu Hilfe. »Die Familie war nicht sehr freundlich«, erinnerte sich David. »Alles verkorkst. Wir waren alle durch den Himmel und die Hölle gegangen. Die Familie wehrte sich tapfer, aber Dad nahm mich trotzdem auf. Dad kämpfte die große Schlacht von Stalingrad und Leningrad, um mich in die Familie zu integrieren. Dad kümmerte sich um mich, und dafür werde ich ihm ewig dankbar sein.«

Die »große Schlacht« schien jedoch umsonst gekämpft und gewonnen worden zu sein, denn schon bald verließ David wieder das Zuhause und zog mit einer Mitpatientin, die er in der Graylands-Klinik kennengelernt hatte, sie hieß Vera, in ein Motel. Erst nachdem diese Beziehung zerbrach, kehrte David endgültig nach Hause zurück.

Um seinen Sohn zu beschäftigen, gab Peter ihm eine Geige und sagte, er solle das berühmte Violinenkonzert von Tschaikowsky spielen. Mit achtundzwanzig begann David also, ein neues Instrument zu lernen. »Meistens hat es Spaß gemacht«, erinnerte er sich. »Ich übte, und schließlich konnte ich den Tschaik, und ich spielte auch ganz gut, glaube ich. Aber nach Dads Tod hörte ich auf, Geige zu spielen, ich hörte auf zu üben.«

Davids letzte Monate zu Hause – im März 1976 wurde er erneut ins Krankenhaus eingeliefert und kehrte nie mehr ins Haus der Helfgotts zurück – fielen mit den letzten Monaten von Peters Leben zusammen, der am 29. Dezember 1975 starb.

Peters Tod schien wenig Wirkung auf David zu haben. Er war zu sehr »in Nebel eingehüllt«, um irgend etwas zu empfinden oder zu verstehen. Auf alle Fälle blieb der Konflikt zwischen ihm und seinem Vater ungelöst, und seine tiefe Abneigung gegen ihn blieb bestehen. In Davids Augen war nach wie vor sein Vater der Hauptverantwortliche für seine Krankheit. Es scheint, als sei zu Lebzeiten Peters nie mehr ein Wort zwischen Vater und Sohn gefallen, das Davids Zorn über das verpaßte Amerika-Stipendium, über die »Bestrafung« an jenem »Haßabend« und das Verbrennen der Briefe KSPs hätte besänftigen können. Je mehr sich David mir und Dr. Wynn anvertraute, desto mehr versuchten wir, jede auf ihre Weise, auch von der Liebe zu sprechen, die Peter für seinen Sohn empfunden haben mußte. Wir klammerten uns an den kleinsten Beweis von Zuneigung oder Freundlichkeit und bestärkten David, sich auf diese Erinnerungen zu konzentrieren. Wir ermutigten David auch, nach Gründen für das Verhalten seines Vaters zu suchen.

Davids Gemütsverfassung ist alles andere als morbide, und viele der Dinge, die er vor sich hin singt, haben positive Inhalte. »Man muß positiv sein«, lautete der Satz, der im Laufe der Jahre immer öfter in seinen Monologen auftauchte. Manchmal sagte David diesen Satz mehrere hundertmal an einem Tag (ich übertreibe nicht), um sich aus dem Treibsand von negativen Gedanken, Ängsten und Befürchtungen zu befreien.

Manchmal redete er sich auch ein: »Muß aufpassen, muß aufpassen, muß auf den Nebel aufpassen«, wenn er sich auf die Realität seiner Umwelt konzentrierte und sie sich bewußt machte, bevor seine Gedanken ihn wieder in den »Nebel« zogen. Für David ist das sich bewußtmachen der Wirklichkeit äußerst wichtig, nicht nur weil es die

Wirklichkeit *ist*, sondern weil dieser Vorgang oft zu einem guten Gefühl der Dankbarkeit führt.

»Muß dankbar sein«, murmelte er immer wieder und erinnert sich so daran, für einen sonnigen Tag dankbar zu sein, für das blaue Meer, für das Essen auf seinem Teller, für die Blumen im Garten, für das Klavier, auf dem er spielt, für die Freunde, die ihn umarmen und ihm sagen, wie gern sie ihn haben, für das Publikum, das kommt, um ihm zuzuhören. Voller Dankbarkeit auch für die kleinen Dinge, dankbar für jeden Augenblick, in dem man lebt und keine Schmerzen empfindet. Davids Einstellung schien zu demonstrieren: wenn es so vieles im Leben gibt, das man sich bewußt machen und für das man dankbar sein kann, warum sollte man dann nicht allgemein positiv denken?

Die natürliche positive Grundeinstellung Davids mußte die Basis für den Heilungsprozeß bilden. Und indem wir ihn daran erinnerten, daß er in der Gegenwart lebte und daß alles in Ordnung wäre, konnten wir darauf aufbauen.

Im Laufe der Jahre wurde der »*dommage*« in die Vergangenheit verwiesen, und David mußte einfach zugeben: »daß der Schaden geschehen ist. Was vergangen ist, ist vergangen, was geschehen, geschehen. Aber wir können etwas unternehmen. Wir können uns das Heute bewußt machen. Wir können uns freuen! Wir können *munter*-bunter unseres Weges gehen, nicht wahr«?

Nachdem er fest im Heute verankert war, fand es David nicht mehr so gefährlich, in die Vergangenheit zurückzuschauen, nicht einmal im Hinblick auf die »Amerika-Katastrophe«. »Vater hat einen großen Fehler gemacht, aber er machte ihn wohl aus Liebe, würde ich meinen.« Das sagte er sich eine Weile ständig vor. Wann immer er von Stern und Breckler und der endgültigen Entscheidung seines Vaters sprach, fügte er anschließend für sich selbst hinzu: »Ich schätze, der Vater liebte dich wirklich, David, er liebte dich wirklich, und er wollte nur das Beste für dich.«

Auch Aussagen, in denen David seine Beziehung zu

Peter zu objektivieren versuchte, dienten der Bestärkung: »Vater wollte das Beste für die ganze Familie. Vater liebte uns wirklich.« Als David selbstbewußter wurde, konnte er diese Aussagen auch einschränken: »Er liebte uns eben auf eine falsche Weise, oder zu sehr, viel zu sehr, vielleicht war es eine falsche Art von Liebe, die er gab. Seine Liebe war ein bißchen extrem, wirklich *schädlich*.«

Aber noch bevor das Gefühl des *Schädlichen* ihn überwältigen konnte, fügte David schnell hinzu: »Egal, egal, schade drum. Dennoch, offenbar tat Vater sein Bestes, wie es alle Väter tun, und wahrscheinlich wollte er nie so grausam sein. Ich schätze, Vater konnte nichts dafür, Vater konnte ja nicht einmal etwas für sich selbst tun.«

Auf diesen Gedanken baute David in den nächsten zwei Jahren auf. Eines Tages unterhielt er sich mit einer jungen Freundin, die mit ihrem eigenen Vater schwere Zeiten durchgemacht hatte, und meinte gelassen: »Du solltest kein ›Vater-Ding‹ haben. Brich einfach aus! Brich aus der Sache aus!«

Die Freundin, die gehört hatte, wie David über all die Jahre seinen Vater als »Tyrann«, »Diktator«, »doppelköpfigen Janus« bezeichnet und ihn mit einer Vielzahl anderer Schimpfnamen belegt hatte, sah ihn verblüfft an. David fuhr fort: »Weißt du, in dieser Welt ist nicht alles schwarz und weiß. Es gibt Schatten, verschiedene Schattierungen, nicht wahr? Es gibt alles mögliche, alles mögliche, man muß in dieser Welt viel toleranter sein. Weißt du, auch bei mir war es nicht nur schwarz und weiß, denn ich war bestimmt auch ein bißchen gemein zum Vater, und so muß man heute allen verzeihen. Alles muß verziehen werden. Es hat keinen Sinn, diesem Groll ewig nachzuhängen.«

Ob David wirklich ein »bißchen gemein« zu Peter gewesen ist, spielte in diesem Zusammenhang keine Rolle, weil es nur um das Verzeihen ging, egal wie. Und das Ziel wurde durch eine Abfolge einfacher und logischer Gedanken erreicht. Irgendwann bei unseren Gesprächen ging

David folgendes auf: Wenn Peters »Groll« gegen die »reichen Juden« in seinen Augen der Beginn all dessen war, was im Leben seines Sohnes schiefging, dann war es eindeutig keine gute Idee, diesen Groll zu hegen. Neu war diese Vorstellung für David eigentlich nicht, denn er hatte seinem Vater diesen »Groll« schon immer vorgehalten. Neu war jedoch folgender Gedanke: Warum etwas nachahmen, das man für falsch hält?

Auch wenn David noch häufig über seine quälenden Erinnerungen sprach, so bekamen sie einen neuen Beigeschmack. Selbst die Geschichten von Peters Kindheit und Peters Beziehung zu seinem Vater, Djadja, wurde neu interpretiert. Wenn jemand David fragte, ob seine Probleme mit Peter vielleicht durch die Probleme Peters mit Djadja ausgelöst worden wären, ging er auf diese vereinfachende Vulgärpsychologie kaum ein, sondern fragte mit ironischem Unterton zurück: »Wiederholt es sich? Wiederholt es sich?« Er zögerte und fuhr dann etwas ernster fort: »Ja, wirklich, ich denke, man kann aus all dem ausbrechen. Man braucht nicht in diesem bösen Denken steckenzubleiben. Man kann besser werden als der Vater.«

»Ich muß besser werden als der Vater!« wurde eine von Davids neuen Mantras, bis er eines Tages sogar hinzufügte: »Und Vater kann nun von mir lernen.« Nachdem David einmal beschlossen hatte, selbst keinen »Groll« zu hegen, wurde jede schmerzliche Erinnerung an Peter mit dem Satz begonnen: »Aber wir müssen vergeben, vergeben und vergessen.« Zu Vergeben schien es wunderbarerweise auch viel leichter zu machen, die Erinnerungen zu ertragen.

Auch wenn es über ein Jahrzehnt dauerte und wenn auch Davids Versuche oft nur Lippenbekenntnisse blieben, so hat er es doch geschafft, den Vater zu mögen, ja sogar zu lieben. Nach all dem, was geschehen war, hätte David mit Fug und Recht sagen können: »Nicht zu fassen!« Aber statt dessen, als David begann, Verständnis für Peter aufzubringen, ihm zu verzeihen, ja ihn zu lieben, förderte seine Erinnerung ein Erlebnis zutage, nachdem er zuvor solange vergeblich in den Annalen seines Gedächtnisses gesucht hatte.

Wie viele unserer Gespräche begann auch dieses mit Davids leisem Gemurmel: »Dad sah den Wald vor lauter Bäumen nicht, und er machte einen Fehler, machte einen Fehler mit mir.« Wir fuhren eine Landstraße entlang, und ich horchte auf.

»Was war das, *possum*?«

»Ein riesiger Fehler«, antwortete David und enthüllte etwas Unglaubliches. »Und Vater gab den riesigen Fehler zu, und das war das einzige Mal in seinem Leben, daß Vater einen Fehler zugab. Denn der Vater war zu stolz.«

Nach all den Jahren wirkte dieser kleine, aber doch so wichtige Mosaikstein der Erinnerung wie ein Schock auf mich. »Wann hat er was zugegeben?«

»Nun, als ich aus London zurückkam, in den Nach-Jahren, sagte Dad zu mir: ›Ich habe den größten Fehler meines Lebens bei dir gemacht‹ oder sowas. Es war herzzerreißend und sehr prägnant. Denn, weißt du, ich glaube, der Vater fühlte sich schuldig wegen all der Dinge, die mit mir passiert sind, wirklich.«

»Er hat sich bei dir entschuldigt?«

»Mehr oder weniger, mehr oder weniger.«

»Und was genau hat er gesagt?«

»›Tut mir sehr leid‹, hat er gesagt. Dad saß im Krankenhausbett, und es war sehr, sehr traurig, und er hatte seine Augen geschlossen, er saß nur so da und dachte an mich.«

»Er hat dich im Krankenhaus besucht?«

»Nein, Dad lag im Krankenhaus, er hatte Pleurisie. Dad hatte ein schwaches altes Herz, und ich besuchte ihn, und er dachte über mich nach, und ich glaube, es tat Dad sehr, sehr leid, wegen dem Schaden und allem.«

»Und was hat er gesagt? ›O David, es tut mir so leid‹?«

»Er hat es eigentlich nicht so sehr in Worte gefaßt. Vater hat nie wörtlich gesagt: ›Es tut mir leid‹, er sah nur so aus, als ob es ihm leid täte, ganz traurig und betreten. Wir sprachen eigentlich von etwas ganz anderem.«

»Woher wußtest du dann, daß es ihm leid tat?«

»Ich konnte irgendwie in ihn reinsehen, und er teilte mir mit, daß es ihm leid täte. Vater selbst hat mir mal gesagt, daß man Gedanken lesen kann, daß es so etwas wie Telepathie oder so wirklich gibt. Er war sehr ruhig, sehr ruhig. Er hatte die Augen geschlossen, sehr schläfrig, aber ich wußte, daß er an mich dachte. Der arme Vater, er lag da wie ein Nadelkissen, weißt du, denn all halbe Stunde oder so kam jemand und steckte eine Nadel in seinen Arm. Er war das reinste Nadelkissen, aber er beklagte sich nie. Und er hatte seine *dentales* verloren, und die Haare waren ihm ausgefallen, denn das passiert mit einem wenn man alt wird. Ein Baum ohne Blätter, Baum ohne Blätter. Alles verloren …«

»Du hast seine Gedanken gelesen, und du wußtest, daß es ihm leid tat?«

»Ja. Es tat ihm leid, als er mich so geschädigt sah und erkannte, daß er mich geschädigt hatte. Das tat Vater sehr leid.«

»Wie hast du dich gefühlt, als du wußtest, daß es ihm leid tat?«

»Nun, ich fühlte mich sehr dankbar, ich fühlte mich besser. Natürlich war er hilflos, er war hilflos. Mein Vater war ein bißchen närrisch. Er sagte manchmal sehr komische Sachen … Ich erinnere mich gerne an den Vater in schönen Situationen, wenn sie bewegend waren oder auch sanft und angenehm. Eine schöne Weise, sich an den Vater zu erinnern, in Liebe.«

David schwieg einen Augenblick. Er sah aus dem Fenster und beobachtete den »Verkehr« der vorbeifliegenden Gummibäume. Dann seufzte er und sagte: »Denn, weißt du, der Vater war sehr komplex.«

7. Kapitel

Auf zum Never Never

Bevor David und ich 1981 wieder nach Europa flogen – es standen weitere Meisterklassen und Aufführungen auf dem Programm – stellte ich einige astrologische Untersuchungen hinsichtlich der Verfassung der australischen Wirtschaft an. Daraufhin hielt ich es für klüger, unser Haus zu verkaufen, denn die Planeten zeigten deutlich, daß die Immobilienpreise während unserer Abwesenheit deutlich fallen würden.

Da wir uns sowieso mit dem Gedanken getragen hatten, nach Ostaustralien zu ziehen, auch wegen Davids Karriere, boten wir das Haus zum Verkauf an und veräußerten es schnellstens. Als wir aus Übersee zurückkamen, waren die Preise in der Tat gefallen, und der Makler, der den Verkauf vermittelt hatte, gratulierte uns zu unserem Glück, da der Wert des Hauses sich inzwischen um etwa 30 000 Dollar verringert habe. Glück hatte allerdings wenig damit zu tun.

Wir verfügten nun zwar über genügend Geld, um uns an der Ostküste niederzulassen, wußten aber noch nicht genau, wo wir wohnen wollten. Zunächst einmal mieteten wir ein Appartement mit einer grandiosen Aussicht auf die Stadt und den Swan River, der nun auf der anderen Straßenseite gegenüber unserer Haustür lag.

Wenn ich ein wenig überlegter vorgegangen wäre, hätte ich dieses Appartement nie gemietet. Das Haus stand nämlich auf einer Art Halbinsel, so daß wir von drei Seiten vom Wasser umgeben waren. In der Nähe führte eine der größten Brücken über den Fluß, den an dieser Stelle die großen Fähren auf ihrem Weg nach Rottnest Island nutzten.

Für David war das großartig, aber mir bereitete es eine Menge Kummer. Er schwamm immer noch sehr gerne, aber seine verbesserte Gesundheit und sein wachsendes

Selbstvertrauen verleiteten ihn jetzt dazu, sich auf stundenlange Exkursionen zu begeben. Zu dieser Zeit knüpften wir enge Kontakte zur örtlichen Polizei.

Als wir noch in dem alten Haus gewohnt hatten, war David oft im Fluß geschwommen, und das hatte mir auch nichts ausgemacht, da er immer wohlbehalten zurückkam und ich das Gefühl hatte, er könne sehr gut auf sich selbst aufpassen. Ich hatte auch weder Lust, ihn zu Hause einzuschließen, noch konnte ich jede Minute auf ihn aufpassen.

In unserem neuen Appartement brauchte David nur aus dem Fenster zu sehen, um den Verlockungen des Wassers zu erliegen. Warum sollte er denen auch nicht nachgeben? Also machte er einen Lauf, ein paar Kilometer am Fluß entlang, bevor er sich auszog und ins Wasser sprang. Er schwamm ziemlich lange und hatte dann meistens vergessen, wo er gestartet war. Irgendwo stieg er aus dem Wasser und lief in der Badehose nach Hause, von wo aus ich mich oft auf eine meistens vergebliche Suche nach seinen Kleidern machen durfte.

Nachdem das etwa einen Monat so gegangen war, hatte David mehrere Hosen, fünf Paar Schuhe, etwa zehn Pullover und unzählige Handtücher und T-Shirts verloren. Das war jedoch nichts im Vergleich zu dem Schrecken, den er den Kapitänen der Fährboote einjagte, die seinen bebrillten Kopf aus dem Wasser auftauchen sahen, wenn er unter der Brücke entlang schwamm. Ich hatte keine Ahnung, daß er solche Schwierigkeiten verursachte, bis David eines Tages von der Polizei nach Hause gebracht wurde, die mich darum bat, darauf zu achten, daß er die Fahrrinnen der Fähren mied.

Das sah David ein, aber als nächstes kam er darauf, bis zur breitesten Stelle des Flusses zu laufen und dann auf die andere Seite zu schwimmen, von South Perth zur Universität bei Nedlands. Wenn er dann dort aus dem Wasser stieg und mit wildfremden Menschen über den »Verkehr am Trafalgar« plaudern wollte, sorgte das natürlich für einige Verwirrung. Die Polizei wurde gerufen, und obwohl David genau wußte, wo er sich befand und wie er wieder zurückkommen konnte, fiel es ihm schwer, das den Polizisten und der Menschenmenge, die ihn umringte, klar zu machen. Oft wurde auch Dr. Wynn in solchen Fällen benachrichtigt; bald gewöhnte sie sich daran, ans Telefon zu gehen und dort die Stimme eines Polizisten zu hören: »Wir haben hier einen David Helfgott ...«

Meine Familie und meine Freunde hatten David den Spitzname »der rosarote Panther« verpaßt, einmal wegen der verstohlenen, leisen Art, in der er umherschleicht, wenn er Zucker oder Kaffee stibitzen will, zum anderen weil er einem dauernd im Weg steht und dann urplötzlich verschwindet. Davids Abenteuer auf dem Swan River kulminierten eines Abends, als er wieder einmal auf solch spektakuläre Weise verschwand.

An diesem Abend kamen Dr. Wynn und ihr Mann, ein befreundeter Pianist, sowie Cara Kelson mit deren Mann zum Essen zu uns. Obwohl außer mir also vier Leute im Haus waren, die Davids heimliche Art sich davonzuschleichen sehr gut kannten, gelang es ihm trotzdem, zu verschwinden.

Als wir sein Fehlen bemerkten, gingen wir zum Fluß – ich zweifelte nicht daran, daß er Schwimmen wollte –, aber unsere Suche blieb erfolglos, da es schon dunkel war. Niedergeschlagen und besorgt kehrten wir ins Appartement zurück, in der Hoffnung, daß David irgendwann von alleine auftauchen würde.

Nachdem geraume Zeit vergangen war, klopfte es an der Tür. Als ich öffnete, stand mein Gatte splitternackt und zitternd vor mir, flankiert von zwei bewaffneten Polizistinnen. Es stellte sich heraus, daß David es wieder einmal gewagt hatte, in der Fahrrinne der Fährschiffe zu schwimmen – was nachts natürlich extrem gefährlich war –, es dabei aber nicht einmal für nötig gehalten hatte, eine Badehose anzuziehen. Dr. Wynn schüttelte bei dem traurigkomischen Anblick ihres berüchtigten Patienten lachend den Kopf und meinte: »O Junge, David, dieses Mal steckst du wirklich tief in der Scheiße.« Die Polizistinnen sahen das genau so und gaben David einige sehr ernste Worte mit auf den Weg.

All diese Zwischenfälle machten mir klar, daß David einen Ort brauchte, an dem er sich austoben und herumlaufen konnte, wie er wollte, ohne sich selbst oder andere zu gefährden. Wo immer wir uns an der Ostküste ansiedelten, es durfte seinen Heilungsprozeß nicht behindern.

In dem Maße, wie sich David seiner Umwelt bewußt wurde und der ›Nebel‹ nicht länger sein größtes Problem darstellte, versuchte er, seine Gedanken zu bündeln und zu organisieren. Er versuchte auch, seine Konzentrationsfähigkeit zu verbessern. »Konzentrieren, konzentrieren, mußt dich konzentrieren, auf den Punkt kommen«, wiederholte er hundertmal am Tag und tut es auch heute noch.

Den »Verkehr« zu beobachten, half ihm dabei. Sportliche Übungen beruhigten nicht nur seinen nervösen Körper, sondern auch seine Gedanken. Bald jedoch fand er ein neues Mittel, seine Konzentrationsfähigkeit zu verbessern – das »*imago*«.

Imagos waren Bilder und Photos, die David ständig bei sich trug. Wenn er spürte, daß seine Gedanken ins Chaos abglitten, starrte er auf ein solches *imago* und konzentrierte sich darauf, bis seine Gedanken ruhiger geworden waren. Das erste *imago* kam in Gestalt der Rückseite einer Sustain-Frühstücksflockenpackung und zeigte Sportler. Von da an hatten alle *imagos* irgend etwas mit Fitneß und Sport zu tun. Er trug sogar eine leere Milo-Dose mit sich herum. Warum Milo? Weil, wie David mir mitteilte, Milo ein berühmter Ringer gewesen sei, der im sechsten Jahrhundert vor Christus gelebt und viele Siege bei den Olympischen Spielen errungen habe. Wer außer David würde wohl eine Verbindung zwischen einem Kakaogetränk und der Antike herstellen!

Er benutzte jedes einzelne *imago* erstaunlich lange und trug es mit sich herum, bis es völlig zerfleddert war. Irgendwann verlor er es dann und ersetzte es durch ein neues. Niemand hatte David vorgeschlagen, diese Bilder zu verwenden, er hatte selbst herausgefunden, daß er damit seine Konzentrationsfähigkeit trainieren konnte, genauso wie ihm der Sport half. Jetzt brauchte er nur einen friedlichen Ort, an dem er sich ungestört fühlte.

Im nachhinein erwies es sich als großer Glücksfall, daß unsere Freundin von der Presse, Kirsty Cockburn, uns einlud, ein paar Tage mit ihr und George Negus in dem neuen Haus zu verbringen, das die beiden in der Nähe von Bellingen an der Nordküste von New South Wales gekauft hatten. David sollte zwei Konzerte in Newcastle geben, und da zwischen beiden eine Woche Pause lag, nutzten wir die Gelegenheit und fuhren die Küste hinauf.

Bellingen war damals von einer Springflut betroffen, aber unser Ziel lag etwa dreizehn Kilometer außerhalb. Zunächst ging es die nach Gummibäumen duftenden Hügel hinauf, dann in ein Tal hinab, das die dortigen Bewohner seit über hundert Jahren als »das gelobte Land« bezeichnen. An allen Seiten des Tals erhoben sich subtropische grüne Hänge gen Himmel, durchsetzt mit uralten Gummibäumen, weißen Zedern und seidig schimmernden Eichen. Pelzige Casuarinas säumten die Ufer des kristallklaren Never Never-Baches, der sich die Hügel hinunterwand, durch das Tal hindurch, um sich schließlich mit dem Bellingen River zu vereinigen. Es war das Paradies; und es war ›Peter Pan‹, der Junge, der nicht erwachsen werden wollte – bzw. im Falle desjenigen, der neben mir im Auto saß, konnte –, der mich hierher geführt hatte.

Kirstys und Georges Haus, das am Ufer des Never Never liegt, stellt eine faszinierende Mixtur aus rostendem Eisen und Holz dar. Es steht auf Stelzen und ragt bis in die Krone eines Baumes hinein; so fügt es sich in die Natur ein, und da man sogar einige der Wände öffnen kann, verschmilzt es geradezu mit dem Blattwerk. Unser Besuch bei George und Kirsty war ein unvergeßliches Erlebnis, und wir kamen oft wieder, um sie in ihrem magischen »Baumhaus« zu besuchen. Kirsty kaufte sogar ein Klavier. Sie hatte zwar schon immer davon gesprochen, daß sie eins haben wollte, aber zweifellos hatten Davids häufige Besuche ihre Entscheidung beflügelt.

Während eines dieser Besuche, 1990, joggte David ein wenig die Straße hinunter, als er in der Nähe von Kirstys und Georges Haus ein Schild sah, auf dem ein Stück Land zur Versteigerung angezeigt wurde. Er kam zurück und sagte: »Darlinka, es ist alles vorherbestimmt. Da ist ein Schild, auf dem steht ›Land zu versteigern‹, und du mußt dieses Land kaufen. Ich habe eine *intuitive*, daß du dieses Land kaufen solltest.«

Die Ernsthaftigkeit, mit der David diese Bitte vortrug, erstaunte mich – er hatte mich zuvor noch nie gebeten, ihm etwas zu kaufen außer Zigaretten, Kaugummi, Notizbüchern und Coca-Cola – und freute mich, weil er so sicher war, daß er etwas haben wollte und seine Bitte so deutlich und genau formulierte.

Nach der Auktion, die fünf Tage später stattfand, gehörte das Land uns. Unser Haus wurde gebaut, und im Juli 1991 zogen wir ein. Es ist kein besonders großes Haus, aber auf unsere speziellen Bedürfnisse zugeschnitten. Im Wohnzimmer finden bis zu siebzig Leute Platz, und es gibt eine kleine Empore, auf der Davids Flügel steht. Durch die völlig verglaste Außenfront hat man nach allen Seiten einen Blick auf die Berge, und die ums ganze Haus führende überdachte Veranda bietet im Sommer Schutz vor der glühenden Sonne. Für David ließ ich eine Außendusche mit besonders robusten Armaturen installieren, damit er so oft duschen kann, wie er will, ohne das Haus zu überfluten.

Ein kleiner Bach, der aus Bergquellen gespeist wird, schlängelt sich durch die Bäume an der Grenze unseres Grundstücks und fließt durch eine künstliche Lagune, bevor er sich mit seinem großen Bruder, dem Never Never-Flüßchen trifft. Aus dem Bach schöpfen wir das Wasser für den Garten und das Haus. Frisches Regenwasser wird in Tanks gesammelt und dient uns als Trinkwasser.

Kaum waren wir eingezogen, stürzte ich mich aufs Umgraben und Pflanzen, und schon bald begann ein Garten mit Gemüse, Obstbäumen und Blumen zu entstehen. Alles, was man in dem warmen und feuchten Klima des Gelobten Landes pflanzt, gedeiht prächtig. Rosen, Azaleen, Jasmin, Gardenien und Lavendel wachsen in unmittelbarer Nähe des Hauses, und wir ernten weitaus mehr frische Kräuter und Gemüse, als wir selbst verbrauchen können.

Selbst die eine oder andere Dürre hat nichts daran geändert – der Garten blüht, und das Tal strahlt in saftigem Grün. In Zeiten solcher Dürren sehen die Einheimischen zum Himmel hinauf und warten auf die schwarzen Cockatoos – exotische Papageien, die aus den Regenwäldern der Berge ins Tal herunterfliegen –, deren krächzende Schreie Regen ankündigen. Wenn der Regen dann kommt, hört er tagelang nicht mehr auf, und der sonst so beschaulich dahinfließende Never Never strömt schaumgekrönt durch das Tal, überflutet die Brücken und läßt die Gärten im Wasser versinken.

Außer dem Vieh und den Pferden, die verträumt Gras kauend auf den angrenzenden Grundstücken anzutreffen sind, gibt es eine Vielzahl wilder Tiere im Tal. Bei Sonnenaufgang wird der Himmel vom Gesang Tausender von Vögeln erfüllt, von den gackernden Kookaburras, weißen Cockatoos, bis hin zu kleinen schmetterlingsgroßen Kolibris, die den Nektar aus großen Blumen schlürfen. Wildenten watscheln umher und nehmen in der Lagune ein Bad. Elvis, unser Goldfasan, läuft von einem Ende unseres Grundstücks zum anderen. Große Goanas krabbeln aus dem Buschwerk am Rande der Straße, um sich zu sonnen, genau wie einige Schlangen, auf die man sehr gut achten muß, wenn man mit dem Auto fährt. Die Hunde aus der

Umgebung bellen nachts die Wildhasen, Beutelratten und Kleinkängurus an, die in der Dunkelheit ihre Verstecke im Busch verlassen.

David und ich lieben unser Heim im Gelobten Land. Einmal, als eine Frau, die uns besuchen wollte, vorher anrief, um sich nach dem genauen Weg zu erkundigen, war ich draußen im Garten. David nahm, was er höchst selten tut, den Hörer ab.

»Wo genau wohnt ihr, mein Lieber?« fragte sie.

»Im Himmel«, antwortete David.

8. KAPITEL

Im Himmel

David bezeichnet sein Heim immer nur als »Himmel«, und als ein Freund aus der Stadt ihn einmal fragte, was ihm daran am meisten gefalle, grinste David und begann zu schwärmen: »Ich fühle mich sicher dort, ich fühle mich lebendig, ich fühle mich frei und sehr, sehr glücklich. Ich wache auf und bin *joyeux*. Ich wache auf und steige aus dem Bett, ich laufe und schwimme in der ›Kathedrale‹, und ich schaue mir die *catillas* und die *canards* an. Natürlich habe ich mein Klavier und kann den ganzen Tag tun, was ich will! Es ist wunderbar, es ist perfekt, alles perfekt geplant, nur für mich, und ich bin sehr privilegiert und sehr dankbar.«

Im Gelobten Land fand David die friedliche, sichere Umgebung, die er brauchte und in der er sich vollkommen frei fühlen konnte. In unseren ersten Jahren dort wachte er oft schon bei Sonnenaufgang auf, machte sich mehrere Tassen »monsteroonies« oder »fixes« – sehr starken Tee – und verschwand dann erst einmal in den Hügeln.

Wenn er ging, trug er Kleider, hatte ein Notizbuch für

seine *composedlies* bei sich, einen Stift und ein *imago*. Bei seiner Rückkehr war er oft splitternackt. Sein Notizbuch hatte er irgendwo im Busch vergessen, genau wie seinen Stift. Nur das *imago* hielt er in der Hand. Da kaum die Gefahr bestand, daß David bei seinen Ausflügen in den Hügeln auf andere Menschen traf, war das alles jedoch nicht so tragisch, und ich nahm es relativ gelassen hin.

David läuft stets barfuß über die Straße oder die Wiesen, wenn er an seinen Lieblingsstellen im Never Never oder dem kleinen Bach auf unserem Grundstück baden geht. Irgendwann entwickelte er eine Vorliebe für eine besonders seichte Stelle und schwamm monatelang nur dort,was zu Folge hatte, daß er jedes Mal schlammverkrustet nach Hause kam. Ich war recht froh, daß mit der Entdeckung der ›Kathedrale‹ diese Phase endete. So nannte David den tieferen Teil unserer Lagune, dort wo die Zweige der Bäume am Ufer über das Wasser ragen und so eine Art Kuppel bilden, unter der er schwimmt.

Unter jedem Stein und in jedem Busch in der Gegend lauern Giftschlangen, Spinnen, Blutegel und andere Fieslinge. Erstaunlicherweise haben sie David noch nie etwas getan, egal wo er sich herumtreibt. Viele Leute sind schon böse gebissen worden, im Wasser und an Land, aber David scheint eine besondere Beziehung zu den Tieren entwickelt zu haben. Sie greifen ihn nie an. Besucher, die gerne den unbewohnten Teil des Tals kennenlernen möchten, laufen David einfach hinterher. Sie glauben, daß ihnen in seiner Nähe nichts passieren kann, und bis heute hat er ihr Vertrauen stets gerechtfertigt.

David und ich wurden außerdem von einem australischen Schäferhund namens Lizzie ›adoptiert‹, der dem Schriftsteller Peter Carey gehört haben soll, als der im Tal wohnte. Bevor Lizzie zu alt wurde, um mit David mithalten zu können, begleitete sie ihn überall hin und beschützte ihn.

Nach zwei Jahren machte sich bemerkbar, daß die neue

Umgebung Davids Heilungsprozeß auf nahezu magische Weise beschleunigte. Davids Geist und seine Seele schienen langsam wirklichen Frieden zu finden. Zum erstenmal seit ich ihn kannte, verbrachte er längere Zeit in stillem Nachdenken. Bei Sonnenaufgang und Sonnenuntergang – für ihn die schönsten Zeiten des Tages, die er »Morgenflut« und »Abendebbe« nennt – ging er an den Grenzen unseres Grundstücks entlang und kommunizierte mit der Natur.

»Woran denkst du, wenn du dort stehst und zu den Bergen schaust?« fragte ich ihn eines Tages.

»Nun«, entgegnete er seufzend, »es ist ein Gefühl der Freiheit, ein Gefühl der Kreativität. Ich denke an die große Musik, die ich eines Tages hier schreiben werde, wenn ich noch ruhiger geworden bin. Ja, und mein Klavierspiel wird noch besser werden, und ich werde noch mehr lieben, werde mir alles noch bewußter machen, werde ganz anders sein. Ja, ich werde mir die Welt bewußt machen – das ist der einzige Weg. Und ich muß auch akzeptieren können, ja, ich muß die Hilfe annehmen, und ich brauche auch jede Menge Chuzpe und jede Menge Mut ... anders sein, vollkommen anders, verstehst du?«

Ich verstand ihn. David hatte bereits gewaltige Fortschritte gemacht, aber jeden Tag versuchte er von neuem »vollkommen anders« zu werden und sich vor meinen Augen zu verwandeln. Seine Neigung zum Herumstromern verschwand mit der Zeit immer mehr. Er verbrachte Stunden am Klavier und ging nur manchmal in der ›Kathedrale‹ schwimmen. Im Laufe der Jahre schon hatte sich seine gebückte Haltung sehr verbessert, und jetzt, im Gelobten Land, ging er endlich ganz aufrecht.

David sagt gerne von sich, daß er besonders ›privilegiert‹ sei, und ich muß ihm wirklich zustimmen. Auf all unseren Reisen um die ganze Welt habe ich von keinem Pianisten gehört, der in seinem Haus Konzerte gibt. David dagegen hat seit 1991 fast dreißigmal in seinem »Himmel« vor Publikum gespielt.

Die Konzerte beginnen in der Regel um fünf Uhr nachmittags. David spielt etwa siebzig Minuten, dann gehen die Gäste im Garten spazieren und nehmen ein kleines Dinner mit Champagner ein. In dieser Pause verschwindet David meistens, um zu schwimmen, auch nicht gerade etwas, das sich allzu viele Konzertpianisten in der Konzertpause leisten können. Wenn er aus dem Wasser gestiegen ist, zieht er sich einen phänomenalen schwarzen Bademantel an, auf den Noten und das Wort »RELAX« in großen roten Buchstaben gestickt sind. Dieser Mantel, ein Geschenk von Kristy, sorgt stets für großes Aufsehen.

Nach der Pause gehen wir alle ins Haus zurück, und in der zweiten Konzerthälfte erfüllt David häufig Wünsche aus dem Publikum. Die Gäste haben mir schon oft bestätigt, was für ein schönes Erlebnis es sei, David in seinem eigenen Haus zu hören. Auch den ›interaktiven‹ Teil des Konzerts lieben sie sehr. Die Aufführungen sind stets weit im voraus ausverkauft.

1994 ließen wir ein kleines Bürohäuschen in unseren Garten bauen. Ich konnte meine Arbeit als Davids Managerin nicht mehr länger in einer Ecke erledigen, die kaum größer als eine Duschkabine war. Eines Tages, das Büro – das David *italia* nennt – war fast fertig, standen wir im Garten und begutachteten es. David sah mich etwas unsicher an und meinte dann: »Das *italia* muß sehr teuer gewesen sein.« Ich konnte das nur bestätigen. Er sah mich verwirrt an und fragte, woher denn das Geld dafür käme. »Von deinen Konzerten«, antwortete ich.

David zögerte kurz. Dann fragte er: »Und das Haus?« Ich erklärte ihm, daß auch das Haus durch seine Einnahmen aus Konzerten finanziert worden wäre, sowie durch meine Arbeit als seine Managerin. Ein Teil gehörte noch der Bank.

»Es gehört also mir?« fragte er ungläubig, und erst jetzt wurde mir klar, daß er bislang gar nicht gewußt hatte, daß er, David Helfgott, tatsächlich Hausbesitzer war. Dabei hatte ihm schon das Haus in Perth gehört, und jetzt wohnten wir immerhin schon vier Jahre im »Himmel«.

Ich versicherte ihm, daß sowohl Haus als auch Büro und Grundstück ihm gehörten. David nahm die Schultern zurück, streckte die Brust heraus und sagte strahlend: »Nun, dann werde ich wohl mal einen Spaziergang über mein Grundstück machen.« Und schon stolzierte er mit hoch erhobenem Kopf davon und inspizierte sorgfältig jeden Winkel unserer fünf Morgen, als habe er all das noch nie gesehen.

Danach nahmen Davids Beiträge zur Hausarbeit auf dramatische Weise zu. Die bis dahin völlig desorganisiert wirkende Gestalt übernahm das Bettenmachen, das Staubsaugen, das Fegen der Wege und andere häusliche Pflichten. Noch erstaunlicher war jedoch die Freude, mit der er diese Dinge verrichtete.

Der neue Stolz über seine Rolle als Hausbesitzer brachte ihn auch dazu, ans Telefon zu gehen. Zuvor hatte er jegliche Kommunikation mit der Welt dort draußen mir und dem Anrufbeantworter überlassen, hatte nur höchst selten den Hörer abgehoben und noch seltener selbst telefoniert. Es schien, als hielte er es gar nicht für möglich, daß jemand *ihn* sprechen wollte oder auf einen Anruf von *ihm* wartete.

Jetzt freute er sich um so mehr, daß jemand ihn in seinem Haus anrief, und entwickelte bald eine Reihe von spezifischen Telefonmanieren. Klingelte das Telefon, rannte er sofort hin, nahm den Hörer ab und begrüßte den Hörer mit einem freundlich dahingenuschelten »hallo, hallo, hallo«, gefolgt von einem endlosen Wortschwall, der den Anrufer oft so sehr verwirrte, daß er den eigentlichen Grund seines Anrufs vergaß. Am Ende eines Gesprächs mit denen, die ihm besonders am Herzen lagen, sagte er stets: »Ich liebe dich in Grund und Boden.«

Nach etwa einem Jahr fand meine Familie heraus, wie man Davids Monologe am Telefon elegant beenden konnte. Man mußte nur irgendwann zu ihm sagen, »ich liebe dich in Grund und Boden«, woraufhin David ebenfalls intonierte, »ich liebe dich in Grund und Boden« und auflegte.

Zu dieser Zeit begann David auch häufig davon zu sprechen, daß alles »geplant« sei, »vorherbestimmt« oder »computerisiert« und daß man sich um nichts sorgen sollte. Er zeigte auf den Verkehr auf dem Highway und meinte: »Sieh nur, in diesem Verkehr dort steckt ein Muster, es ist alles geplant, es hat eine Bedeutung.« Das gleiche sagte er, wenn er einen Vogelschwarm am Himmel sah, und wenn er ein Kalb entdeckte, das bei der Kuh Milch trank, fragte er mich: »Sind sie computerisiert, Darlinka?« Lachte ich dann und sagte, das sei doch Unsinn, schüttelte er den Kopf und meinte ernst: »Ich glaube, sie sind computerisiert, computerisiert und kontrolliert. Wir alle sind es, alles wird kontrolliert.«

Für jedes kleine Drama, jedes Mißgeschick, aber auch für jedes größere Unglück oder für verwirrende Ängste hatte David die eine Antwort parat: »Keine Sorge, alles ist vorherbestimmt. Es wird schon werden.«

Je mehr er von seinem »Computer« sprach, der alles in der Welt kontrollierte, desto mehr begann ich zu glauben, daß Davids Vorstellungen nicht so exzentrisch waren, wie sie schienen. Wenn Milliarden von Menschen überzeugt davon waren, daß alles im Leben einen Sinn hatte, weil es eine Einheit gab, die sie mit »Gott« bezeichneten, warum sollte David dann nicht daran glauben, daß in der Welt eine Ordnung und ein Muster existierten, das von einer Einheit installiert worden war, die er »Computer« nannte.

Als David weiterhin vom Muster des »Verkehrs« sprach, merkte ich, daß dies für ihn nicht nur eine Möglichkeit war, seine Gedanken zu ordnen. »Verkehr« war gleichzeitig eine Metapher für das, was in unserem Leben geschieht und was keinen Sinn oder Bedeutung zu haben scheint.

Wenn man am Straßenrand steht und die Autos beobachtet, die vorbeifahren, dann weiß man in so gut wie allen Fällen nicht, woher sie kommen und wohin sie fahren. Die Leute, die in den Autos sitzen, wissen es jedoch. Sie haben ihren Ausgangspunkt mit einem bestimmten Ziel vor Augen verlassen, und nur weil ihre Reise für den Beobachter keine erkennbare Bedeutung hat, heißt das nicht, daß sie auch generell unwichtig ist.

»Ja, Ja!« rief David, als ich ihm diese Erklärung anbot. »Es ist wie im Leben. Alles geschieht, und man weiß nicht, warum es geschieht, aber es folgt einem Plan. Der Computer kümmert sich um alles, und jeder ist aufgrund dieses Planes hier. Wenn man dem Plan folgt, dann kann man die Furcht überwinden und einen Rhythmus erkennen, und einen Sinn und ein Ziel. Denn, ich meine, wie soll man sonst am Leben bleiben? Aber jeder scheint zu leben, wenn auch alle sehr zerbrechlich sind. Wir sind alle nur aus Fleisch und Blut, und daher, schätze ich, sollte jeder dankbar sein.«

Im Verlauf seines Heilungsprozesses hatte David nicht nur an Selbstvertrauen, Mut und Stärke gewonnen, er hatte auch durch die bewußtere Wahrnehmung der Welt einen festen, absoluten Glauben gefunden.

Wenn die Nacht über das Gelobte Land hereinbricht und der Mond langsam über den Hügeln aufgeht, dann erlebt David immer wieder aufs neue ein Glücksgefühl. Er kommt dann ins Haus gelaufen und ruft: »Darlinka, Darlinka, komm und sieh dir das an! Sofort!« Und dann gehen wir in den Garten, blicken hinauf in die Unendlichkeit der Sterne und zum Kreuz des Südens, und er sagt: »Können wir die Welt als etwas Wunderbares sehen und uns freuen? Ich denke, das können wir. Wir haben die Wahl. Wir können sie als eine wunderbare Welt sehen, als etwas Helles, Glänzendes. Und wir können diese Wunder genießen.«

9. Kapitel

Die Globetrotter

Auch wenn es keinen Zweifel daran gibt, daß David sein Heim im Gelobten Land wirklich liebt, so wundern sich doch viele Leute, die ihn gut kennen, darüber, daß er sich stets weigert, das Tal als den schönsten Ort der Erde zu bezeichnen. Wann immer David danach gefragt wird, antwortet er: »Mein Lieblingsort ist der, wo ich gerade bin. Ich schätze, man sollte immer das Beste daraus machen, das Beste aus dem Hier und Jetzt.« Und das meint er auch so.

Ob David nun eine Stunde oder einen Tag braucht, um sich in der neuen Umgebung zurechtzufinden, er versucht sich immer auf das Positive zu konzentrieren. Und David fällt es leicht, das Positive und Wunderbare in der Welt zu finden. Er ist dankbar für jede Erfahrung – schließlich sprechen wir hier von einem Mann, der sich sogar an Verkehrsstaus erfreuen kann.

Das ist um so besser, da David und ich seit 1986 viel in Australien und dem Rest der Welt herumgekommen sind. Kurz bevor ich David kennenlernte, ließ ich mir ein numerologisches Horoskop erstellen und erfuhr, daß ich in den nächsten zwei Jahren meine Koffer packen würde, um sie für den Rest meines Lebens nie wieder ganz auszupacken. Da ich Schütze durch und durch bin, gefiel mir die Vorstellung sehr gut, und so sind in den letzten zehn Jahren keine acht Wochen vergangen, ohne daß ich wieder einen Koffer packen mußte.

Nicht alle unsere Reisen hatten mit der Musik zu tun. 1988 bot sich uns die Gelegenheit, Israel zu besuchen. Ich hielt es aus einer ganzen Reihe von Gründen für wichtig, daß David Israel kennenlernen würde. Als ich ihm begegnete, kämpfte er mit der Vorstellung, Jude zu sein – kein Wunder bei seiner Erziehung. Auch wenn Davids Wissen über die jüdische Geschichte enzyklopädische Ausmaße hatte, so tobten in ihm doch eine Menge komplexer und widersprüchlicher Gefühle hinsichtlich der Juden. Er zog es vor, den Leuten zu sagen, er sei »Hebräer«, weil das »melodischer« klänge. Ich glaubte, daß ein direktes Zusammentreffen mit der Kultur und der Geschichte seines Volkes einige Dinge für ihn klären könnte.

Davids ältere Schwester Margaret lebte seit Mitte der Siebziger in Israel; bis auf ein kurzes Treffen 1986 in London hatte David in den vergangenen zwanzig Jahren kaum Kontakt mit ihr gehabt. Ihren Mann Alan und den Rest ihrer Familie in Israel kannte er noch gar nicht. Margaret hatte uns schon oft eingeladen, und schließlich bot sich eine Gelegenheit für David und mich, nach Israel zu reisen.

Jerusalem überschüttete David mit einer Fülle von historischen Eindrücken, und er fand alles »großartig«! Obwohl oder vielleicht weil er so viel über diesen Ort wußte und sich so viel bestimmte Bilder gemacht hatte, überraschte es ihn, daß manches doch ganz anders war, als er es sich vorgestellt hatte.

In Margarets Haus in Beersheba angekommen, wurden wir herzlichst begrüßt, und um der alten Zeiten willen setzten sich Bruder und Schwester ans Klavier und spielten eine Transkription von Dvoraks Symphonie *Aus der neuen Welt* – ein Duett, das sie als Kinder oft auf Peters Wunsch vorgetragen hatten.

Am nächsten Tag fuhren Margaret und Allen uns nach Masada, und als wir auf dem Weg in die Wüste Negev an Jakobs Brunnen vorbeikamen, schien es uns, als seien wir auf einer Zeitreise in die Bibel. David wollte die Ruinen von Masada unbedingt sehen und erzählte mir auf der ganzen Fahrt von dem heroischen Kampf, den die Juden dort ausgefochten und verloren hatten.

Wir besichtigten die Überreste der Häuser, Hallen und Versammlungsorte und standen schließlich auf den Klippen, von denen aus wir aufs Tote Meer hinunterblickten, auf dem die Salzflocken wie Sahnebaisers trieben. Gemeinsam kletterten wir hinunter und gingen schwimmen. David fand es seltsam, auf dem warmen, salzigen Wasser zu liegen und in den Himmel zu starren. »Nicht besonders sportlich, was?« meinte er, als er zu den Duschen lief, um das Salz abzuwaschen.

Ein paar Tage später fuhren wir mit Margaret nach Tel Aviv, wo wir auch die jüdische Erinnerungsstätte Yad Vashem besuchten. Als wir durch das Museum gingen, das mit vielen audio-visuellen Mitteln die Geschichte des Holocaust aufzeigt, bedrückte uns die nackte Einfachheit, mit der das Grauen dargestellt wurde. Und mit jedem Raum wuchs unser Entsetzen. Als wir an einen Tisch kamen, auf dem unzählige kleine Kinderschuhe aufgehäuft lagen, konnte ich es nicht mehr ertragen. David, der selbst kaum weniger erschüttert war, mußte mich aus dem Gebäude führen. Ich weinte hemmungslos und brachte kein Wort heraus.

Außer den Verwandten Davids, die vor dem Krieg nach Australien gekommen waren, sowie seinem Onkel Johnny und dessen Mutter Bronia, die wie durch ein Wunder das Konzentrationslager überlebt hatten, waren alle anderen aus seiner Familie, sowohl von Rachels als auch von Peters Seite, umgekommen. Vielleicht hatte sich David deshalb nicht so sehr von dem, was wir gesehen hatten, aus der Fassung bringen lassen. Er war mit dem Schrecken aufgewachsen, er hatte ihn begleitet.

Wir verweilten ein wenig im Garten des Museums und versuchten uns wieder zu sammeln, bevor wir in den letzten Raum gingen. Hier hatte man die Konzentrationslager und ihre geographische Lage durch Kerzen auf dem Boden dargestellt. Mir wurde klar, wie dankbar ich dafür sein durfte, in Australien geboren zu sein und dafür, daß ich nie durch einen Krieg hatte leiden und Verluste hinnehmen müssen.

Nach unserem Besuch in Israel reisten wir nach Europa, wo in der australischen Botschaft in Wien zu Ehren der australischen Zweihundertjahrfeier ein Konzert stattfand. Es wurde ein solcher Erfolg, daß wir im nächsten Jahr erneut eine Europa-Tournee machten –, dieses Mal jedoch mit dem Bonus einer weiteren Meisterklasse mit Peter Feuchtwanger im Hintergrund. Zu unserer Freude nahm auch unser dänischer Freund Nils Ruben daran teil.

Nach dem Ende der Meisterklasse gab David ein paar Konzerte in Deutschland, und da wir anschließend etwas Zeit hatten, schlug Nils vor, daß wir ihn in Dänemark besuchen sollten, wo er auch ein Privatkonzert für David organisieren wollte. Wir kannten Skandinavien nicht und konnten Nils Angebot nicht widerstehen. So sollte unsere Liebesaffäre mit Dänemark beginnen.

Nachdem wir in Kopenhagen eingetroffen waren, nahm Nils uns zu seinen Eltern mit. Sie wohnten in einem großen alten Haus auf einem Kliff mit Blick auf den Sund. Wir durften in ihrem Sommerhaus am Ende ihres Gartens logieren, der direkt an den Strand grenzte – und natürlich schwamm David im Sund, ganz gleich bei welchem Wetter.

Nils Frau Charlotte und seine Eltern begrüßten uns, als gehörten wir bereits zur Familie. David ging jeden Tag zu Nils, um mit ihm in dessen Musikzimmer zu üben. Nach den zehn Tagen, die sie gemeinsam verbrachten, konnte man deutlich hören, wie David von Nils Spiel beeinflußt worden war. Die beiden schienen ein besonderes Verhältnis zueinander zu haben, und als ich David danach fragte, antwortete er: »Nils ist so freundlich und ein so guter Musiker. Er bringt mir zwar nichts bei, wie ein Lehrer, aber er ist eine Art Trainer, er inspiriert mich und spornt mich an.« Genau diese Art von musikalischem Austausch hatte David in Australien immer gesucht, eine lange Zeit vergeblich.

Wie versprochen organisierte Nils ein Privatkonzert in seinem Haus. Etwa vierzig Zuhörer waren eingeladen, darunter auch eine der führenden Musikkritikerinnen, Theresa Waskowska. Die Aufführung beeindruckte sie so sehr, daß sie darum bat, David am folgenden Tag interviewen zu dürfen. Wir sagten erfreut zu.

Während des Interviews wußte die arme Frau Waskowska dann jedoch nicht so recht, was sie mit David anfangen sollte, der sich allerdings auch nicht besonders kooperativ verhielt. Er versuchte ständig, sein Hemd aufzuknöpfen und war äußerst unruhig. Schließlich sprang er von seinem Stuhl auf und legte sich für den Rest des Interviews auf den Boden, wo er mehrere Hundert seiner seltsamen kleinen Liegestützen vorführte. Am Ende des Gesprächs fragte Frau Waskowska Nils, was für Pläne in bezug auf zukünftige Konzerte Davids in Dänemark er habe.

Ihre Frage überraschte uns ziemlich, da Nils und ich nie daruber gesprochen hatten. Aber Nils lächelte nur und vertraute Frau Waskowska an, daß David im nächsten Jahr eine Dänemark-Tournee machen würde.

Zunächst mußte ich schlucken, aber nachdem Frau Waskowska gegangen war, gab ich Nils einen Kuß und gratulierte ihm zu seinem neuen Job als David Helfgotts persönlicher Manager in Dänemark. Glücklicherweise hielt Davids Verhalten Frau Waskowska nicht davon ab, einen sehr ausführlichen Artikel über ihn zu schreiben und ihn so der dänischen Öffentlichkeit vorzustellen.

Das erste große Konzert, das Nils veranstaltete, fand im folgenden Jahr, 1990, in dem berühmten Louisiana-Museum nördlich von Kopenhagen statt. Der Museumssaal war bis auf den letzten Platz gefüllt. David lag, wie üblich, auf dem Boden seiner Künstlergarderobe und machte seine Liegestützen. Er trug nur seine Hosen.

»Weißt du noch, was du heute abend spielen wirst, Liebling?« fragte ich ihn.

»Ich habe keinen blassen Schimmer, Darling, keinen blassen Schimmer«, murmelte der Star des Abends abwesend.

Dieser kleine Dialog war zu einer Art ›running joke‹ zwischen David und mir geworden, aber Nils, der mit unserem privaten Humor nicht ganz so vertraut war, lief nervös durch das Zimmer. Ich konnte seine Besorgnis in gewisser Weise nachvollziehen. In den beiden letzten Tagen vor dem Konzert hatte er David unzählige Stunden üben hören, ohne daß auch nur eine Note aus dem Konzertprogramm gespielt worden war.

»Okay, David, es wird Zeit«, sagte Nils. David sprang auf und eilte aus dem Zimmer, offensichtlich auf dem Weg zur Bühne. Leider trug er noch immer nicht mehr als seine Hosen.

»David!« rief ich ihm nach. »Komm zurück! Also, schnell jetzt, zieh dir ein Hemd an, und dann rasch ans Klavier. Schüttle niemand die Hand und vor allem – küsse keinen!«

An dieser Stelle sank Nils in den nächsten Stuhl und sah so aus, als würde er gleich in Ohnmacht fallen. Ich mußte ihm erst versichern, daß alles in Ordnung wäre – und das war es dann auch. Eigentlich war es sogar ziemlich spektakulär.

David spielte einige selten gehörte Virtuosenstücke, darunter Gottschalks *Pasquinade, Souvenirs d'Andalousie* und *Grande Scherzo* sowie de Fallas *Feuertanz*. Das Publikum raste: »Bravo«-Rufe ertönten, sie trampelten mit den Füßen und verlangten nicht weniger als fünf Zugaben. Nils beruhigte sich und blieb auch bei Davids nächsten Konzerten in Holstebro und Arhus ruhig.

Anschließend an Dänemark reisten wir zum erstenmal nach Ostdeutschland. Wir besuchten Leipzig und die berühmte Klavierfabrik Blüthner, wo wir Herrn Blüthner, einen Nachfahren des Firmengründers, persönlich kennenlernten. David war besonders fasziniert, da wir vor kurzem einen Blüthner-Flügel von 1877 erstanden hatten, den wir restaurieren wollten.

Von dort ging die Reise nach Chemnitz, wo David ein Konzert gab – und wo er ein herrliches Schwimmbad im Bauhaus-Stil entdeckte. Wo immer David sich auf diesem Planeten befindet, er muß schwimmen, und ich habe schon einiges an Detektiv-Arbeit geleistet, um Schwimmbäder für ihn zu finden. Mittlerweile könnte ich einen Michelin-Führer der Schwimmbäder Europas herausgeben. In Hamburg gibt es zum Beispiel ein riesiges, eindrucksvolles Bad, das jedoch schon fast zu groß ist. Das in Bonn ist kleiner und freundlicher; Kopenhagen hat ein sehr schönes Schwimmbad mit sehr privater Atmosphäre; in dem von Central London ist es immer sehr voll. Eines haben sie jedoch alle gemeinsam: das Personal ist freundlich und hilfsbereit. Den genauen Grund dafür kenne ich nicht; ich weiß nur, daß jeder einzelne Bademeister, der uns je begegnet ist, freundlich und behutsam mit David umging.

Nachdem wir nach Australien zurückgekehrt waren, gab David ein Wohltätigkeitskonzert zugunsten behinderter Kinder. Das Konzert wurde von einem führenden japanischen Geschäftsmann organisiert, Mr. Handa, der auch selbst unter dem Namen Seizan Fukami komponiert.

Einige Monate später trafen wir Mr. Handa persönlich, und er erzählte uns, daß er eine *Rhapsodie für Piano und Orchester* für David schreiben wolle. Er lud uns ein, im September 1991 nach Tokio zu kommen, wo David das Werk in der Sony Music Hall aufführen sollte.

Im August, zwei Wochen vor unserer Abreise, trafen die Noten endlich ein. Das Stück erwies sich als äußerst interessante Mischung aus japanischen und europäischen Einflüssen und enthielt einige romantische Passagen, wie David sie liebte. Da die Zeit knapp wurde und das Werk recht umfangreich und kompliziert war, verließ David in den Tagen vor unserer Reise seinen Platz am Klavier kaum noch.

Unser Flugzeug traf um halb sieben am Morgen in Tokio ein, dennoch hatten sich sage und schreibe zehn Angestellte Mr. Handas am Flughafen eingefunden, um uns zu begrüßen. Sie waren ausgesprochen höflich und freundlich und fuhren uns in das herrliche Imperial Hotel.

David wurde ein Musikzimmer zum Üben zur Verfügung gestellt. Von dort aus hatte man zu Davids Freude gute Sicht auf die Eisenbahnstrecke und die Autobahn – »Verkehr« –, und da das Hotel natürlich über ein Schwimmbad verfügte, konnte er schwimmen, wann immer er Lust dazu hatte.

In der nächsten Woche war David mit den Orchesterproben beschäftigt. Die Japaner gelten im allgemeinen als zurückhaltend, aber für David und die Musiker gab es diese Schranken nicht. Auch wenn er sie durch sein ungewöhnliches Verhalten etwas verwirrte, seine Musik sprach, wie immer, für sich.

Zufällig befand sich George Negus gerade auf dem Heimweg von Rußland, wo er einen Dokumentarfilm gedreht hatte. Er schickte uns ein Fax, in dem er uns mitteilte, daß er zu Davids Konzert in Tokio kommen würde. Kaum etwas freut David mehr als die Tatsache, daß jemand einen weiten Weg zurücklegt, um ihn spielen zu hören, aber wenn George gewußt hätte, wieviel Zeit er würde opfern müssen, hätte er es sich vielleicht noch anders überlegt.

Der Flughafen Narita liegt eine beträchtliche Strecke von Tokio entfernt, und der Verkehr ist mörderisch. George wurde von einem Fahrer Mr. Handas abgeholt, der ihn direkt zur Sony Music Hall bringen sollte. Die Fahrt dauerte Stunden, und George schaffte es gerade noch zum Konzertbeginn. Danach mußte er sofort wieder in den Wagen steigen und erneut eine enervierend langsame Fahrt zurück zum Flughafen ertragen, wo er sein Flugzeug beinahe noch verpaßt hätte. Später meinte er jedoch, die Sache hätte sich auf alle Fälle gelohnt. Das japanische Publikum, 2500 Zuhörer, waren ebenfalls dieser Meinung gewesen.

In den folgenden Tagen wurden wir nicht nur in herrliche Restaurants eingeladen und durch Tokio geführt, David machte auch eine Tonbandaufnahme mit kleineren Werken Mr. Handas, sowie eine CD-Aufnahme der *Rhapsodie*. Es wurden zauberhafte zwei Wochen, und wir waren richtiggehend traurig, als wir uns verabschieden mußten. Immerhin sagte uns wieder eine zehnköpfige Delegation Mr. Handas auf dem Flughafen auf Wiedersehen.

Wir kamen kaum zur Ruhe. Anfang 1993 organisierte unser umtriebiger Freund Charles Blair ein Konzert in St. Petersburg. Sobald David das hörte, begann er davon zu träumen, dort seinen »Rach 3« aufführen zu können. Leider hatte das für das Konzert zur Verfügung stehende Orchester weniger als fünfzig Musiker. Da man für den »Rach« aber etwa neunzig braucht, blieb die Aufführung tatsächlich ein Traum.

Charles schlug David vor, daß er doch etwas von Schumann spielen solle, vielleicht das a-Moll-Konzert. Doch der Name Schumanns hatte David immer zutiefst traurig gestimmt. In seiner Jugend hatte er zwar die *Phantasie* und andere Stücke gespielt, aber nachdem er mehr über Schumanns tragisches Leben und sein Ende in einer Nervenklinik erfahren hatte, deprimierte ihn die Musik zu sehr, erinnerte sie ihn doch ständig an dieses Schicksal. Nach endlosen Diskussionen willigte David schließlich aber doch ein, die a-Moll zu spielen, da sie in einer der weniger dunklen Phasen in Schumanns Leben entstanden war.

Nachdem die Entscheidung gefallen war, blieb David nur noch ein Monat zum Üben. In der Zwischenzeit schrieb Charles nach Albanien, wo David ebenfalls auftreten sollte, und bot an, daß David dort entweder den Schumann oder die Zweite von Rachmaninow spielen könne. Das war in gewisser Weise ein Kompromiß. Charles wollte David die Gelegenheit geben, Rachmaninow zu spielen, wenn schon nicht in Rußland, dann wenigstens in Albanien. Vorsichts-halber schien es ihm aber besser, dem albanischen Orchester eher die Zweite zuzumuten als die gewaltige Dritte.

Unerwartet bekam David außerdem das Angebot einer umfangreichen Dänemark-Tournee, die unmittelbar vor den Konzerten in Albanien und Rußland stattfinden sollte. Da der Terminkalender nun sehr gedrängt war, schien es nicht ratsam, außer dem Schumann auch noch »Rach 2« einzuüben – die David ja seit 1984 nicht mehr vorgetragen hatte. Also schrieb Charles nach Albanien und machte deutlich, daß David Schumann spielen würde.

Die Dänemark-Tournee wurde ein großer Erfolg. An-schließend fuhren wir sofort nach St. Petersburg, an das wir so schöne Erinnerungen hatten. Am Flughafen wurden wir von Helen Iwschenko begrüßt, die für eine russische kulturelle Einrichtung arbeitete und mit Charles befreun-det war.

Wir freuten uns darauf, die Stadt wiederzusehen, und nachdem Helen uns ein paar Tips für Busse und Bahnen gegeben hatte, machten wir uns auf den Weg. Leider sahen wir eine Stadt, die sich in sieben Jahren sehr verändert hatte. Die Straßen und Gebäude befanden sich in einem sehr schlechten Zustand. Was unter dem Kommunismus gepflegt und restauriert worden war, verfiel langsam, und die allgemeine Atmosphäre war eher bedrückend.

David genoß die Arbeit mit dem Orchester. Doch auch diese Arbeit wurde durch die Tatsache getrübt, daß es kaum noch staatliche Zuschüsse gab und viele Musiker arbeitslos waren. Allerdings erhielt David für das Konzert keine Gage, und die Bellingen Arts Society in Australien unterstützte die Musiker mit 200 US-Dollar – nicht einmal wenig für russische Verhältnisse.

Das Konzert fand im historischen Saal des Rimskij-Korssakow-Konservatoriums statt, gegenüber dem Ma-rinskij-Theater. Am Ende kamen die Leute nach vorne und legten Blumen auf den Bühnenrand, einzelne Rosen, Tulpen und Nelken. Wenn man bedenkt, was es für viele bedeutete, dafür Geld auszugeben, wirkt diese Geste besonders rührend. Aber sie wollten ihrer Liebe und ihrem Respekt für den Künstler und die Musik auf diese Art Ausdruck geben.

Helen hatte außerdem ein kleines Konzert im Haus von Rimskij-Korssakow organisiert, das zu einem Museum umgewandelt worden war. Es kam einem vor, als sei der Komponist nur eben spazieren gegangen, da das Haus noch alle seine Bücher und Bilder beherbergte, ja sogar Papier und Stift an ihrem Platz lagen. Als sich David an Rimskij-Korssakows Klavier setzte, blickten die durchdringenden Augen des Komponisten von einem Portrait an der Wand auf ihn herab. David spielte *Bilder einer Ausstellung*. Die Freude überwältigte ihn, und Tränen strömten über seine Wangen. Als er geendet hatte, sagte er zu mir: »O Darlinka! Nie in meinem Leben hätte ich mir träumen lassen, daß ich einmal so privilegiert sein würde ... das Leben beinhaltet ein solches Geheimnis, es ist ein wundervoller Plan, so einzigartig entworfen.«

Doch David standen noch weitere überwältigende Erlebnisse bevor. Nach den Konzerten in Rußland flogen wir nach Weimar, wo Roland Bintz, Davids damaliger Deutschland-Manager, eine Aufführung Davids vor dem Musikkomitee Weimar im Liszt-Haus organisiert hatte.

Als wir uns dem Gebäude näherten, konnte David seine Aufregung kaum verbergen. Er sollte auf dem Klavier des Komponisten spielen! Die Mitglieder des Musikkomitees begrüßten uns herzlich, aber es war gut, daß Roland bei uns war und übersetzte, da niemand sonst Englisch sprach.

Kaum hatten wir das Haus betreten, als David zum Klavier lief. Es war ein historischer Bechstein-Flügel, der von Herrn Bechstein persönlich für Liszt gebaut worden war. Die kraftvolle, mit der linken Hand gespielte Einleitungspassage der *Ballade* in b-Moll erfüllte den Salon, und von diesem ersten Augenblick an hatte David die Zuhörer in seinen Bann geschlagen. *La Campanella*, *Un Sospiro* und eine *Rhapsodie* folgten. Einigen Zuhörern standen die Tränen in den Augen, andere staunten beinahe ehrfurchtsvoll; David glühte vor Begeisterung.

Hinterher wurden wir durch Liszts Haus geführt, das etliches von Liszts persönlicher Habe enthielt und etwas von der Aura des großen Mannes spüren ließ. Wir standen in der Ecke eines der Zimmer, als David leise sagte: »Das war die spirituellste und bewegendste musikalische Erfahrung meines Lebens.« Es war das erste Mal, daß David das Wort spirituell benutzte.

Einige Jahre später, als David gefragt wurde, wie er sich gefühlt habe, als er am Klavier des Komponisten saß und die gleichen Tasten berührte, die auch Liszt berührt hatte, erinnerte er sich allerdings an den am wenigsten spiritualistischen Aspekt dieses Ereignisses: »Es hat wirklich Spaß gemacht«, sagte er. »Jedesmal, wenn ich anfangen wollte zu singen, hat Gillian mir einen kleinen Fußtritt verpaßt. Ich mußte lachen, und das versetzte mich in eine so gute Stimmung, daß ich noch besser spielte.«

Er hatte recht. Schon bei vielen Konzerten mußte ich David »dämpfen«.

Nach Weimar gab David ein Konzert in Dresden, und danach ging es nach Rom, wo Clelia March, der Kulturattaché der australischen Botschaft, sich um unsere Visa für Albanien kümmerte und uns eine Unterkunft in Tirana besorgte.

Irgendwie hatte ich ein ungutes Gefühl und bat Clelia, sich bestätigen zu lassen, daß mit Davids Schumann-Konzert, das in drei Tagen stattfinden sollte, alles in Ordnung wäre. Als sie den Manager des Rundfunk- und Fernsehorchesters am Apparat hatte, teilte der ihr mit, daß David Rachmaninow 2 spielen müsse.

Ich war entsetzt. Wie war dieses Mißverständnis zustande gekommen?

Es spielte aber sowieso keine Rolle, denn Clelia fand bald heraus, daß die Albaner unter allen Umständen Rachmaninow spielen wollten und sonst nichts. David hatte nicht einmal die Noten für das Werk, und bevor wir mit dem Schiff von Otranto nach Albanien fahren sollten, stand noch ein Konzert in Gallipoli an. Selbst wenn wir die Noten gehabt hätten, wären David nur zwei Tage zum Üben geblieben. Die erste Hälfte des Problems wurde zum Glück rasch gelöst. Clelia besorgte die Noten in einem der Musikgeschäfte Roms, und als wir schließlich in Tirana eintrafen, brauchten wir nur noch ein Klavier.

Die erste Probe fand am nächsten Morgen im Fernsehsender statt. Das Konzert sollte zwei Tage später in der großen Oper über die Bühne gehen. Der Dirigent Ferdinand Deda, ein äußerst freundlicher Mann, sprach ein wenig Englisch, eine große Erleichterung für uns. Die Qualität des Orchesters litt zwar ein wenig unter der mangelnden Qualität der Musikinstrumente, aber die Musiker gaben sich größte Mühe. Die Probe verlief recht ordentlich, und der Dirigent lobte Davids Interpretation. Im Hotel verbrachte David den Abend damit, noch einmal die Noten durchzugehen.

Auch die Probe am nächsten Tag verlief reibungslos, bis ich erwähnte, daß David jemand bräuchte, der ihm die Notenseiten umblätterte. Während der Dirigent keinerlei Probleme damit hatte, teilte uns der Direktor des Fernsehsenders mit – ein recht selbstbewußt auftretender Herr –, daß dies völlig unmöglich sei, weil das Konzert im Fernsehen übertragen würde.

Ich versuchte ihm klarzumachen, daß der Irrtum mit den Konzerten dafür verantwortlich wäre, daß David nicht auswendig spielen könne, aber er blieb stur. Er meinte auch, daß Davids Spiel viel zu zurückhaltend für Rachmaninow sei. Also mußte ich ihm erklären, daß es sich nur um eine Probe handle und daß es keinen Grund für David gebe, voll aus sich herauszugehen. Das würde er sich schon für das eigentliche Konzert aufheben, er solle sich bitte keine Sorgen machen.

Wir baten darum, daß David nach der Probe im Sender bleiben und weiter üben könne, da es im Hotel kein Klavier gab. Nachdem wir schließlich die Erlaubnis der Sicherheitsleute bekommen hatten, durfte sich David zwei Stunden an ein Klavier setzen, um konzentriert zu arbeiten. Nach unserer Rückkehr ins Hotel studierte David die Noten noch einmal bis Mitternacht.

Am folgenden Tag sollte um sechs Uhr eine weitere Probe stattfinden, bevor das Konzert im Opernhaus begann, aber da außer David und einem Geiger niemand erschien, wurde es nichts damit. Um halb acht gingen in dem vollbesetzten Saal die Lichter aus. David setzte sich ans Piano, ohne Noten. Ich muß zugeben, ich hatte Angst.

Aber ich hätte mir die Sorgen sparen können. Nach einem etwas wackeligen Anfang verschmolzen David und das Orchester zu einer Einheit, die Aufführung gewann an Sicherheit und Leidenschaft, und die berühmten lyrischen Passagen wurden sensibel und ergreifend intoniert. Am Ende des dramatischen dritten Satzes kamen vielen Zuhörern die Tränen. Der Dirigent umarmte David, der daraufhin das ganze Orchester küssen wollte; glücklicherweise mußte er sich darauf beschränken, die erste Reihe der Geiger zu umarmen.

Nach all den Schwierigkeiten zeigten sich die Albaner tief bewegt. Sie wußten nicht nur Davids Spiel zu schätzen, sondern vor allem auch die Tatsache, daß er überhaupt nach Albanien gekommen war, um ein Konzert zu geben.

Und ich war so stolz auf David wie selten zuvor. Mit seiner Professionalität, seinem Charme und seiner menschlichen Wärme hatte er die Menschen für sich gewonnen und der Atmosphäre jegliche Anspannung genommen.

Peter Helfgott hat einmal zu seinem Sohn gesagt, er werde eines Tages »tot in der Gosse« enden. David erinnerte sich auch, daß Peter bei seiner Rückkehr aus London ihm vorhielt: »Du dachtest, du wärst so klug. Du dachtest, du würdest von einem Konzertsaal zum nächsten gereicht. Nun, du warst doch nicht so klug, denn so wie es aussieht, reicht man dich nur von einem Krankenhaus zum nächsten.«

Peter hatte seinen Sohn sehr unterschätzt.

10. Kapitel

Taree

Nach einer weiteren erfolgreichen Tournee durch Dänemark 1992 wollte David ein paar Tage nach Perth, um seine Triumphe gemeinsam mit Dr. Wynn zu feiern, bevor es für eine dringend benötigte und wohlverdiente Ruhepause nach Hause gehen sollte. Bei seiner Sitzung mit Dr. Wynn erzählte ihr David mit Stolz von seinen Abenteuern, und das Gespräch verlief außerordentlich positiv.

Da wir in Perth keine Bleibe mehr hatten, wohnten wir bei Barbara Brackleys Tochter Rikki und ihrem Ehemann Nic Kebell. Beide waren mittlerweile ebenfalls gute Freunde geworden. Sie besaßen ein zweistöckiges Haus in Perth, dessen untere Etage eine separate Wohneinheit bildete, die praktisch zu unserer Zweitwohnung wurde, wenn wir nach Perth kamen. Ich kaufte sogar ein Yamaha Clavinova für das Appartement. Jedesmal, wenn David und ich uns in Perth aufhalten, fühlen wir uns dort wie zu Hause und sind über die Großzügigkeit Rikkis und Nics immer wieder verblüfft.

Der Tag nach Davids Sitzung mit Dr. Wynn sollte glühend heiß werden, und wir beschlossen, daß ein morgendliches Schwimmen die beste Art sei, ihn zu beginnen. Also packten wir Handtücher und Sonnencremes ein und fuhren die Hügel hinunter nach Freemantle; gegen halb acht trafen wir am Strand ein. Das Meer sah unwiderstehlich aus, und David stürzte sich natürlich als erster in die Wellen. Wir drei folgten ihm etwas gemächlicher.

Im Laufe der Zeit wurde es am Strand immer voller, und das Thermometer stieg beständig. Nachdem wir eine Weile herumgeplanscht hatten, legten wir uns an den Strand. Nic sah aufs Meer hinaus und sagte plötzlich: »Wo ist David?«

Wir suchten die Wasserfläche ab, aber keiner der Schwimmer zeigte Davids persönlichen Schwimmstil. Auch unter den Leuten, die am Strand entlangliefen, entdeckten wir David nicht. Schließlich beschlossen wir loszugehen und ihn zu suchen, konnten ihn aber nicht finden.

Inzwischen war es neun, und ich fragte mich, ob David an uns vorbeigeschwommen war und unseren Platz vergessen hatte. Rikki machte sich Sorgen, daß sich David zu weit hinausgewagt hätte und daß ihm etwas zugestoßen sein könnte, aber ich wußte, daß sich David im Wasser eigentlich sicherer fühlte als an Land. An der Ostküste Australiens war er einmal zur ›Hai-Insel‹ und zurück geschwommen, und das dreimal hintereinander, und ihm war nichts geschehen – bis die entsetzten Anwohner die Polizei riefen, die David zu seiner eigenen Sicherheit aus dem Wasser fischten und nach Hause brachten.

Uns blieb nichts anderes übrig, als zum nächsten Strandabschnitt hinter einer Biegung zu gehen und nachzuschauen, ob er dorthin geschwommen oder gelaufen war. Aber auch dort war er nicht. Langsam bekamen wir Angst, liefen zu unserem Wagen zurück und fuhren zur nächsten Bucht.

Dort war ich noch nie gewesen und stellte überrascht fest, daß es sich um einen Nudistenstrand handelte. Ich fühlte mich recht unwohl, als ich all die nackten Männer und Frauen inspizierte, um zu sehen, ob sich David irgendwo unter ihnen aufhielt. Wahrscheinlich kam ich den Nackten sehr seltsam vor; langsam, aber sicher wurde ich ziemlich sauer auf David.

Als wir ihn um halb drei noch immer nicht gefunden hatten, gingen wir zur Polizei. Ich wußte, daß ihm nichts passiert war – er ist unverwundbar, davon bin ich überzeugt –, aber ich wollte doch wissen, wo er sich aufhielt. Die Polizisten füllten etliche Formulare aus, dann gaben sie eine Beschreibung Davids an die Einsatzwagen durch und fragten, ob irgend jemand ihn gesehen hätte. Ein Wagen meldete sich und sagte, sie wären ihm am Vormittag in der Nähe des Hafens von Freemantle begegnet.

Wir stiegen wieder in den Wagen und machten uns erneut auf die Suche. Da wir abends bei den Brackleys eingeladen waren, riefen wir Barbara an, in der vagen Hoffnung … Aber nein, sie hatte keine Neuigkeiten für uns, und wie sollte sie auch? Ihr Haus lag 25 Kilometer entfernt. Die Temperatur betrug mittlerweile 42 Grad Celsius. David hatte kein Geld bei sich, er trug nur seine Badehose, und ich konnte nur hoffen, daß er seine Kontaktlinsen nicht verloren hatte.

Gegen sechs Uhr fuhren wir in Richtung Perth und riefen von unterwegs noch einmal Barbara an. Welche Überraschung! David war gefunden worden, es ging ihm gut, eine Freundin brachte ihn gerade zu ihr.

Unsere Gefühle waren recht gemischt, als wir bei den Brackleys eintrafen. Ich freute mich zwar, David wohlbehalten wiederzusehen und fühlte mich auch erleichtert; andererseits hätte ich ihn in diesem Augenblick allzu gerne gegen ein neues Modell eingetauscht, und zwar sehr preiswert. Nic und Rikki machten ebenfalls kein allzu fröhliches Gesicht. Nach einem langen »Verhör« bekamen wir schließlich heraus, wie David seinen Tag verbracht hatte.

Angefangen hatte alles damit, daß er aus dem Wasser gestiegen und in die falsche Richtung gelaufen war, bis er die nächste Bucht erreicht hatte. Völlig orientierungslos war er die Straße entlanggegangen, aber nicht die parallel zum Strand verlaufende, sondern in Richtung Freemantle. Hier hatten wir ihn am Morgen verpaßt. Nachdem er eine

Weile ziellos herumgeirrt war – wobei er sich immer wieder sagte, daß er sich »konzentrieren« und »positiv« sein müsse –, war er wieder Schwimmen gegangen und an den Stränden herumgelaufen, die wir zu dieser Zeit bereits abgesucht hatten.

Als es Nachmittag wurde, beschloß er, bis zu Barbaras Haus zu joggen, da er uns dort bestimmt wiederzutreffen glaubte; offenbar war er sich über die Entfernung nicht ganz im klaren, und als er sich Perth näherte, brach er vor Erschöpfung und Austrocknung fast zusammen.

Dort auf der Straße, in der vor Hitze flimmernden Luft, sah er plötzlich eine Erscheinung. Es war unsere alte Freundin Francis Herb, die ihren Wagen am Straßenrand parkte und ihn, wie in einem Traum, zu sich winkte. Frances wußte nicht einmal, daß wir in Perth waren, und der Anblick Davids, der in seiner Badehose in der brütenden Hitze scheinbar ziellos durch die Gegend rannte, verblüffte sie sicherlich ebenso, wie ihr Anblick David verblüffte – letzteren um so mehr, da ihm die Erscheinung eine eiskalte Flasche Coca-Cola reichte. »Ich war sehr beeindruckt, und ich war sehr dankbar, als dieser phantastische Wagen kam und stoppte«, sagte David, den die Vision noch ganz gefangenhielt. »Und ich sagte, ich sei sehr froh und sehr sehr dankbar für die ganze, volle Flasche Coke, die ganz besonders für mich geöffnet worden war.«

Als David sie über sein Ziel informiert hatte, setzte Francis ihn sofort in ihren Wagen, nahm ihn in ihre Wohnung mit und rief Barbara an. David trank inzwischen alles leer, was er in ihrem Kühlschrank finden konnte. Als er seinen Durst gelöscht hatte, setzte er sich ans Klavier und spielte, als sei nichts besonderes geschehen.

Ich umarmte ihn. »Weißt du, Darlinka, ich hatte einen furchtbaren Tag«, murmelte er.

»Willkommen im Club«, entgegnete ich.

David spürte, daß wir etwas Aufmunterung gebrauchen konnten und meinte: »Macht euch keine Sorgen. Es ist alles geplant. Irgend jemand wird immer auf mich aufpassen, irgend jemand muß den Job ja machen! Es ist ein Wunder! Es ist ein Wunder, daß ich überhaupt lebe, aber der Computer entscheidet immer, wer auf mich aufpaßt!«

Hätten wir doch nur alle Davids unbeirrbaren Glauben!

Ein paar Tage später flogen wir nach Sydney, wo wir unseren Wagen abholten und uns auf die 600 Kilometer lange Strecke nach Bellingen machten. David schien unruhiger als sonst, aber ich rechnete das noch seinem letzten Abenteuer in Perth zu und achtete nicht besonders auf ihn. Aus heutiger Sicht hätte ich es allerdings tun müssen.

Wir fuhren etwa vier Stunden, dann hielt ich es für besser, eine Pause zu machen, bevor wir die letzten drei Stunden der Fahrt in Angriff nahmen. Ich stoppte an einer Raststätte. David saß auf dem Beifahrersitz und kritzelte gutgelaunt eine seiner *composedlies* in ein Buch. Ich sagte zu ihm, daß ich mich ein bißchen ausruhen wolle, schloß die Augen und schlief auf der Stelle ein.

Als ich erwachte, hatte ich sofort das Gefühl, daß etwas Schreckliches passiert sein mußte. Ich öffnete die Augen und sah einen kreischenden David, der in heller Aufregung auf unseren Wagen zurannte, gefolgt von einem stämmigen Mann, der ihm eindeutig ans Leder wollte. Sofort startete ich den Wagen und rief David zu, er solle einsteigen. Während wir davonrasten, schrie der Mann hinter mir her, daß David seine Frau belästigt habe und daß er die Polizei rufen würde.

David war völlig außer sich und wiederholte immer wieder: »Ich hab' sie nicht berührt! Ich wollte nur eine Coke! Ich hab' sie nicht berührt!« Ich versuchte ihn zu beruhigen, und mir wurde klar, daß ich ihn in diesem Zustand nicht mit dem aufgebrachten Mann konfrontieren durfte, so gerne ich die Angelegenheit an Ort und Stelle geklärt hätte. Wenn jemand schrie, versetzte ihn das stets in größte Angst. Ich wußte ohne den Funken eines Zweifels, daß David niemals einem Menschen etwas zuleide tun konnte, genauso wenig wie einem Tier, und sei es ein Insekt. David war zu nichts anderem fähig, als Freundlichkeit auszustrahlen und zu suchen.

Auch wenn er es sich abgewöhnt hatte, wildfremde Menschen zu umarmen, so schüttelte er ihnen immer noch gerne die Hand. Dr. Wynn und ich hatten ihn immer davor gewarnt, daß einige Menschen seine ausgestreckte Hand mißverstehen und diese Geste als Verletzung ihrer Privatsphäre betrachten könnten. Es schien, als sei genau so etwas in dem Tankstellenshop geschehen, so weit ich es den dahingemurmelten Satzfetzen Davids entnehmen konnte, der langsam wieder ruhiger wurde.

Als wir in Richtung Taree weiterfuhren, war mir klar, daß bald die Polizei auftauchen würde, falls der Mann seine Drohung wahrgemacht hatte. Und in der Tat, kaum näherten wir uns der Stadt, als uns ein Polizeiwagen entgegenkam und uns bedeutete, an den Straßenrand zu fahren. Der Polizist sagte, daß er uns befragen müsse, da eine Anzeige eingegangen sei.

Wir wurden zur Polizeistation gebracht, und Davids Unruhe, die sich im Wagen leicht gelegt hatte, nahm alarmierende Ausmaße an. Er sah sich voller Entsetzen um und begann hysterisch zu werden. Immer wieder rief er, daß er niemandem etwas getan hätte, so lange, bis einer der Beamten ihn fortführen und in eine Zelle sperren mußte.

Der Anblick Davids, der verzweifelt in seiner Zelle auf und ab ging und mich wie ein gefangenes Tier mit einem rat- und hilflosen Blick durch die Gitterstäbe ansah, war fast unerträglich. Nie zuvor hatte ich eine solche Verzweiflung bei jemanden gesehen.

David schien nicht zu verstehen, warum man ihn eingesperrt hatte, und die Angst erlaubte es ihm kaum, sich verständlich zu machen. Ich durfte nicht zu ihm hinein und ihn halten, und das machte den Schmerz noch schlimmer.

Ein Beamter führte mich zurück in die Wache und gab mir eine Tasse Tee; ich konnte feststellen, daß es den Polizisten durchaus keinen Spaß machte, David so in Angst zu versetzen. In Anbetracht seiner Lage hielt ich es für ratsam, seine Medikamentendosis zu erhöhen, und als ein höherer Beamter erschien, gab ich ihm Davids Tabletten. Er fragte nach Davids medizinischer Geschichte, und ich erklärte ihm, daß David seine Tabletten regelmäßig nehme, daß er in den vergangenen vier Jahren die Dosis nicht erhöht habe und daß er sich in einem sehr guten emotionalen Gleichgewicht befände. Außerdem gab ich dem Beamten Dr. Wynns Telefonnummer.

Der Beamte ging zu David in die Zelle, um mit ihm zu reden. Als er wiederkam, teilte er mir mit, daß David ihm gestanden habe, daß seine Tabletten in den letzten Tagen stets im Ausguß verschwunden wären.

Offenbar hatte David nach all den Erfolgen in Europa gedacht, daß er ohne die Medikamente auskommen könne und keine »Hilfe« mehr brauchte. Auch wenn ich ihm jeden Abend die Tabletten gegeben und gesehen hatte, wie er sie in den Mund steckte, so kontrollierte ich doch nicht, ob er sie auch hinunterschluckte. Die erfolgreichen vier Jahre hatten vielleicht auch mir ein falsches Gefühl der Sicherheit vermittelt. Jetzt mußte sich Davids manische Phase wieder einmal manifestiert haben, und offensichtlich hatten seine hyperaktive Unruhe und seine Gestik die Frau an der Tankstelle erschreckt. David beharrte weiterhin darauf, daß er sie keinesfalls berührt habe.

Der Polizist erklärte mir, daß es zwei Möglichkeiten gebe. Er könne David in das psychiatrische Krankenhaus in Newcastle einweisen lassen, das etwa zwei Stunden entfernt in südlicher Richtung lag. Dort würde David einige Tage zur Beobachtung bleiben müssen. Ich protestierte sofort. Eine solche Maßnahme würde David einen enormen Schock versetzen. Schon der Gedanke an ein »normales« Krankenhaus ängstigte ihn; der Aufenthalt in einem psychiatrischen konnte verheerende Auswirkungen auf ihn haben.

Die andere Möglichkeit bestand darin, daß David zur Beobachtung in das örtliche Krankenhaus eingewiesen wurde, wo ich mit ihm in einem Zimmer bleiben durfte. Es handelte sich bei dieser Maßnahme um ein Pilotprojekt der Gesundheitsbehörde. Man glaubte, daß ein Patient sich in der Gesellschaft eines Verwandten oder Freundes weitaus besser fühlen würde, als wenn er ganz allein in seinem Zimmer säße. Erleichtert dankte ich dem Beamten für sein Verständnis. Er meinte, daß man sehen könne, wie schlecht es David gehe, und daß es ihm wirklich keinen Spaß mache, ihn einzusperren.

Wir wurden ins Krankenhaus gebracht, wo wir in der Ambulanz warten mußten. Man rief Dr. Wynn an, und dann erschien der Krankenhauspsychiater Dr. Richmond, um mit David zu sprechen. Dr. Richmond war sehr freundlich, und David beruhigte sich etwas.

Danach wurden David und ich in einen Sicherheitsraum geführt, dessen Fenster vergittert waren. Mir brachte man einen Liegestuhl. Dr. Richmond gab David ein Sedativum, und ich setzte mich an sein Bett und hielt ihn in den Armen. Er schlief ein, und ich betrachtete sein freundliches Gesicht. Seine Qualen waren immens gewesen, aber nun war die manische Phase vorüber, und er fand wieder so etwas wie Frieden. Die Tür wurde die Nacht über verschlossen, nachdem sich die Nachtschwester davon überzeugt hatte, daß es uns gutging. Ich legte mich ebenfalls hin, und als mein Blick auf die Fenstergitter fiel, dachte ich mit Schrecken an die Gefängniszelle und das, was hätte sein können.

Am Morgen stand David noch unter der Wirkung des Beruhigungsmittels, als Dr. Richmond wieder zu ihm kam. Er sagte, daß wir noch einige Tage im Krankenhaus bleiben müßten, damit er sicher sein könne, daß Davids Zustand wieder stabil wäre, und bot mir an, das Krankenhaus eine Weile zu verlassen und einen Spaziergang zu machen. Ich blieb lieber bei David, der fast den ganzen Tag über schlief. Als er am späten Nachmittag aufwachte, schien er wieder ganz der alte zu sein, anrührend und liebenswert. Die Schwestern hatten ihn sofort ins Herz geschlossen, und mit Dr. Richmonds Erlaubnis wurde für den nächsten Morgen ein kleines Konzert für die Patienten arrangiert.

Am nächsten Morgen schien die Sonne in unser Zimmer, und die Gitterstäbe wirkten längst nicht mehr so bedrohlich. Der Polizeibeamte kam ins Krankenhaus und teilte mir mit, daß er dem Ehepaar die Situation an der Tankstelle erklärt habe, woraufhin die beiden darauf verzichteten, die Sache weiter verfolgen zu lassen. Dr. Richmond überraschte uns mit der Nachricht, daß er der Meinung sei, Davids Zustand habe sich bereits so weit stabilisiert, daß er das Krankenhaus im Laufe des Tages verlassen könne. In der Zwischenzeit bereitete sich David auf sein Konzert vor.

Das Klavier stand im Freizeitraum. Patienten, Schwestern, Pfleger und Ärzte kamen zusammen, um David zuzuhören. Er spielt mit viel Gefühl und Freude, und während die Musik durch den nüchternen Raum perlte, merkte ich, wie sein Selbstvertrauen zurückkehrte. Die Patienten und das Personal genossen die unerwartete Abwechslung, und ihre Jubelrufe und ihr Applaus halfen David sicherlich, den Weg aus dem Labyrinth zu finden, in das sein Geist geraten war.

Als wir wenig später losfuhren und das Krankenhaus langsam hinter uns verschwand, saß David ganz ruhig neben mir. Ich schwor ihm, daß ich ihm nie wieder vertrauen würde, was seine Medikamente betraf, selbst wenn das hieße, daß ich mit dem Finger in seinem Mund nachfühlen müßte, ob er die Tabletten nicht unter der Zunge versteckte.

Nicht sehr romantisch, ich weiß. Aber kann eine Frau ihre Liebe noch besser beweisen …?

11. Kapitel

Shine – der Glanz

6. April 1995

»Lieber David,
liebe Gillian,
ich schreibe Euch, um eine Erinnerung mit Euch zu teilen und Euch zu sagen, wie sehr ich mich gefreut habe, als ich hörte, daß ihr einen Film machen würdet.

David kenne ich von der Forest High School in der Lord Street, Highgate. Es war eine Art ›praktische‹ Jungenschule; für Musik und Kunst blieb wenig Raum. Allerdings gab es zwei Musiker auf der Schule – David und mich.

David war natürlich – David. Eben dieser dürre, energiegeladene, fröhliche Junge, der begeisternd Klavier spielen konnte, mit soviel Energie und Herz. Ich hatte in einer Blaskapelle auf dem Land Trompete gelernt und spielte in Perth in einer Gruppe, deren Leiter mich auch unterrichtete. Er spielte die erste Trompete im WASO.

Einmal veranstalteten wir an der Schule eine kleine Aufführung, bei der David mich ›begleiten‹ sollte. Ich spielte ein paar schmalzige alte Sachen wie *Caravan*, während David Liszt oder was auch immer vortrug.

Um gemeinsam zu üben, gingen wir zum Haus meiner Tante. Meine Mutter, meine Tante und ich waren schon immer ›Fans‹ von David, und seine Geschichte hat uns so sehr berührt, wie uns sein Comeback gefreut hat.

In dem Jahr, nachdem ich mit David gespielt hatte, wurde ich in die Perth Modern School versetzt. Aber dann nahm sich mein Dad das Leben, und da mir niemand auf irgendeine Weise half, verbrachte ich die nächsten dreißig Jahre in einer Art Schockzustand. Ich veränderte mich, stellte ein paar dumme Sachen an, wählte den falschen Beruf, heiratete zu schnell, gab die Musik zugunsten meiner Karriere auf usw. Für die meisten Leute sah es wahrscheinlich immer noch ziemlich normal und erfolgreich aus, aber für mich war es das nicht.

Nach einer Krise vor fünf Jahren begann ich mit dem großen ›Reinemachen‹ und fand wieder zu mir selbst. Ich hatte immer Musik gemacht, aber auf eine dumpfe, unentschlossene Art. Immerhin hatte ich noch den gewissen Touch, und heute spiele ich die erste Trompete in einer 17köpfigen Swingband und mache eine Menge anderer kreativer Dinge. Ich habe ein zweitesmal geheiratet, jemanden, der mich wirklich liebt, und spüre jetzt wieder das Leben – die Gefühle, die Wirklichkeit, Gott, die Freude – einfach alles.

Ihr seht also, wie wichtig die Geschichte eines Menschen, der sein Leben wieder in die Hand nimmt, für das Leben eines anderen sein kann; oder auch für das Leben von Zehntausenden, die ihr gar nicht kennt. Erzählt Eure Geschichte für sie, damit sie neue Hoffnung finden, und für uns, damit wir an der Freude am Ende teilhaben können.

Mit besten Wünschen

P ...«

Ich teilte die Freude am Ende dieses unerwarteten Briefs von jemanden, den ich noch nie gesehen hatte. Ich weinte sogar, aus Dankbarkeit darüber, daß dieser alte Schulfreund Davids uns seine Geschichte erzählt hatte und uns dadurch bestätigte.

Als der Brief eintraf, wurde der Film ›Shine‹ bereits gedreht. Daß dieser Film zustandekommen konnte, ist schon für sich wieder eine Geschichte von Hoffnung, starkem Glauben und Willen. Für den Regisseur Scott Hicks hatte es neun Jahre gedauert, bis er sein Projekt endlich realisieren durfte. Ich erinnerte mich an den Tag, als er mich damals bei Davids Konzert in Adelaide darauf ansprach.

Anschließend hatte Scott uns ein Exposé der zugrundeliegenden Idee geschickt. Ich glaubte an Scott und begann, mit David über die Sache zu sprechen. Er war schnell einverstanden damit, daß Scott seine Geschichte erzählte und meinte, daß die Wiederbegegnung mit der Vergangenheit auch einen therapeutischen Effekt haben könne – nicht nur auf ihn, sondern auch auf andere. Daß er einen Teil des Soundtracks einspielen sollte, begeisterte ihn besonders.

Da meine beiden Kinder in der Filmbranche arbeiten, machte ich mir keine Illusionen über das Zustandekommen dieses Projekts. Aber ich vertraute Scott und hielt ihn für fähig, sein möglichstes zu tun. Tatsächlich begannen Scott und Drehbuchautor John McGregor mit ihren Recherchen, nachdem David und ich unsere Zustimmung gegeben hatten. Niemand von uns wußte, wie lange die Reise dauern sollte, auf die sie sich gemacht hatten.

Nach drei Jahren umfangreicher Nachforschungen in Australien und England, nach zahlreichen Gesprächen mit Davids Familie, seinen Freunden, seinen Kollegen, mit David selbst und mir, begann das Drehbuch langsam Form anzunehmen. 1990 trat der Autor Jan Sardi dem Projekt bei, und ›Shine‹ in seiner heutigen Form entstand.

Während des Schreibens blieben Scott, Jan und John in ständigem Kontakt mit uns, und ich erinnerte mich an ein besonders komisches Telefongespräch mit Jan, bei dem wir ausgiebig über diese Figur namens ›Gillian‹ sprachen, als sei sie irgendeine Gestalt, die ich sehr objektiv beurteilen könnte. Da Objektivität leider nicht meine größte Stärke ist, verlief das Gespräch sicher etwas merkwürdig.

1992 bekamen David und ich das Drehbuch. Es war äußerst seltsam, unser Leben auf diesen Seiten wiederzufinden. Immerhin konnten wir uns sehr gut mit ›David‹ und ›Gillian‹ identifizieren. Natürlich gab es für David einige sehr schmerzhafte Passagen, aber er sagte sich stets »man muß Mut haben« und las weiter. Manchmal weinte er auch, aber ich merkte, daß es ihm auch gut tat, sein Leben auf diese distanzierte Weise an sich vorbeiziehen zu sehen.

Als Geoffrey Rush, der Schauspieler, den Scott für die Rolle des »erwachsenen« David haben wollte, uns im Gelobten Land besuchte, spürte ich sofort, daß er die ideale Besetzung war. Ich wußte, daß Davids Persönlichkeit bei Geoffrey in guten Händen sein würde und hatte keinerlei Zweifel, daß er das Wesen meines oft so rätselhaften Ehemanns erfassen könnte.

Es war mittlerweile sechs Jahre her, daß Scott der Gedanken gekommen war, einen Film über Davids Leben zu drehen, und ganz gleich, woran er in dieser Zeit sonst noch gearbeitet hatte, dieses Ziel hatte er nie aus den Augen verloren. In den nächsten Jahren sollte seine Ausdauer auf noch härtere Proben gestellt werden. Sein Beharren auf Geoffrey stellte sich als großes Hindernis dar.

Scott Hicks hatte das Drehbuch in Amerika vorgestellt, aber obwohl es durchaus positiv aufgenommen wurde, weigerten sich die Amerikaner, das Projekt zu finanzieren, es sei denn, ein bekannter Hollywoodstar würde »gecastet«. Scott ließ sich nicht beirren – kein Geoffrey, kein Film – und schlug damit eine große Handvoll Dollar aus. Als er mich anrief und mir die enttäuschende Nachricht mitteilte, brach ich in Tränen aus – auch für mich dauerte die Reise schon sehr lange –, aber dennoch bewunderte ich Scotts Willen und seine Kompromißlosigkeit.

Scott wandte sich anderen Projekten zu, arbeitete jedoch weiterhin an der Finanzierung des Films. Schließlich brachte die Produzentin Jane Scott nach vielen enttäuschten Hoffnungen Anfang 1995 doch noch eine Gruppe von Geldgebern zusammen. Die Dreharbeiten begannen in London, im März 1995.

Um die Crew nicht durch meine Anwesenheit – die einer ›echten Person‹ – zu verunsichern, blieb ich den Dreharbeiten fern; bis auf eine Szene: Davids Comeback-Konzert. Dieser Augenblick bedeutete mir besonders viel. Davids Schwestern Louise und Susie und ich versteckten uns zwischen den Komparsen, und als die Dreharbeiten be-

gannen, überkamen mich die Erinnerungen an die dramatische Reise, die David bis zu diesem Punkt hatte durch-
machen müssen.

Die Hoffnungen Davids, bei dem Soundtrack mitwirken
zu können, erfüllten sich ebenfalls. Er probte und machte
Aufnahmen mit dem talentierten Komponisten David
Hirschfelder.

Als der Film fertig war, wurde ich doch ein wenig besorgt hinsichtlich Davids Reaktion. Sowohl Scott Hicks als
auch ich waren uns Davids Verletzlichkeit bewußt. Deshalb hielten wir es für das beste, ihm den Film in einer
privaten Vorführung zu zeigen, falls er eine Pause machen
oder den Raum verlassen wollte.

Jane, Scott und ich saßen auf einem Sofa. Scotts Frau
Kerry hockte auf dem Boden und hatte einen Arm um
Davids Schultern gelegt, der mit seinem Rücken an meinen
Beinen lehnte. Der Film begann, und als wir David beim
Anblick des Siebenjährigen, der einem Klavier über die
Bühne nachläuft, vergnügt kichern hörten, wurden wir et-
was ruhiger. Während des ganzes Films lachte oder weinte
er, ohne die Augen von der Leinwand abzuwenden. Nach-
dem Dreiviertel vorüber waren, rief er: »Das ist ein wun-
derbarer Film!«

Scott hatte Tränen in den Augen, und ich war natürlich
auch völlig hinüber. Auf den gewaltigen emotionalen Eindruck, den der Film auf mich machte, war ich nicht vorbereitet gewesen.

Während der neun Jahre, die es gedauert hatte, bis der
Film fertig geworden war, hatte sich zwischen David und
Scott eine besondere Freundschaft entwickelt. Während
Scott all die Jahre an David dachte, an seine Triumphe und
an seine Traumatas, hatte David stets eine große Dankbarkeit für den Mann empfunden, der ihn und sein Leben auf
diese Weise ehren wollte. Scott hatte die Verbindung nie
abreißen lassen, auch wenn es so aussah, als solle das Projekt nie mehr zustande kommen.

Als sich 1994 die Gelegenheit bot, wieder am Royal College of Music aufzutreten, bedauerte Scott, der viel im College recherchiert hatte, es sehr, an diesem Tag nicht bei David sein zu können. Und obwohl er sich bei Dreharbeiten am anderen Ende der Welt aufhielt, vergaß er nicht, David einen riesigen Blumenstrauß zu schicken, zusammen mit einem Brief, in dem er sich entschuldigte und David seine besten Wünsche sandte. David war tief bewegt.

Ein Vierteljahrhundert war vergangen, seit David an jenem denkwürdigen Abend den »Rach« auf so großartige Weise auf der geheiligten Bühne des RCM gespielt hatte. In gewisser Weise war es eine Ironie des Schicksals, daß es sich dabei um ein Wohltätigkeitskonzert handelte. Es war von Vanessa Denison-Pender für den Tait Memorial Trust organisiert worden, der australische Musiker unterstützt, die in England studieren und arbeiten. Der Junge, dessen einzige Chance für ein Übersee-Studium bei ähnlichen wohltätigen Organisationen gelegen hatte, war nun ein Mann und konnte etwas zurückgeben.

Unter anderem besuchten der australische High Commissioner Neal Blewer und einige unserer australischen Freunde, die sich gerade in London aufhielten, das Konzert. David, der Mendelssohn, Beethoven und Liszt spielte, freute sich ungemein, wieder im RCM auftreten zu können und strahlte den ganzen Abend nur so vor Glück.

Wieder nach Australien zurückgekehrt, fragte einer unserer Freunde auf einer Neujahrsparty etwas provokativ, wie es denn gewesen sei, nach all den Jahren wieder dort auf der Bühne zu stehen. »Was hast du gedacht, als du dort gespielt hast, David? Hast du gedacht: ›Ah, jetzt bin ich wieder da und werde euch allen zeigen, was ich wirklich kann‹?«

»Euch allen zeigen?« wiederholte David die Frage ungläubig, als verstünde er sie gar nicht richtig. Dann runzelte er kopfschüttelnd die Stirn und machte sich an eine

Erklärung: »Nein, wenn man sagt, ich werde es euch zeigen, dann kann das in einer Katastrophe enden. Man sollte immer im Geiste des Gebens, des Teilens und der Liebe spielen. Im Geiste des ›ich werde es euch zeigen‹ sollte man nicht auftreten. Natürlich muß man eine Show veranstalten, man muß ein Exhibitionist sein und Chuzpe haben, aber das ist etwas anderes. Ich suche mir einfach jemanden im Publikum aus und spiele für ihn.«

Ich hörte überrascht zu. Diesen kleinen Trick hatte David mir noch nie verraten. »Du suchst dir bei jedem Konzert jemanden aus?« fragte ich.

»Nun ja, meistens schaue ich ja nur sehr verstohlen ins Publikum, ich meine, ich suche nur heimlich nach einem Bild. Es muß einfach nur ein nettes, positives Bild sein, und für den spiele ich dann mein Konzert.«

»Diese ›Bilder‹, sind das meistens Männer oder Frauen?«

»Nun, das hängt davon ab, ganz verschieden. Es kann ein Mann oder eine Frau sein. Das kommt daher, weil ich Allesfresser bin«, entgegnete David grinsend und fügte hinzu: »Ich bin sehr flexibel, weißt du.«

»Sind sie jung oder alt?«

»Nun, eher medium. Ich suche mir meistens jemanden aus, der mich an eine bestimmte Person erinnert. Es kann jeder sein. An dem Abend in London waren es Neal und Onkel Ralph.«

Ich konnte mir ein Lachen nicht verkneifen. Davids Hirn schien auf wundersame Weise zu arbeiten. »Neil« war der australische High Commissioner, und Onkel Ralph konnte das Konzert nur in Form seines berühmten Portraits an der Wand des Saales besuchen – es sei denn, David hatte Vaughan Williams Geist im Publikum gesehen.

Als die Uhr im Gelobten Land Mitternacht schlug und wir alle unsere Gläser hoben, um das neue Jahr willkommen zu heißen, wußten weder David noch ich, welche Höhepunkte es uns bringen sollte.

Nicht nur ›Shine‹ wurde gedreht; nach vielen Konzerten in Deutschland und London kehrten wir nach Dänemark zurück, wo etwas stattfinden sollte, von dem David über fünfundzwanzig Jahre geträumt hatte – er spielte sein geliebtes ›Rach 3‹ mit einem Orchester, und dank Nils wurde es dieses Mal sogar aufgenommen.

David stürzte sich voller Freude in die Proben für das Ereignis und spielte das Stück in Melbourne dem russischen Rachmaninow-Experten Mikhail Solovej vor, um ihm den letzten Schliff zu geben. Als wir in Kopenhagen ankamen, brannte David darauf, anzufangen.

Zwei Proben waren mit dem Kopenhagener Philharmonieorchester und seinem Dirigenten Milan Horvat eingeplant. Während der ersten Probe bat David darum, daß der »Rach« etwas schneller gespielt würde, und sofort gewann das Stück eine leidenschaftliche, atemlose Kraft. Alles war bereit für die zweite Probe, die am folgenden Tag unmittelbar vor dem »Testkonzert« in Holbeck stattfinden sollte.

Obwohl der Tag mild und angenehm begann, schlug das Wetter bald um. Als Nils uns für die anderhalbstündige Autofahrt nach Holbeck abholte, sagte er, daß ein Schneesturm angekündigt sei.

Wir fuhren bester Laune los, aber schon nach zwanzig Minuten schlug der Schneesturm zu. Weder David noch ich hatten etwas Derartiges schon einmal gesehen, und David freute sich wie ein Kind. Mein Enthusiasmus über die fast waagerecht dahintreibenden weißen Flocken wurde allerdings durch die Tatsache gedämpft, daß wir nur noch mit etwa fünfzehn Stundenkilometer vorwärtskamen. Der Verkehr schleppte sich Stoßstange an Stoßstange voran. David zeigte aufgeregt aus dem Fenster. Für ihn war es großartig. »Oh, seht nur, all der Verkehr!«

All der Verkehr begleitete uns weiterhin, und als es langsam sieben wurde, waren wir noch immer weit vom Konzertsaal entfernt. Ich wußte, daß es keine zweite Probe

mehr geben konnte. Nils und ich machten uns sogar langsam Sorgen, ob die Musiker und der Dirigent, die getrennt
reisten, überhaupt rechtzeitig zum Beginn des eigentlichen
Konzerts ankommen würden.

Als wir schließlich in der Halle eintrafen, sahen wir erleichtert, daß die Musiker des Orchesters ihre Instrumente
auspackten. Nur vom Dirigenten war nichts zu sehen. Wenige Minuten, bevor die Lichter im Saal ausgehen sollten,
kam Milan Horvat herein. Er sah müde und zerbrechlich
aus. Der alte Mann teilte uns mit, daß seine Kraft an diesem
Abend wohl noch für den Rachmaninow reichen würde,
daß er danach jedoch nicht mehr genügend Energie auf-
bringen könne, um die für die zweite Hälfte vorgesehene
fünfte Symphonie von Tschaikowsky zu dirigieren.

Nur ein halbes Programm, und das für ein Publikum,
das sich genauso durch den Schnee gekämpft hatte wie
wir! Das durfte nicht sein. Man fragte mich, ob David die
zweite Hälfte des Konzerts nicht mit einem Soloprogramm
bestreiten könne. Das brachte mich in eine arge Zwickmüh-
le.

Ich wußte, daß die große »Rach 3« eines der anstren-
gendsten Stücke überhaupt ist. Alle drei Sätze zu spielen,
kam in etwa dem Schaufeln von zehn Tonnen Kohle gleich.
Außerdem sollte dies ja nur ein »Testkonzert« sein. David
brauchte seine Kräfte, um am folgenden Abend das Konzert im Tivoli in Kopenhagen spielen zu können, wo die
Aufnahme stattfinden sollte.

Die Zeit wurde knapp, und ich mußte eine Entscheidung treffen. Ich ging zu David, der wie immer seine Liegestützen machte und den das alles gar nicht zu berühren
schien – warum auch, wo doch alles in der Welt »geplant«
und »computerisiert« war? Besorgt fragte ich ihn, ob es
ihm etwas ausmachen würde, nach der Pause ein Solokon-
zert zu geben.

Er lächelte: »O Darlinka, darf ich wirklich? Wie großartig. Was für ein Glück, ich habe Glück, ich bin so privile-

giert. Kann ich den *Dante* spielen? Ja, ich möchte den *Dante* spielen, und noch mehr Rach und ...« Nichts konnte ihn aufhalten. Für ein Publikum zu spielen, egal wo und unter welchen Umständen, war das größte »Privileg« für ihn, und er machte sich nicht die geringsten Gedanken darüber, daß es ihn zu sehr ermüden könne.

Das Konzert begann mit einer zehnminütigen Verspätung, und wenn man bedenkt, daß es weder eine Probe noch einen Soundcheck im Saal gegeben hatte, gelang es ganz ordentlich. David allerdings war nicht zufrieden, aber sein großer Auftritt sollte noch kommen.

Der Dirigent und das Orchester packten zusammen und fuhren nach Kopenhagen zurück. Die Bühne gehörte nun David ganz allein, und schon bald hatte er das Publikum in der Hand. Er spielte Chopin und Rachmaninow und beendete den Abend mit Liszts *Dante*-Sonate, so wie er gesagt hatte.

Am nächsten Morgen wachte David äußerst munter auf. Weder das Mammutprogramm des vergangenen Abends noch die anstrengende Rückfahrt durch den Schnee schienen ihm etwas ausgemacht zu haben. Wenn überhaupt, hatte das Abenteuer seine Freude auf das Tivoli nur gesteigert.

Tagsüber schwamm David seine Runden in einem beheizten Swimmingpool – selbst er wagte es nicht, bei diesem Wetter in den Sund hinauszuschwimmen –, und am Abend zeigte er sich völlig konzentriert, ruhig und startbereit. Nils und ich beneideten David um sein Geheimnis, da unsere Nervosität mit jeder Minute wuchs.

Das Orchester kam auf die Bühne, und sobald David sie betreten hatte, eilten Nils und ich in eine Loge, von wo aus wir ihn gut sehen konnten. Mein Herz schlug so laut, daß ich überzeugt war, Nils könne es hören. Ich stand auf und lief auf dem Flur hin und her, bis die Klänge des ersten Satzes den Saal mit ihrem zurückhaltenden Glanz erfüllten. Davids Worte über diese ersten Töne hallten in meinem Kopf: »Es ist wie der Fluß, wie der Fluß oder das Meer. Es fließt einfach dahin. Nichts könnte einfacher sein. Es ist das schwierigste Stück der Welt, aber im Grunde ist es einfach. Das ist das Geheimnis, Darlinka, das ist das Geheimnis.«

Dieses Mal hörte ich den »Fluß« und das »Meer«, und es war wirklich einfach. Jedenfalls klang es bei David so; es klang mühelos. Ich setzte mich wieder auf meinen Platz und verbrachte die nächsten vierzig Minuten in bewunderndem Staunen. Am Ende sprangen Nils und ich auf, genau wie die anderen 2000 Zuhörer, und jubelten David zu.

Als wir hinterher durch den sanft herabrieselnden Schnee nach Hause gingen, war David ungewöhnlich ernst. »Weißt du, Darlinka«, sagte er leise, »Vater ist stolz. Ich habe ihn die ganze Zeit dort im Publikum gespürt. Er sagt, er hört mir zu, und er freut sich für mich und ist stolz. Und es hat mir viel Spaß gemacht, ich fand es toll.«

Ich konnte nicht antworten. Schneeflocken klebten auf meinen Wimpern, und als ich blinzelte, rollten Tränen über mein Gesicht. David zog mich an sich, drückte sanft seine Wange an meine und fuhr fast flüsternd fort: »Denn weißt du, irgendwie sieht Vater alles. Er sieht, wie es mir geht, und er freut sich für mich. Bei dem Konzert war er auf eine bestimmte Weise anwesend, eine sehr subtile Weise, irgendwie geheimnisvoll, als Geist, als Molekül.«

David umarmte mich und seufzte. »Weißt du, ich schätze, so sollte es immer sein, wirklich. Die Vergangenheit spielt gar keine so große Rolle, wenn man das Heute einfach akzeptiert. Natürlich gibt es all diese Extreme im Leben, aber ich schätze, daß ich dankbar sein und mir keine Sorgen machen sollte, weil doch alles so perfekt geplant war.«

DAVIDS WÖRTERBUCH

Dies sind nur einige der Wörter, die David verwendet, wann immer ihm danach ist. Manche davon tauchen in diesem Buch auf. Einige sind französisch oder dem Französischen entlehnt, andere kommen aus dem Italienischen, dem Russischen oder dem Yiddischen. Wieder andere scheinen frei erfunden zu sein.

agitato......................................erregt
l'arbre ....Baum
articulata ....beredt
l'assiette................................Teller

bibliothèque ....Bibliothek
boite á joujou........................Schachtel
bubby......................................Baby, Kind

camion ....Lastwagen
canards ....Enten
candillas................................Kerzen
catillas...................................Vieh
chai ....Tee
chaise-longue........................Sofa
composedly ....Musik- oder
                                              Wortkomposition
compri....................................Kompromiß
confiance...............................Vertrauen
contraire ....Gegenteil
cost-the-world.......................sehr wichtig oder teuer
costly.....................................sehr wichtig oder teuer
courage ....Mut
couteau ....Messer

Darlinka ....Darling, Liebling
demitasse ....Tasse

dentifies ....Zähne
difficile ....schwierig
discabilish ....gehorsam
dogola ....Hund

l'ecole ....Schule
ensemble ....zusammen

finickety ....kleinlich
fixes..eine persönliche Tasse Tee
oder Kaffee

gateaux ....Kuchen
goblets....................................Brille, Trinkgläser
greedos...................................habgierig

imago ....Bild
intuitive.................................Intuition
italia.......................................Studio, Anbau, Büro

jolly-holly ....fröhlich
joyeux ....erfreut, froh

kochka ....Katze
kronos ....Armbanduhr

le lit..Bett
le livre....................................Buch

marmena................................Mutter
matinata ....Morgen
miroir......................................Spiegel
montangnias.........................Berge
monstaroonies ....sehr starke Tassen Tee
morningtide...........................Sonnenaufgang

les oreilles .... Ohren

parce que .... weil
parentally .... elterliche Rechte einsetzend
plentchous .... viel, eine Menge
posturepedic .... Haltung
potchnagoola .... Kuß oder »küß mich«
press .... Druck
prodigies .... Wunder
prodiguy .... wundervoll

rados .... Radio, Heizung

scardiest .... sehr beängstigend
shamus .... Schande, Scham
shmocks .... Socken
shmutzig .... schmutzig
spike-spitey .... haßerfüllt

terrazza .... Terrasse
toccare .... Toccata
traffic (Verkehr) .... Autos, geordnete Bewegung
tullies .... Handtücher

vino .... Wein

wishywashy .... schmutzige Wäsche
wooly .... Pullover

les yeux .... Augen
yump .... springen

HEYNE BÜCHER

Frauen in Kunst und Kultur

19/350

H e y n e - T a s c h e n b ü c h e r

HEYNE BÜCHER

Starke Männer

Hollywoods neue & alte Helden

John Parker
Sean Connery
32/225

Meinolf Zurhorst
Robert De Niro
32/108

Adolf Heinzlmeier
Johnny Depp
32/245

Gerald Cole
Peter Williams
Clint Eastwood
32/199

Adolf Heinzlmeier
Mel Gibson
32/240

Ingrid Millar
Liam Neeson
32/251

Karsten Prüßmann
Brad Pitt
32/238

Mary Thürmer
John Travolta
32/249

Adolf Heinzlmeier
JOHNNY **DEPP**
Der sensible Don Juan

32/245

Heyne-Taschenbücher

HEYNE BÜCHER

Faszinierende Frauen

Die neuen Stars in Hollywood

Meinolf Zurhorst
DEMI MOORE
Lady und Vamp

32/248

Heyne-Taschenbücher

HEYNE BÜCHER

Harold Nebenzal

Café Berlin

01/9905

Harold Nebenzals »Café Berlin« führt mitten hinein in die deutsche Hauptstadt der Dreißiger und Vierziger Jahre – in das pulsierende Berlin der Neonreklamen und Jazzrhythmen, in das verdunkelte Berlin der Nazischergen und der Verfolgten.

»Eine literarisch außerordentlich attraktive Geschichte, deren Wahrheiten sowohl die deutsche Vergangenheit als auch unsere Gegenwart betreffen.«

SÜDDEUTSCHE ZEITUNG

Heyne-Taschenbücher